解きながら
思い出す

中学
英文法

JN087538

KUMON

本書の特長と使い方

スモールステップで、問題をサクサク解きながら学べる、大人のための問題集です。

だから
解きやすい！

1 並べかえ問題だけ

英単語を正しく並びかえる問題だけを解き進めます。部分的な並びかえ、短文の並びかえからスタートし、少しずつ要素を増やしていくので、無理なく文の構造を身につけることができます。

だから
理解しやすい！

2 中学レベルの基本のみ

中学校3年間で学ぶ重要英文を、「語順」をカギに覚え直していきます。英語学習の土台となる基本にしぼっているので、すっきり頭にはいってきます。

だから
気軽に取りくめる！

3 1日2ページ10分から

1回2ページ（1見開き）で、1つの項目（英文パターン）を扱い、類題をくり返し解きます。短時間でも、実際に手を動かして書き込みながら学習することで、1つ1つの項目をしっかり習得することができます。

例文
この回で学習する重要例文です。

CHECK!
注意点や、知っておくと理解が深まる知識です。

POINT!
この回で大事なポイント。主に文法や語順について、覚えておきたい内容です。

WORD BOX
各回の新出単語や熟語の意味です。単語はこれを見て思い出しましょう。

左ページ

TRY!
各回の学習のカギとなる部分に絞った問題から

右ページ

類題でステップアップ！
同じパターンで少しずつ要素が増えていきます。

シンプルな「並べかえ問題」を解きながら、
1冊で中学校レベルの基本英文項目を、全て学び直すことができます。

CONTENTS

スケジュール表を無料でダウンロードできます。計画的に学習を進めたい方はご活用ください。

LESSON 01

a desk, milk など(名詞の可算・不可算)
a, an をつける名詞とつけない名詞

⌄

- **a desk** 　1つの机
- **milk** 　牛乳
- **an apple** 　1つのリンゴ
- **love** 　愛

TRY! 　日本語に合うように、次の語句の正しいほうを選んで書きましょう。

☐ ① 1つの箱
　(**a box** ・ **an box**)

_____

☐ ② 1つのオレンジ
　(**a orange** ・ **an orange**)

_____

☐ ③ 1匹の犬
　(**a dog** ・ **an dog**)

_____

☐ ④ 1匹のアリ
　(**a ant** ・ **an ant**)

_____

☐ ⑤ 1台のピアノ
　(**a piano** ・ **an piano**)

_____

☐ ⑥ 1匹の動物
　(**a animal** ・ **an animal**)

_____

CHECK! 　母音で始まる単語

ant アリ / **octopus** たこ / **egg** たまご / **umbrella** 傘 / **apron** エプロン /
evening 夕方 / **animal** 動物 / **orange** オレンジ / **apple** リンゴ

POINT!

1つのものを表すとき、母音の前では **an**、それ以外では **a** をつけます。
1つ、2つと数えられないときには、**a, an** はつけません。

1 数えられるものを表すときには a か an を、そうでなければ × を書きましょう。

☐① ペン

_____ **pen**

☐② たこ

_____ **octopus**

☐③ 水

_____ **water**

☐④ 音楽

_____ **music**

2 下から単語を1語ずつ選んで、必要ならば a か an をつけて書きましょう。

☐① 1本の傘

_____

☐② 空気

_____

☐③ 1台のバス

_____

☐④ 1個のたまご

_____

egg / bus / air / umbrella

WORD BOX

desk [デスク] 机

milk [ミルク] 牛乳

love [ラヴ] 愛

box [バックス] 箱

dog [ドーグ] 犬

piano [ピアノウ] ピアノ

pen [ペン] ペン

water [ウォータァ] 水

music [ミューズィック] 音楽

air [エア] 空気

bus [バス] バス

two books, four pens など
（名詞の複数形）
2つ以上のものの表現

月　日

⌄

- **a pen**　1本のペン
- **a book**　1冊の本
- **two pens**　2本のペン
- **many books**　たくさんの本

TRY!　日本語に合うように、次の語の正しいほうを選んで書きましょう。

□① 2匹の犬
　two(dog ・ dogs)

　two _____

□② 1通の手紙
　a(letter ・ letters)

　a _____

□③ 3つのオレンジ
　three(orange ・ oranges)

　three _____

□④ たくさんの友達
　many(friend ・ friends)

　many _____

□⑤ 1本の傘
　an(umbrella ・ umbrellas)

　an _____

□⑥ いくつかのコンピュータ
　some(computer ・ computers)

　some _____

CHECK!　複数形の作り方

・語尾が**s, x, ch, sh**で終わる語には-**es**をつけます。
　bus（バス）→ **buses** または **busses** ／ **box**（箱）→ **boxes** ／ **watch**（うで時計）→ **watches** ／
　dish（皿）→ **dishes**
・語尾が〈子音字+**y**〉で終わる語は、**y**を**i**にかえて-**es**をつけます。
　baby（赤ちゃん）→ **babies** ／ **city**（都市）→ **cities**

2つ以上のものを表すときには、その名詞に -s, -es をつけます。
two ～（2つの～）、**some ～**（いくつかの～）、**many ～**（たくさんの～）など
複数を表すことばは、**-s, -es** をつける目印になります。

---

1 （　）内の語を直して、日本語に合うように、書きましょう。

□ ① 2個のたまご
　two（ **egg** ）

　two _____

□ ② 10本のえんぴつ
　ten（ **pencil** ）

　ten _____

□ ③ 10枚の皿
　ten（ **dish** ）

　ten _____

□ ④ 3冊の本
　three（ **book** ）

　three _____

2 語を直して日本語に合うように、並べかえましょう。

□ ① 4つのうで時計
　（ **watch** / **four** ）

　_____

□ ② たくさんの本
　（ **book** / **many** ）

　_____

□ ③ いくつかの都市
　（ **city** / **some** ）

　_____

□ ④ 5つの箱
　（ **box** / **five** ）

　_____

WORD BOX

two ［トゥー］	2
many ［メニィ］	たくさんの
book ［ブック］	本
letter ［レタァ］	手紙
three ［スリー］	3
friend ［フレンド］	友達
some ［サム］	いくつかの
computer ［コンピュータァ］	コンピュータ
ten ［テン］	10
pencil ［ペンスル］	えんぴつ
four ［フォーァ］	4
five ［ファイヴ］	5

my ＋ 名詞　your ＋ 名詞
「私の〜」「あなたの〜」の表現

my	**desk**	私の机
my	**house**	私の家
• your	**house**	あなたの家

TRY!　日本語に合うように、次の語を並べかえましょう。

☐① 私のノート
（ notebook / my ）

_____

☐② あなたの車
（ car / your ）

_____

☐③ 彼のボール
（ his / ball ）

_____

☐④ 私の手
（ hand / my ）

_____

☐⑤ 彼女のねこ
（ cat / her ）

_____

☐⑥ 私たちの部屋
（ our / room ）

_____

CHECK!　人称代名詞の所有格

my 私の ／ **your** あなたの、あなたたちの ／ **his** 彼の ／ **her** 彼女の ／ **its** それの ／
our 私たちの ／ **their** 彼らの、彼女たちの、それらの

POINT!

my (私の)、your (あなたの) などは、名詞の前につきます。
my や your などがつくとき (持ち主がわかっているとき) は
a, an はつけません。

---

1 日本文に合うように、次の語を並べかえましょう。

□① 私の父
　(father / my)

　_____

□② あなたの母
　(your / mother)

　_____

□③ 私たちの友達
　(friend / our)

　_____

□④ 彼の兄
　(his / brother)

　_____

2 不要な1語を除いて、日本語に合うように、
語を並べかえましょう。

□① あなたのバッグ
　(a / bag / your)

　_____

□② 彼女の本
　(book / my / her)

　_____

□③ 私のリンゴ
　(apple / my / an)

　_____

□④ 彼の手
　(his / our / hand)

　_____

WORD BOX

house [ハウス]	家
notebook [ノウトブック]	ノート
car [カー]	車
ball [ボール]	ボール
hand [ハンド]	手
cat [キャット]	ねこ
room [ルーム]	部屋
father [ファーザァ]	父
mother [マザァ]	母
brother [ブラザァ]	兄、弟
bag [バッグ]	バッグ

▶▶ 答えは別冊 p. 3

形容詞 + 名詞
a new car のような表現

⌄

| a | | car | 1台の車 |
| a | new | car | 1台の新しい車 |

• an old car　1台の古い車

TRY!　日本語に合うように、次の語を並べかえましょう。

☐ ① カメラ
　（ camera / a ）

☐ ② 古いカメラ
　（ old / camera / an ）

_____

☐ ③ 背の高い少年
　（ tall / a / boy ）

_____

☐ ④ 新しい自転車
　（ bike / a / new ）

_____

☐ ⑤ おもしろい映画
　（ interesting / an / movie ）

_____

☐ ⑥ 大きな家
　（ big / a / house ）

_____

CHECK!　よく使われる形容詞

new 新しい / old 古い、年をとった / young 若い / big 大きい / small 小さい /
good よい / long 長い

POINT!

big (形容詞) と house (名詞) をくっつけます。
a, an, my などは形容詞の前につけます。
［例］ **a big house** (大きな家)

---

1 日本語に合うように、次の語を並べかえましょう。

□① 写真
(picture / a)

□② すてきな写真
(a / picture / nice)

_____　　　　_____

□③ 大きな木
(tree / big / a)

_____

□④ 小さなねこ
(cat / a / small)

_____

2 不要な1語を除いて、日本語に合うように、
語を並べかえましょう。

□① 古い本
(a / book / old / an)

_____

□② 長いえんぴつ
(long / a / short / pencil)

_____

□③ 青い車
(blue / car / red / a)

_____

□④ おもしろい本
(interesting / a / book / an)

_____

WORD BOX

camera [キャメラ]	カメラ
tall [トール]	背の高い
boy [ボイ]	少年
bike [バイク]	自転車
interesting [インタレスティング]	おもしろい
movie [ムーヴィ]	映画
picture [ピクチァ]	写真・絵
nice [ナイス]	すてきな
tree [トゥリー]	木
short [ショート]	短い
blue [ブルー]	青い
red [レッド]	赤い

▶▶ 答えは別冊 p. 4

代名詞 + 形容詞 + 名詞
my small dog のような表現

```
my              dog    私の犬
my    small     dog    私の小さな犬
```

• **a famous basketball player**   有名なバスケットボールの選手

TRY!   日本語に合うように、次の語を並べかえましょう。

□ ① 私の食べ物
（ food / my ）

□ ② 私のお気に入りの食べ物
（ favorite / food / my ）

□ ③ ケンの本
（ book / Ken's ）

□ ④ ケンの新しい本
（ book / new / Ken's ）

□ ⑤ 私たちの車
（ car / our ）

□ ⑥ 私たちのかっこいい車
（ cool / our / car ）

CHECK!   人称代名詞のまとめ

		～は、が	～の	～に、を	～のもの
単数	私（1人称）	I	my	me	mine
	あなた（2人称）	you	your	you	yours
	彼、彼女、それ（3人称）	he, she, it	his, her, its	him, her, it	his, hers, –
複数	私たち（1人称）	we	our	us	ours
	あなたたち（2人称）	you	your	you	yours
	彼ら、彼女たち、それら（3人称）	they	their	them	theirs

POINT! 意味のつながりの強いものが一緒になります。

英語の先生　**English teacher**　　サッカー選手　**soccer player**

くわしくする表現はその前に置かれます。

彼らの英語の先生　**their English teacher**

有名なサッカー選手　**a famous soccer player**

---

1 日本語に合うように、次の語を並べかえましょう。

□① (1人の) 野球選手

（ **player** / **baseball** / **a** ）

_____

□② (1人の) 有名な野球選手

（ **baseball** / **famous** / **a** / **player** ）

_____

□③ (1人の) 新しい英語の先生

（ **English** / **new** / **teacher** / **a** ）

_____

□④ 彼らの新しい英語の先生

（ **new** / **their** / **teacher** / **English** ）

_____

2 日本語に合うように、次の語を並べかえましょう。

□① 私の新しい英語の本

（ **English** / **my** / **book** / **new** ）

_____

□② 私たちのすぐれた野球のコーチ

（ **good** / **coach** / **our** / **baseball** ）

_____

□③ 私の新しい日本の友達

（ **Japanese** / **new** / **my** / **friend** ）

_____

□④ ケイコの古い英語のノート

（ **notebook** / **English** / **Keiko's** / **old** ）

_____

WORD BOX

famous 有名な
[フェイマス]

basketball バスケットボール
[バスケットボール]

player 選手
[プレイア]

food 食べ物
[フード]

favorite お気に入りの
[フェイヴァリット]

cool かっこいい
[クール]

soccer サッカー
[サカァ]

baseball 野球
[ベイスボール]

English 英語
[イングリッシュ]

teacher 先生
[ティーチァァ]

coach コーチ
[コウチ]

Japanese 日本語
[ジャパニーズ]

▶▶ 答えは別冊 p. 4

I am 〜.　You are 〜.
「私は〜です」「あなたは〜です」の表現

- **I　am　Kenji.**　　　私はケンジです。
- **You　are　Yoko.**　　あなたはヨウコです。
- **We　are　from Tokyo.**　私たちは東京出身です。

TRY!　日本文に合うように、次の語を並べかえましょう。
文のはじめは大文字にします。（以下同様）

□① 私はタケシです。
（ am / I ）Takeshi.

_____ Takeshi.

□② 私はケイトです。
I（ Kate / am ）.

I _____.

□③ あなたはサクラです。
（ are / you ）Sakura.

_____ Sakura.

□④ あなたはトムです。
You（ Tom / are ）.

You _____.

□⑤ 私たちは姉妹です。
We（ sisters / are ）.

We _____.

□⑥ ジュンと私は兄弟です。
Jun and I（ brothers / are ）.

Jun and I _____.

CHECK!　私ともうひとりが主語の場合

私とあなた → **You and I**　　私とトム → **Tom and I**
というように、I は後ろにします。

1 日本文に合うように、次の語を並べかえましょう。

from ［フラム］	〜から
sister ［スィスタァ］	姉、妹
and ［アンド］	〜と
nurse ［ナース］	看護師
doctor ［ダクタァ］	医師

□① 私はケンです。
（ am / Ken / I / . ）

_____

□② あなたはユウコです。
（ Yuko / are / you / . ）

_____

□③ 私は看護師です。
（ a / nurse / am / I / . ）

_____

□④ あなたは京都出身です。
（ are / from / you ）Kyoto.

_____ Kyoto.

2 不要な 1 語を除いて、日本文に合うように、語を並べかえましょう。

□① 私たちは医師です。
（ doctors / we / am / are / . ）

_____

□② 私は医師です。
（ am / are / doctor / I / a / . ）

_____

□③ トムと私は沖縄出身です。
（ are / Tom / from / I / and / am ）Okinawa.

_____ Okinawa.

□④ あなたと私は友達です。
（ and / you / are / friends / am / I / . ）

_____

07

This is ～.　That is ～.
「これは～です」「あれは～です」の表現

- **This is my desk.**　　　(近くのものを指して) これは私の机です。
- **That is your desk.**　　(遠くのものを指して) あれはあなたの机です。

this や that には is を用います。

月　日

TRY!　　日本文に合うように、次の語の正しいほうを選んで書きましょう。

□① あれはあなたの自転車です。
（ **That** ・ **This** ）**is your bike.**

_____ **is your bike.**

□② これは大きなリンゴです。
（ **This** ・ **That** ）**is a big apple.**

_____ **is a big apple.**

□③ これはとても高いビルです。
（ **This** ・ **That** ）**is a very tall building.**

_____ **is a very tall building.**

□④ あれは私の赤い車です。
（ **This** ・ **That** ）**is my red car.**

_____ **is my red car.**

□⑤ あれは私たちの大きな犬です。
（ **This** ・ **That** ）**is our big dog.**

_____ **is our big dog.**

□⑥ これはケンの新しい本です。
（ **This** ・ **That** ）**is Ken's new book.**

_____ **is Ken's new book.**

CHECK!　　**That is の短縮形**

That is は **That's** と短縮形にすることができます。**This is** には短縮形がありません。
その他の短縮形　**I am = I'm　You are = You're**

POINT! This is ～. は、「こちらは～さんです」と人を紹介することもできます。
This is Mr. Jones. 「こちらはジョーンズさんです」

1 日本文に合うように、次の語を並べかえましょう。

□① これは私の古いカメラです。
　　(camera / old / is / my / this / .)

_____

□② あれはヨウコの大きな犬です。
　　(dog / big / is / that / Yoko's / .)

_____

2 This か That を補って、日本文に合うように、
語を並べかえましょう。

□① こちらはグリーンさんです。
　　(is / Green / Mr. / .)

_____

□② あれは私の古いピアノです。
　　(old / is / piano / my / .)

_____

□③ あれは彼の長い傘です。
　　(his / is / umbrella / long / .)

_____

□④ これは父の新しいうで時計です。
　　(watch / new / father's / my / is / .)

_____

LESSON 08

He is 〜.　She is 〜.
「彼は〜です」「彼女は〜です」の表現

This is John.	こちらはジョンです。
He is from Australia.	彼はオーストラリア出身です。
This is Rita.	こちらはリタです。
She is my new friend.	彼女は私の新しい友達です。

TRY! 次の語の正しいほうを選んで書きましょう。

☐ ① This is Kyoko, my mother.
(He · She) is very kind.

_____ is very kind.

☐ ② That is Yoshio, my brother.
(He · She) is 35.

_____ is 35.

☐ ③ This is my father, Junichi.
(He · She) is always busy.

_____ is always busy.

☐ ④ That is Mika, my daughter.
(He · She) is tall.

_____ is tall.

☐ ⑤ This is Fune, my grandmother.
(He · She) is a good cook.

_____ is a good cook.

☐ ⑥ That is my son, Ken.
(He · She) is a rock singer.

_____ is a rock singer.

CHECK! 人の性質・状態を表す形容詞

kind　親切な、やさしい / beautiful　きれいな / busy　忙しい / cool　かっこいい /
strong　強い / cute　かわいい

POINT!

He is 〜.　She is 〜.
〜の部分には、　①形容詞（その人の性質や状態）
　　　　　　　　②名詞（その人の職業・年齢など）がきます。
am, are, is の原形は be です。そのためこれらの動詞を「be 動詞」といいます。
be 動詞は、「〜は…です」以外に、「ある、存在する」の意味でも使います。

---

1 日本文に合うように、次の語を並べかえましょう。

□① 彼女は18歳です。
（ eighteen / is / she / .)

_____

□② 彼はとてもかっこいいです。
（ very / he / cool / is / .)

_____

□③ 彼はサッカー選手です。
（ a / player / he / soccer / is / .)

_____

□④ 彼女は私の昔からの〔古い〕友達です。
（ friend / is / my / she / old / .)

_____

2 次の語句を並べかえて意味のつながる文にしましょう。

□① **This is Tom.**
（ is / kind / he / very / .)

_____

□② **This is Yoko.**
（ Mika's / she / friend / is / .)

_____

□③ **This is Mr. Green.**
（ busy / he / is / every day / .)

_____

□④ **This is Ms. Yoshida.**
（ teacher / she / our / is / good / .)

_____

> **WORD BOX**
>
> **kind** 親切な、やさしい
> [カインド]
>
> **always** いつも
> [オールウェイズ]
>
> **busy** 忙しい
> [ビズィ]
>
> **daughter** 娘
> [ドータァ]
>
> **grandmother** 祖母
> [グランマザァ]
>
> **cook** 料理（をする）人
> [クック]
>
> **son** 息子
> [サン]
>
> **rock** ロック（音楽の）
> [ラック]
>
> **singer** 歌手
> [スィンガァ]
>
> **eighteen** 18
> [エイティーン]
>
> **every day** 毎日
> [エヴリィ　デイ]
> （every 〜は「毎〜」を表す）

LESSON 09

I like ～． I play ～．
「～します」などの表現

- **I swim.**　　　　　　　　　　　私は泳ぎます。
- **I play tennis.**　　　　　　　　私はテニスをします。
- **I study English every day.**　私は毎日英語を勉強します。

TRY!　日本文に合うように、次の語句を並べかえましょう。

□① 私は歩きます。
（ walk / I / . ）

_____

□② あなたは歌います。
（ sing / you / . ）

_____

□③ 私はフランス語を勉強します。
（ study / I / French / . ）

_____

□④ あなたは卓球が好きです。
（ table tennis / like / you / . ）

_____

□⑤ 私は毎日そのスーパーマーケットに行きます。
（ that supermarket / go / I / to ）**every day.**

_____ **every day.**

□⑥ 私はその女性を知っています。
（ that / know / I / woman / . ）

_____

CHECK!　よく使う一般動詞

like　好む、好きだ　/　study　勉強する　/　play　スポーツをする、楽器を弾く、遊ぶ　/
come　来る　/　know　知っている　/　walk　歩く　/　run　走る　/　sing　歌う　/　go　行く　/
eat　食べる　/　watch　見る　/　read　読む　/　write　書く　/　speak　話す　/　swim　泳ぐ

POINT! be 動詞以外の動詞を「一般動詞」といいます。動作や心の動きなどを表し、語順は「主語 + 動詞」の順番で表します。「私はテニスをします」のように「〜を」を表す語句を置くときは、動詞のすぐ後ろに置きます。

1 日本文に合うように、次の語句を並べかえましょう。

□① 私はピアノを弾きます。
(the piano / I / play / .)

＿＿＿＿＿＿＿＿＿＿＿＿＿＿＿＿＿＿

□② あなたは毎日ギターを弾きます。
(play / you / guitar / the) every day.

＿＿＿＿＿＿＿＿＿＿＿＿＿＿ every day.

□③ 私は毎日テレビを見ます。
(TV / I / watch / every) day.

＿＿＿＿＿＿＿＿＿＿＿＿＿＿ day.

2 日本文に合うように、次の語句を並べかえましょう。

□① 私は公園で歌を歌います。
(sing / I / a song / in) the park.

＿＿＿＿＿＿＿＿＿＿＿＿＿＿ the park.

□② あなたは英語をとても上手に話します。
(speak / English / you / very) well.

＿＿＿＿＿＿＿＿＿＿＿＿＿＿ well.

□③ あなたは毎朝公園に行きます。
(to / the park / you / every / go) morning.

＿＿＿＿＿＿＿＿＿＿＿＿＿＿ morning.

□④ 私は毎日読書をします。
(day / read / I / books / every / .)

＿＿＿＿＿＿＿＿＿＿＿＿＿＿＿＿＿＿

WORD BOX

tennis テニス
[テニス]

French フランス語
[フレンチ]

table tennis 卓球
[テイブル テニス]

supermarket
[スーパマーケット]
スーパーマーケット

woman 女性
[ウマン]

guitar ギター
[ギター]

TV テレビ
[ティーヴィー]

song 歌
[ソーング]

park 公園
[パーク]

well 上手に
[ウェル]

morning 朝
[モーニング]

LESSON 10

Tom plays 〜. などの文
「(I, you 以外が)〜します」
というときの表現

月　日

⌄⌄

- **John likes baseball.**　ジョンは野球が好きです。

- **He plays it very well.**　彼はそれ〔野球〕がとても上手です。

TRY!　日本文に合うように、次の語の正しいほうを選んで書きましょう。

□① メアリーは毎朝テレビを見ます。

Mary（ watch ・ watches ）TV every morning.

Mary ＿＿＿＿＿＿＿ TV every morning.

□② 彼女は音楽が好きです。

She（ like ・ likes ）music.

She ＿＿＿＿＿＿＿ music.

□③ あなたは上手にバイオリンを弾きます。

You（ play ・ plays ）the violin well.

You ＿＿＿＿＿＿＿ the violin well.

□④ トムは毎日公園に行きます。

Tom（ go ・ goes ）to the park every day.

Tom ＿＿＿＿＿＿＿ to the park every day.

□⑤ 彼はコンピュータを使います。

He（ use ・ uses ）a computer.

He ＿＿＿＿＿＿＿ a computer.

□⑥ アキラは毎日勉強します。

Akira（ study ・ studies ）every day.

Akira ＿＿＿＿＿＿＿ every day.

CHECK!　-s, -esのつけ方

-s をつける	play → plays	y を i にかえて -es をつける	study → studies
-es をつける	watch → watches go → goes	特別な場合	have → has

22

POINT!

単数主語 (1人・1つ) の場合に、動詞に **-s, -es** をつけます。
物や動物が主語の場合も同じです。
ただし、**I** (私)・**you** (あなた) は単数主語ですが、**-s, -es** はつけません。
つまり、**I, you** 以外の単数主語には、動詞に **-s, -es** をつけます。

1 日本文に合うように、次の語句を並べかえましょう。

□① 彼女はトムと一緒に映画を見ます。
(a movie / she / watches / with) Tom.

_____ Tom.

□② その犬は私と一緒に遊びます。
(plays / dog / the / with) me.

_____ me.

□③ ジムと私は一緒に卓球をします。
(I / table tennis / Jim / play / and) together.

_____ together.

□④ ジェーンは車がとても好きです。
(cars / Jane / likes / much / very / .)

_____

2 次の語句を必要な場合は動詞の形を直して、
日本文に合うように、並べかえましょう。

□① ユウコはフランス語を話します。
(French / Yuko / speak / .)

_____

□② 彼らはサッカーをします。
(soccer / they / play / .)

_____

□③ タカシは英語を熱心に勉強します。
(English / Takashi / hard / study / .)

_____

□④ その机には4本の脚があります。
(have / legs / the desk / four / .)

_____

WORD BOX

violin [ヴァイオリン] バイオリン
hard [ハード] 熱心に
use [ユーズ] 使う
with [ウィズ] ～と一緒に
together [トゥゲザァ] 一緒に
much [マッチ] とても
often [オ(ー)フン] よく
leg [レッグ] (家具などの) 脚
have [ハヴ] 持っている、(～が) ある

LESSON 11　kind や interesting を使う文

- **This book is interesting.**　　この本はおもしろいです。
- **English is easy.**　　英語は簡単です。
- **Japanese is difficult for May.**　　メイにとって日本語は難しいです。

TRY!　　日本文に合うように、次の語を並べかえましょう。

□① 日本語は簡単です。
（ is / Japanese / easy / . ）

_____

□② 英語は難しいです。
（ difficult / is / English / . ）

_____

□③ トムは親切です。
（ Tom / kind / is / . ）

_____

□④ 今日はくもりです。
（ cloudy / is / it ）today.

_____ today.

□⑤ この映画はおもしろいです。
（ movie / interesting / is / this / . ）

_____

□⑥ 今日は風が強いです。
（ strong / is / the / wind ）today.

_____ today.

CHECK!　　よく使われる形容詞

easy　簡単な / difficult　難しい / interesting　おもしろい / fine　晴れの /
cloudy　くもりの / rainy　雨の / kind　親切な、やさしい / strong　強い

POINT! interesting（おもしろい）、easy（簡単な）など、主語の様子を表す語を形容詞といい、be 動詞のあとに置かれます。疑問文や否定文は be 動詞の規則と同じです。
強調する場合は、**very** などを前につけます。
it は天気を表す文の主語として使うことがあります。

WORD BOX

today 今日（は）
[トゥデイ]

wind 風
[ウィンド]

game 試合、ゲーム
[ゲイム]

cooking 料理
[クキング]

1 日本文に合うように、次の語を並べかえましょう。

□① 今日は晴れです。
（ fine / is / it ）**today.**

_____ **today.**

□② ユミは親切です。
（ kind / Yumi / is / . ）

_____

□③ 英語は彼にとって簡単です。
（ English / easy / is ）**for him.**

_____ **for him.**

□④ その本は私にとっておもしろいです。
（ is / interesting / book / the ）**to me.**

_____ **to me.**

2 日本文に合うように、次の語を並べかえましょう。

□① 今日は雨です。
（ rainy / is / it ）**today.**

_____ **today.**

□② この試合はおもしろいです。
（ game / interesting / is / this / . ）

_____

□③ 料理は彼女にとって簡単です。
（ her / is / easy / cooking / for / . ）

_____

□④ この英語の本は難しいです。
（ English / difficult / is / this / book / . ）

_____

LESSON 12

副詞
動詞や形容詞などを飾る表現

動詞を修飾する

❶ **swim well**　上手に泳ぐ

❷ **run fast**　速く走る

形容詞を修飾する

❸ **really nice**　本当によい

❹ **very good**　とてもよい

TRY!　日本文に合うように、次の語句を並べかえましょう。

□① 彼はよく食べます。
（ eats / well / he / . ）

□② 彼らは一生懸命仕事をします。
（ work / they / hard / . ）

□③ そのねこはとてもかわいいです。
（ very / the cat / cute / is / . ）

□④ その犬は本当に小さいです。
（ is / small / the dog / really / . ）

□⑤ ヨウコは早く起きます。
（ gets / Yoko / up / early / . ）

□⑥ 私の母は速く歩きます。
（ fast / walks / my mother / . ）

CHECK!　副詞の位置

ふつう副詞は、形容詞を修飾するときは形容詞の前、動詞を修飾するときは動詞のあとに置かれます。

POINT!

副詞は動詞や形容詞などを飾る（修飾する）語です。
副詞をどこに置くかの原則は、副詞の持つ意味と何を修飾するかで決まります。

1 日本文に合うように、次の語句を並べかえましょう。

□① 彼は上手に歌います。
（ sings / he / well / . ）

_____

□② 私は一生懸命卓球をします。
（ play / hard / table tennis / I / . ）

_____

□③ トムはとても親切です。
（ is / kind / Tom / very / . ）

_____

□④ この映画はとてもおもしろいです。
（ interesting / movie / very / is / this / . ）

_____

WORD BOX

work [ワーク]	働く
fast [ファスト]	速く
really [リーアリィ]	本当に
get up [ゲット　アップ]	起きる
early [アーリィ]	早く
do [ドゥー]	する
easily [イーズィリィ]	簡単に
there [ゼア]	そこに

2 右下の語群から1語ずつ選んで、日本文に合うように、語を並べかえましょう。

□① 私はそこに行きます。
（ go / I / . ）

_____

□② 彼女は本当にきれいです。
（ is / beautiful / she / . ）

_____

□③ エミは英語を上手に話します。
（ speaks / Emi / English / . ）

_____

> easily / there
> well / really

□④ 彼はそれを簡単にします。
（ it / does / he / . ）

_____

LESSON 13

usually, always, sometimes, often など
頻度を表す副詞の位置

≫

- **My mother always goes shopping on Sundays.**

  私の母はいつも日曜日に買い物に行きます。

- **My sister is sometimes kind to me.**

  私の姉はときどき私にやさしいです。

 TRY!　日本文に合うように、次の語句を並べかえましょう。

□① アンはときどき働きます。
（ works / sometimes / Ann / . ）

_____

□② 彼らはいつも忙しいです。
（ are / busy / they / always / . ）

_____

□③ あなたはいつも美しいです。
（ always / are / beautiful / you / . ）

_____

□④ 私はたいてい7時に起きます。
（ get / usually / I / up ）at seven.

_____ at seven.

□⑤ 彼女はよく自分の部屋を掃除します。
（ often / cleans / she ）her room.

_____ her room.

□⑥ 日曜日はたいてい夫が朝食をつくります。
（ makes / usually / my husband / breakfast ）on Sundays.

_____ on Sundays.

CHECK!　よく使われる、頻度を表す副詞

always いつも / **usually** たいてい / **often** よく、しばしば / **sometimes** ときどき

頻度を表す副詞は、たいてい一般動詞の前、**be** 動詞の後ろに置かれます。
副詞があっても、一般動詞につく **-s, -es** はなくなりません。

WORD BOX

shopping [シャピング]	買い物
Sunday [サンディ]	日曜日
seven [セヴン]	7
clean [クリーン]	掃除する
make [メイク]	つくる
husband [ハズバンド]	夫
breakfast [ブレックファスト]	朝食
go to bed [ゴウ トゥ ベッド]	寝る
eleven [イレヴン]	11
eight [エイト]	8
visit [ヴィズィット]	訪れる
Tuesday [トゥーズデイ]	火曜日
free [フリー]	ひまな
river [リヴァ]	川

1 （　　　）内の語を正しい位置に入れて、全文を書きましょう。

□① 彼はいつも忙しいです。
   He is busy. （ always ）

_____

□② メアリーはときどきピアノを弾きます。
   Mary plays the piano. （ sometimes ）

_____

□③ ボブはよくハワイに行きます。
   Bob goes to Hawaii. （ often ）

_____

□④ 私はたいてい11時に寝ます。
   I go to bed at eleven. （ usually ）

_____

2 右下の語群から1語ずつ選んで、
日本文に合うように、語を並べかえましょう。

□① 私はたいてい8時に起きます。
   (I / eight / up / get / at / .)

_____

□② 私の父はよく京都を訪れます。
   (Kyoto / father / visits / my / .)

_____

□③ 彼はいつも火曜日はひまです。
   (is / Tuesdays / free / on / he / .)

_____

□④ ジョンはときどき川に行きます。
   (river / to / the / John / goes / .)

often / always
usually / sometimes

LESSON 14

まとめ

be動詞と一般動詞
「〜です」と「〜します」の表現の区別

⌄⌄

- **Tom is a teacher.**　　　　　トムは先生です。
- **He teaches English.**　　　　彼は英語を教えます。

TRY!　日本文に合うように、次の語句を並べかえましょう。

☐① 私の娘は学生です。
（ a / my daughter / is / student / . ）

_____

☐② 彼女は数学が好きです。
（ math / she / likes / . ）

_____

☐③ マイクは有名です。
（ is / Mike / famous / . ）

_____

☐④ 彼はたくさんの本を読みます。
（ books / many / he / reads / . ）

_____

☐⑤ 私は彼の息子を知っています。
（ his / know / I / son / . ）

_____

☐⑥ 彼はとてもかっこいいです。
（ very / is / cool / he / . ）

_____

CHECK!　注意する点

何が不要でしょうか？

Mary is play the piano.「メアリーはピアノを弾きます」のような誤りを
しないようにしましょう。1つの文には動詞は1つだけです。

日本語を見たときに、**be 動詞 (is, am, are)** を使うのか、
一般動詞 (**like, play** など) を使うのかを最初にしっかりと判断しましょう。

---

1 不要な１語を除いて、日本文に合うように、
次の語を並べかえましょう。

.... **WORD BOX**

□① 私の姉は昼食を毎日つくります。
(makes / sister / lunch / my / is) **every day.**

_____ **every day.**

□② 私はこのノートを使います。
(this / I / notebook / use / am / .)

_____

□③ 私はジョンの妹です。
(sister / I / like / John's / am / .)

_____

□④ この傘はあなたのものです。
(is / umbrella / this / yours / have / .)

_____

WORD BOX

teach [ティーチ]	教える
student [ストゥーデント]	学生
math [マス]	数学
lunch [ランチ]	昼食
week [ウィーク]	週
swimmer [スウィマァ]	水泳選手
popular [パピュラァ]	人気のある

2 右下の語群から１語ずつ選んで、
日本文に合うように、語を並べかえましょう。

□① あなたは毎週部屋を掃除します。
(you / room / your) **every week.**

_____ **every week.**

□② 彼は有名な水泳選手です。
(famous / he / a / swimmer / .)

_____

□③ 彼は将棋をとても上手にします。
(well / he / *shogi* / very / .)

_____

□④ 彼らは人気のあるバスケットボール選手です。
(popular / players / they / basketball / .)

is / plays
clean / are

LESSON 15

Are you 〜?
「あなたは〜ですか」の表現

∨∨

- **Are you Tom?** 　　　　　　あなたはトムですか。
- **Are you a soccer fan?** 　　あなたはサッカーファンですか。
- **Are you from Canada?** 　　あなたはカナダ出身ですか。
  Yes, I am. / No, I'm not. 　はい、そうです。 / いいえ、違います。

Yes, Noの後にはコンマ(,)をつけます。

TRY! 　日本文に合うように、次の語を並べかえましょう。

☐① あなたはユミですか。
　(Yumi / you / are / ?)

_____

☐② あなたは先生ですか。
　(a / teacher / are / you / ?)

_____

☐③ あなたは中国出身ですか。　　　☐④ ③に答えて「はい、そうです」
　(you / are / from) China?　　　(am / yes / I / , / .)

_____China?　　　_____

☐⑤ あなたは医師ですか。　　　　　☐⑥ ⑤に答えて「いいえ、違います」
　(a / are / doctor / you / ?)　　　(not / no / I'm / , / .)

_____

CHECK! 　スポーツの名前

soccer　サッカー / baseball　野球 / tennis　テニス / basketball　バスケットボール /
table tennis　卓球 / swimming　水泳 / track and field　陸上競技 / rugby　ラグビー

POINT!

Are を you の前に出して疑問文をつくります。
最後に？を忘れないようにしましょう。
Are you 〜?

---

1 日本文に合うように、次の語を並べかえましょう。

☐ ① あなたは野球ファンですか。
（ baseball / you / are / a ）**fan?**

＿＿＿＿＿＿＿＿＿＿＿＿＿＿ **fan?**

☐ ② あなたは英語の先生ですか。
（ you / English / an / are ）**teacher?**

＿＿＿＿＿＿＿＿＿＿＿＿＿ **teacher?**

☐ ③ ②に答えて「はい、そうです」
（ am / yes / I / , / . ）

＿＿＿＿＿＿＿＿＿＿＿＿＿＿＿＿＿＿

☐ ④ あなたは韓国出身ですか。
（ from / you / Korea / are / ? ）

＿＿＿＿＿＿＿＿＿＿＿＿＿＿＿＿＿＿

2 不要な 1 語を除いて、日本文に合うように、語を並べかえましょう。

☐ ① あなたはニューヨーク出身ですか。
（ from / a / you / are ）**New York?**

＿＿＿＿＿＿＿＿＿＿＿＿＿ **New York?**

☐ ② あなたはテニスファンですか。
（ fan / you / a / are / am / tennis / ? ）

＿＿＿＿＿＿＿＿＿＿＿＿＿＿＿＿＿＿

☐ ③ あなたは日本語の先生ですか。
（ Japanese / a / you / teacher / are / an / ? ）

＿＿＿＿＿＿＿＿＿＿＿＿＿＿＿＿＿＿

☐ ④ ③に答えて「いいえ、違います」
（ I'm / not / am / no / , / . ）

＿＿＿＿＿＿＿＿＿＿＿＿＿＿＿＿＿＿

WORD BOX

fan ファン
［ファン］

16

I am not 〜.　You are not 〜.
「〜ではありません」の表現

⌄

[I　am　　　　Tom.　　　　　私はトムです。
[I　am　　not Tom.　　　　　私はトムではありません。

• You　are　not from Canada.　あなたはカナダ出身ではありません。

• They　are　not nurses.　　　彼らは看護師ではありません。

TRY! 　日本文に合うように、次の語句を並べかえましょう。

☐① 私はヨウコではありません。
　　I（ not / am ）Yoko.

　　I ＿＿＿＿＿＿＿＿＿ Yoko.

☐② 私たちは友達ではありません。
　　We（ not / are ）friends.

　　We ＿＿＿＿＿＿＿＿＿ friends.

☐③ あなたは医師ではありません。
　　（ are / you / not ）a doctor.

　　＿＿＿＿＿＿＿＿＿＿＿ a doctor.

☐④ 彼らはオーストラリア出身ではありません。
　　They（ from / not / are ）Australia.

　　They ＿＿＿＿＿＿＿＿＿＿＿ Australia.

☐⑤ 私は教師ではありません。
　　（ not / am / I / a / teacher / . ）

　　＿＿＿＿＿＿＿＿＿＿＿

☐⑥ あなたは野球ファンではありません。
　　You（ not / are / baseball fan / a / . ）

　　You ＿＿＿＿＿＿＿＿＿＿＿

CHECK! 　さまざまな国の名前

Japan　日本 / the U.S.A.　アメリカ合衆国 / the U.K.　イギリス / Australia　オーストラリア /
China　中国 / Korea　韓国 / Canada　カナダ

POINT! am, are の後ろに not をつけると
「～ではない」という表現になります。

▶▶ 答えは別冊 p.8

1 日本文に合うように、次の語句を並べかえましょう。

> **WORD BOX**
>
> **twenty**　　　　20
> ［トゥウェンティ］

□① あなたはユウジではありません。
（ are / Yuji / not / you / . ）

_____

□② 私は歌手ではありません。
（ not / am / a singer / I / . ）

_____

□③ 私たちは兄弟ではありません。
（ brothers / not / we / are / . ）

_____

□④ 彼らはカナダ出身ではありません。
（ from / they / Canada / are / not / . ）

_____

2 必要な1語を補って、日本文に合うように、語を並べかえましょう。

□① 私は20歳ではありません。
（ am / twenty / I / . ）

_____

□② 私たちは歌手ではありません。
（ singers / we / are / . ）

_____

□③ 彼女たちは姉妹ではありません。
（ are / they / sisters / . ）

_____

□④ あなたは日本出身ではありません。
（ Japan / are / from / you / . ）

_____

Is this 〜?　Is that 〜?
「これは(あれは)〜ですか」の表現

⌄⌄

A: This is my cap.　　　　　　　これは私の帽子です。

↓

B: Is that your cap?　　　　　　あれはあなたの帽子ですか。

A: Yes, it is.　/　No, it isn't.　はい、そうです。/ いいえ、違います。

TRY!　日本文に合うように、次の語を並べかえましょう。

□① これはあなたのノートですか。
（ this / is ）**your notebook?**

_____ **your notebook?**

□② あれは病院ですか。
（ that / is ）**a hospital?**

_____ **a hospital?**

□③ あれはあなたのお気に入りの本ですか。
（ that / is ）**your favorite book?**

_____ **your favorite book?**

□④ ③に答えて「はい、そうです」
（ is / it / yes / , / . ）

_____

□⑤ これは彼の自転車ですか。
（ this / is ）**his bike?**

_____ **his bike?**

□⑥ ⑤に答えて「いいえ、違います」
（ no / isn't / it / , / . ）

_____

CHECK!　　Is this 〜?　Is that 〜? の答え方

答え方は　**Yes, this is.　No, that isn't.** とはいいません。
必ず、**Yes, it is. / No, it isn't[is not].** で答えます。　**Yes, No**の後ろにはコンマ(,)を置きます。

疑問文は **be** 動詞を文頭に出してつくります。**Is this 〜?**
これは **be** 動詞を用いた英文では、みな同じルールです。

---

1 日本文に合うように、次の語を並べかえましょう。

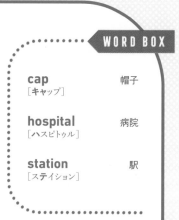

WORD BOX

cap　　　　　帽子
［キャップ］

hospital　　　病院
［ハスピトゥル］

station　　　　駅
［ステイション］

□① これはエミコのバッグですか。
（ Emiko's / is / bag / this / ? ）

_____

□② あれはあなたのねこですか。
（ that / cat / is / your / ? ）

_____

□③ これは彼女のコンピュータですか。
（ computer / this / is / her / ? ）

_____

□④ あれは大きな公園ですか。
（ park / a / that / big / is / ? ）

_____

2 ①，③を疑問文にしましょう。②，④は答えの文を書きましょう。

□① **That is a station.**

_____

□② ①に **Yes** で答える文

_____

□③ **This is your pencil.**

_____

□④ ③に **No** で答える文

_____

LESSON 18

Is he 〜?　Is she 〜?
「彼は〜ですか」「彼女は〜ですか」の表現

・ **He is a doctor.**　　　　　　　　彼は医師です。

A: Is he a doctor?　　　　　　　彼は医師ですか。

B: Yes, he is. ／ No, he isn't.　はい、そうです。／ いいえ、違います。

TRY!　日本文に合うように、次の語を並べかえましょう。

□① 彼女は看護師ですか。
（ **nurse** / **she** / **a** / **is** / **?** ）

□② 彼は親切ですか。
（ **kind** / **he** / **is** / **?** ）

_____

□③ 彼女は背が高いですか。
（ **she** / **tall** / **is** / **?** ）

_____

□④ 彼は野球選手ですか。
（ **is** / **baseball** / **a** / **player** / **he** / **?** ）

_____

□⑤ 彼女は有名なピアニストですか。
（ **pianist** / **she** / **famous** / **a** / **is** / **?** ）

_____

□⑥ 彼は50歳ですか。
（ **fifty** / **is** / **years** / **he** / **old** / **?** ）

_____

CHECK!　いろいろな職業

nurse 看護師 / **office worker** 会社員、事務員 / **caregiver** 介護士 /
cartoonist 漫画家 / **cook** コック、料理人 / **nursery school teacher** 保育士

POINT!

He is ～. She is ～. のように be 動詞 (is) が使われている文は、
be 動詞を文頭に出して疑問文をつくります。

---

1 日本文に合うように、次の語を並べかえましょう。

□① 彼女はカナダ出身ですか。
(from / she / Canada / is / ?)

_____

□② ①に答えて「はい、そうです」
(is / she / yes / , / .)

_____

□③ 彼は有名な漫画家ですか。
(is / famous / he / cartoonist / a / ?)

_____

□④ ③に答えて「いいえ、違います」
(not / he / no / is / , / .)

_____

2 問答文が完成するように、次の語を並べかえましょう。

□① (happy / he / is) now?

_____ now?
– Yes. He is very happy now.

□② (she / is / hungry) now?

_____ now?
– No. She is full now.

□③ (English / is / an / teacher / she / ?)

_____
– No. She is a math teacher.

□④ (famous / he / cook / a / is / ?)

_____
– Yes. He is a famous cook.

WORD BOX

pianist [ピアニスト]	ピアニスト
fifty [フィフティ]	50
year [イア]	～歳、年
now [ナウ]	今
happy [ハピィ]	幸福な
hungry [ハングリィ]	おなかがすいた
full [フル]	おなかが いっぱいで（の）

This[That] is not 〜.　He[She] is not 〜.
「これは(彼・彼女は)〜ではありません」などの表現

[This is his tennis racket.　　これは彼のテニスラケットです。
[This is not his tennis racket.　これは彼のテニスラケットではありません。
• He is not a tennis player.　彼はテニス選手ではありません。

月　　日

TRY!　日本文に合うように、次の語を並べかえましょう。

□① これは私のコンピュータではありません。
(not / this / is) my computer.

_____ my computer.

□② 彼女はトムの妹ではありません。
(she / not / is) Tom's sister.

_____ Tom's sister.

□③ あれは母のエプロンではありません。
(is / not / that) my mother's apron.

_____ my mother's apron.

□④ 彼は私のおじではありません。
(not / is / he) my uncle.

_____ my uncle.

□⑤ 彼は東京にはいません。
(not / he / is) in Tokyo.

_____ in Tokyo.

□⑥ ジェーンは台所にはいません。
(not / Jane / is) in the kitchen.

_____ in the kitchen.

CHECK!　「〜にいます」の表現

He is in the park. のようにbe動詞+in[on, at]〜は「〜にいます」という意味になります。
in the park　公園に / in the kitchen　台所に / in Tokyo　東京に

POINT! 「〜ではありません」という否定文では、be 動詞 (is, am, are) の後ろに **not** をつけます。
短縮形は次のように表します。
is not = isn't　　are not = aren't　　am not の短縮形はありません。

---

1 **not** を適当な位置に入れて、日本文に合うように、次の語句を並べかえましょう。

□① 彼は医師ではありません。
（ is / a / he / doctor / . ）

_____

□② メアリーはアメリカ出身ではありません。
（ from / is / Mary / America / . ）

_____

□③ 彼女は公園にいません。
（ the park / she / is / in / . ）

_____

□④ コウジは中学校の先生ではありません。
（ Koji / junior high school / is / teacher / a / . ）

_____

WORD BOX

racket　　ラケット
［ラケット］

uncle　　おじ
［アンクル］

kitchen　　台所
［キチン］

school　　学校
［スクール］

junior high school
［デューニャァ　ハイ　スクール］
　　　　　中学校

2 日本文に合うように、次の語を並べかえて、短縮できるものは短縮形を使って書きましょう。

□① 私は料理人ではありません。
（ a / not / cook / am / I / . ）

_____

□② 彼は東京出身ではありません。
（ from / he / not / is / Tokyo / . ）

_____

□③ 彼女は医師ではありません。
（ she / doctor / not / is / a / . ）

_____

□④ これは日本語の本ではありません。
（ Japanese / not / this / a / book / is / . ）

_____

Do you ～?
「あなたは～しますか」の表現

≫

- **Do you cook every day?**　　　あなたは毎日料理をしますか。
  Yes, I do. / No, I don't.　　　はい、します。 / いいえ、しません。
- **Do you usually eat breakfast?**　あなたはふだん朝食を食べますか。

TRY!　　日本文に合うように、次の語を並べかえましょう。

☐① あなたはオレンジが好きですか。
　（ oranges / you / do / like / ? ）

_____

☐② あなたはピアノを弾きますか。
　（ you / play / do ）the piano?

_____ the piano?

☐③ あなたは自転車を持っていますか。
　（ have / do / you ）a bike?

_____ a bike?

☐④ ③に答えて「はい、持っています」
　（ do / yes / I / , / . ）

_____

☐⑤ あなたは毎日本を読みますか。
　（ you / do / read / a book ）every day?

_____ every day?

☐⑥ ⑤に答えて「いいえ、読みません」
　（ no / don't / I / , / . ）

_____

CHECK!　　よく使うevery～の表現

every day　毎日 / **every week**　毎週 / **every morning**　毎朝

「あなたは〜しますか」は〈Do you + 動詞 ?〉で表します。
答え方は、Yes, I do. / No, I don't. で表します。
don't は do not の短縮形です。

1 日本文に合うように、次の語句を並べかえましょう。

WORD BOX

cook　　　　料理をする
［クック］

□① あなたはコンピュータを持っていますか。
(a computer / you / do / have / ?)

_____

□② ①に答えて「はい、持っています」
(do / yes / I / , / .)

_____

□③ あなたはこのペンを使いますか。
(pen / do / use / you / this / ?)

_____

□④ ③に答えて「いいえ、使いません」
(don't / no / I / , / .)

_____

2 日本文に合うように、次の語句を並べかえましょう。

□① あなたはふだん、公園で歌を歌いますか。
(usually / sing / you / a song / do) in the park?

_____ in the park?

□② ①に答えて「はい、歌います」
(do / I / yes / , / .)

_____

□③ あなたはときどきすしを食べますか。
(you / sometimes / sushi / do / eat / ?)

_____

□④ あなたは毎日英語を勉強しますか。
(study / you / every / do / day / English / ?)

LESSON 21

I don't ～.
「～しません」「～ではありません」の表現

⌵⌵

I		like apples.	私はリンゴが好きです。
I	don't	like eggs.	私はたまごが好きではありません。
• You	don't	smoke.	あなたはたばこを吸いません。

TRY! 日本文に合うように、次の語を並べかえましょう。

□① 私はピアノを弾きません。
（ play / don't / I ）the piano.

_____ the piano.

□② あなたは肉を食べません。
（ eat / you / don't ）meat.

_____ meat.

□③ 私たちは車を持っていません。
（ don't / we / have ）a car.

_____ a car.

□④ 彼らは居間を掃除しません。
（ clean / they / don't ）the living room.

_____ the living room.

□⑤ あなたは新聞を読みません。
（ don't / you / read ）newspapers.

_____ newspapers.

CHECK! よく使う表現

go to work　出勤する / drive(a car)　車を運転する / eat[have] lunch　昼食を食べる /
ride a bike　自転車に乗る / take a walk　散歩をする

POINT!

「私は〜しません」の英文は、動詞の前に **don't** を置きます。
主語が **you**（あなた、あなたがた）、**we**（私たち）、**they**（彼ら）のときも **don't** を使います。

1 日本文に合うように、次の語句を並べかえましょう。

□① 私は車を運転しません。
　(I / drive / don't / .)

_____

□② あなたは今日は昼食を食べません。
　(lunch / eat / you / don't)today.

_____ **today.**

□③ 私たちはフランス語を話しません。
　(speak / don't / French / we / .)

_____

□④ 彼らは今日は公園には行きません。
　(to / they / the park / go / don't)today.

_____ **today.**

2 don't を補って、日本文に合うように、語句を並べかえましょう。

□① 私は傘を持っていません。
　(have / I / an umbrella / .)

_____

□② 私たちは本はほしくありません。
　(want / books / we / .)

_____

□③ あなたは自転車に乗りません。
　(a / you / bike / ride / .)

_____

□④ 彼らは昼食後にテニスをしません。
　(tennis / they / after / play / lunch / .)

_____

> **WORD BOX**
>
> **smoke** たばこを吸う
> ［スモウク］
>
> **meat** 肉
> ［ミート］
>
> **living room** 居間
> ［リヴィング　ルーム］
>
> **newspaper** 新聞
> ［ヌーズペイパァ］
>
> **drive** 運転する
> ［ドゥライヴ］
>
> **speak** 話す
> ［スピーク］
>
> **want** ほしい
> ［ワント］
>
> **ride** 乗る
> ［ライド］
>
> **after 〜** 〜の後、以降
> ［アフタァ］

Does he[she]〜?
「彼は〔彼女は〕〜しますか」の表現

⌄

- **Jane plays the piano.**　　　　ジェーンはピアノを弾きます。

　　　　　　　　　　　　　　-s, -es はなくなります。

- **Does Jane play the piano?**　　　ジェーンはピアノを弾きますか。

  Yes, she does.　/　No, she doesn't.

　　　　　　　　　　　　　　-s, -es はなくなります。

- **Jane doesn't play the piano.**　　　ジェーンはピアノを弾きません。

TRY!　　日本文に合うように、次の語の正しいほうを選んで書きましょう。

□① あなたの息子さんは野球が好きですか。
　　(**Do** ・ **Does**) **your son like baseball?**

　　_____ **your son like baseball?**

□② あなたのねこは魚を食べますか。　　　　□③ ②に答えて「はい、食べます」
　　(**Do** ・ **Does**) **your cat eat fish?**　　　**Yes, it (do ・ does).**

　　_____ **your cat eat fish?**　　**Yes, it _____.**

□④ 彼らは図書館に行きますか。
　　(**Do** ・ **Does**) **they go to the library?**

　　_____ **they go to the library?**

□⑤ エリはコンピュータを使いますか。　　　□⑥ ⑤に答えて「いいえ、使いません」
　　(**Do** ・ **Does**) **Eri use a computer?**　　**No, she (don't ・ doesn't).**

　　_____ **Eri use a computer?**　　**No, she _____.**

□⑦ エリはコンピュータを使いません。
　　Eri (don't ・ doesn't) use a computer.

　　Eri _____ use a computer.

CHECK!　　動詞は原形

　　主語が3人称単数のときの疑問文では、動詞は原形(**-s, -es**がつかない形)にします。否定文でも、
　　She doesn't use 〜. のように、動詞は原形にします。

POINT! 単数主語 (I, you 以外) の疑問文「～ですか」とその答えには、does を使います。
また「～ではありません」の文には does not = doesn't を使います。

---

1 日本文に合うように、次の語句を並べかえましょう。

□① エミは英語を話しますか。
（ speak / Emi / English / does / ? ）

_____

□② ケンは東京に住んでいますか。
（ Ken / in / does / live / Tokyo / ? ）

_____

□③ ②に答えて「いいえ、住んでいません」
（ not / no / he / does / , / . ）

_____

□④ ジョーンズさんは日本語を話しません。
（ does / Japanese / Mr. Jones / not / speak / . ）

_____

> **WORD BOX**
>
> **fish** 魚
> [フィッシュ]
>
> **library** 図書館
> [ライブレリィ]
>
> **live** 住んでいる
> [リヴ]
>
> **enjoy** 楽しむ
> [インヂョイ]

2 不要な1語を除いて、日本文に合うように、語を並べかえましょう。

□① ユウタは買い物を楽しみますか。
（ Yuta / does / shopping / enjoys / enjoy / ? ）

_____

□② 彼らは散歩をしません。
（ walk / a / they / take / don't / doesn't / . ）

_____

□③ キミコは新しいラケットがほしいのですか。
（ does / new / a / Kimiko / racket / want / wants / ? ）

_____

□④ ③に答えて「はい、そうです」
（ she / yes / not / does / , / . ）

_____

LESSON 23

How many ～ do you have?
「いくつありますか」とたずねる表現

⌄⌄

I have **two** **dogs.**　　　　　私は2匹の犬を飼っています。

犬の数がわからないとき

How many dogs do you have?　あなたは何匹の犬を飼っていますか。

疑問文の語順

• **How many pens do you have?**　あなたは何本のペンを持っていますか。

TRY!　日本文に合うように、次の語句を並べかえましょう。

☐ ① あなたは何冊の本を持っていますか。
（ **books** / **how** / **many** ）**do you have?**

_____ **do you have?**

☐ ② あなたは何羽の鳥を飼っていますか。
（ **many** / **birds** / **how** ）**do you have?**

_____ **do you have?**

☐ ③ あなたはいくつの箱が必要ですか。
（ **boxes** / **many** / **how** ）**do you need?**

_____ **do you need?**

☐ ④ あなたは何曲の英語の歌を知っていますか。
（ **how** / **English songs** / **many** ）**do you know?**

_____ **do you know?**

☐ ⑤ あなたはいくつのテレビドラマを見ますか。
（ **TV dramas** / **many** / **how** ）**do you watch?**

_____ **do you watch?**

> 一番多いまちがい
> × How many do you
> 　have books?

CHECK!　単数も複数も変化しない名詞

fish 魚 / **sheep** 羊

POINT! 「いくつありますか」と数をたずねるときには、〈How many + 名詞の複数形〉を用います。
その後ろは **do you have? do you need?** など疑問文の語順になります。
How many brothers do you have?「あなたには兄弟が何人いますか」に対しては、
I have two.「2人います」などと答えます。

1 日本文に合うように、次の語を並べかえましょう。

▶▶ WORD BOX

WORD BOX

bird 鳥
[バード]

need 必要とする
[ニード]

drama ドラマ
[ドゥラーマ]

star 星
[スター]

coin コイン
[コイン]

children **child**(子供)
[チルドゥレン] の複数形

buy 買う
[バイ]

a month 1か月に
[ア マンス]

□① あなたはいくつのオレンジを食べますか。
How many (eat / oranges / you / do / ?)

How many _____

□② 彼らはいくつの机を使いますか。
How many (they / desks / do / use / ?)

How many _____

□③ あなたたちはいくつの星を知っていますか。
How many (know / do / stars / you / ?)

How many _____

□④ あなたは何冊のノートを持っていますか。
How many (do / have / notebooks / you / ?)

How many _____

2 日本文に合うように、次の語を並べかえましょう。

□① あなたは何枚のコインを持っていますか。
(many / do / coins / you / how / have / ?)

_____

□② 彼らは何人の子供がいますか。
(children / how / have / they / many / do / ?)

_____

□③ あなたは魚を何匹買うのですか。
(buy / many / fish / you / how / do / ?)

_____

□④ 彼らは1か月に何冊の本を読むのですか。
(books / they / do / many / month / how / read / a / ?)

_____

LESSON 24

Who is ～?
「誰ですか」「どんな人ですか」と
たずねる表現

⤵

- **That boy is <u>Tom</u>.**　　　あの少年はトムです。

文頭に出して　┄┄┄┄┄ 誰かわからないとき

- <u>**Who**</u> **is that boy?**　　　あの少年は誰ですか。

　　　└─ 疑問文の語順 ─┘　　　**Who**の後ろは疑問文の語順になります。

TRY!　　日本文に合うように、次の語を並びかえましょう。

□① 彼は誰ですか。
（ is / who ）**he?**

_____ **he?**

□② あなたはどなたですか。
（ are / who ）**you?**

_____ **you?**

□③ ツトムって誰〔どんな人〕ですか。
（ is / who ）**Tsutomu?**

_____ **Tsutomu?**

□④ 彼らは誰ですか。
（ are / who ）**they?**

_____ **they?**

□⑤ 私は誰でしょうか。
（ am / who ）**I?**

_____ **I?**

□⑥ 誰が野球をするのですか。
（ plays / who ）**baseball?**

_____ **baseball?**

CHECK!　　**Who + 一般動詞 ～?「誰が～ですか」の形**

Who plays the piano?（誰がピアノを弾くのですか）は、肯定文の語順ですが、疑問文の意味になります。
動詞には**-s , -es**がつきます。答え方は、**Ken does.**（ケンです）などです。

POINT!

「誰ですか」とたずねる語は who です。who の後ろは疑問文の語順です。
Who is that boy?「あの少年は誰ですか」に対しては、
He is Tom.「彼はトムです」などと答えます。

WORD BOX

man 男の人
［マン］

over there 向こうに
［オウヴァ ゼア］

talk 話す
［トーク］

1 日本文に合うように、次の語を並べかえましょう。

□① あの女の人は誰ですか。
（ that / who / woman / is / ? ）

_____

□② 向こうの男の人は誰ですか。
（ man / over / the / who / is ）**there?**

_____ **there?**

□③ 誰があなたのコーチなのですか。
（ is / coach / who / your / ? ）

_____

□④ あの背の高い男の子は誰ですか。
（ tall / is / that / who / boy / ? ）

_____

2 日本文に合うように、次の語を並べかえましょう。

□① 誰が彼を好きなのですか。
（ likes / who / him / ? ）

_____

□② 誰がそのバッグをほしいのですか。
（ who / the / wants / bag / ? ）

_____

□③ 誰があなたに話すのですか。
（ talks / who / you / to / ? ）

_____

□④ 誰があなたと買い物に行くのですか。
（ shopping / goes / who / you / with / ? ）

_____

LESSON 25

What do you 〜?
「あなたは何を〜しますか」の表現

⌄⌄

You eat <u>eggs</u> every morning.　　あなたは毎朝たまごを食べます。

文頭に出して ···········→ 何を食べるかわからないとき

<u>What</u> do you eat every morning?　　あなたは毎朝何を食べますか。
　　　└── 疑問文の語順 ──┘

TRY!　　日本文に合うように、次の語を並べかえましょう。

☐① あなたは午前中に何をしますか。

（ do / you / what ）**do in the morning?**

_____ **do in the morning?**

☐② ジムは昼食に何を食べますか。

（ Jim / what / does ）**eat for lunch?**

_____ **eat for lunch?**

☐③ 彼らは午後に何を勉強しますか。

（ do / what / they ）**study in the afternoon?**

_____ **study in the afternoon?**

☐④ 彼女は手に何を持っていますか。

（ she / does / what ）**have in her hand?**

_____ **have in her hand?**

☐⑤ あなたは電車の中で何を読みますか。

（ what / you / do / on / read ）**the train?**

_____ **the train?**

> **Yes, No** では答えません。
> 具体的に答えましょう。

CHECK!　　答え方について

What do you eat for lunch?　（あなたは昼食に何を食べますか）
I eat sushi.　（私はすしを食べます）

POINT!

What do you 〜? で「あなたは何を〜しますか」の意味になります。
〜 には動詞が入り、what の後ろは疑問文の語順となります。

1 日本文に合うように、次の語句を並べかえましょう。

WORD BOX

□① あなたは朝食に何を食べますか。
(do / eat / what / you / for)**breakfast?**

_____ **breakfast?**

□② あなたは日曜日に何をしますか。
(do / you / do / what / Sunday / on / ?)

_____

□③ 彼は公園で何をしますか。
(what / do / he / does / the park / in / ?)

_____

□④ あなたのお母さんは昼食に何をつくりますか。
(mother / what / cook / your / does / for)**lunch?**

_____ **lunch?**

for lunch [フォア　ランチ]	昼食に
afternoon [アフタヌーン]	午後
train [トゥレイン]	電車
birthday [バースデイ]	誕生日
about [アバウト]	〜について
think [スィンク]	考える

2 右下の語群から動詞を1語ずつ選んで、日本文に
合うように、語を並べかえましょう。

□① あなたは誕生日に何がほしいですか。
(for / you / what / do)**your birthday?**

_____ **your birthday?**

□② あなたはそれについてどう思いますか。
(about / what / you / do)**it?**

_____ **it?**

□③ 彼は何が必要なのですか。
(what / he / does / ?)

_____

□④ メアリーは何を持っているのですか。
(does / Mary / what / ?)

think / have
need / want

What ～ do you like?
「あなたは何の〔どんな〕～が好きですか」 などの表現

≫

- **What sport do you like?**   あなたはどんなスポーツが好きですか。

  I like table tennis.   私は卓球が好きです。

TRY!   日本文に合うように、次の語を並べかえましょう。

☐① 彼はどんなフルーツが好きですか。
   (what / fruit) **does he like?**

   _____ **does he like?**

☐② あなたはどんな本を読みますか。
   (book / what) **do you read?**

   _____ **do you read?**

☐③ あなたがたはどんな食べ物を食べますか。
   (food / what) **do you eat?**

   _____ **do you eat?**

☐④ 彼女はどんなテレビ番組を見ますか。
   (TV / what / program) **does she watch?**

   _____ **does she watch?**

☐⑤ 彼らはどんな音楽を聞きますか。
   (music / what) **do they listen to?**

   _____ **do they listen to?**

☐⑥ あなたは何色が好きですか。
   (color / what) **do you like?**

   _____ **do you like?**

CHECK!   答え方について

What music do you like?   (あなたはどんな音楽が好きですか)
I like J-POP.   (私はJ-POPが好きです)

POINT!

「あなたは何の（どんな）…を〜しますか」のような表現は〈What + 名詞 + do you 〜?〉を使います。
What のすぐ後ろに名詞を置くことが大切です。複数の答えを求めるときは **What books** のように名詞は複数形でもかまいません。
× **What do you like sports?** は、とても多いまちがいですから、気をつけましょう。

---

1 （　　）の名詞を適当な位置に補って、全文を書きましょう。

□① 彼はどんな歌を歌いますか。
What does he sing? （ songs ）

□② あなたはどんな動物を知っていますか。
What do you know? （ animals ）

□③ 彼女はどんな絵を描きますか。
What does she paint? （ picture ）

□④ メアリーはどんなフルーツがほしいのですか。
What does Mary want? （ fruit ）

2 日本文に合うように、次の語を並べかえましょう。

□① あなたはどんな雑誌を読みますか。
（ magazine / you / what / do / read / ? ）

□② 彼はどんな店を知っていますか。
（ he / shop / know / what / does / ? ）

□③ 彼女はどんな映画を見ますか。
（ watch / she / movies / what / does / ? ）

□④ 彼らはどんな言語を勉強しますか。
（ do / languages / study / they / what / ? ）

> **WORD BOX**
>
> **sport** スポーツ
> [スポート]
>
> **fruit** フルーツ
> [フルート]
>
> **program** 番組
> [プロウグラム]
>
> **listen** 聞く
> [リスン]
>
> **color** 色
> [カラァ]
>
> **paint** 描く
> [ペイント]
>
> **magazine** 雑誌
> [マガズィーン]
>
> **shop** 店
> [シャップ]
>
> **language** 言語
> [ラングウィッヂ]

▶▶ 答えは別冊 p. 12

LESSON 27

Which do you like, A or B?
「AとBではどちらが～ですか」の表現

⌄⌄

- **Which do you like, dogs or cats? – I like dogs.**
  犬とねこではどちらが好きですか。　　　　　　　　犬のほうが好きです。
- **Which is your pen, the big one or the small one?**
  どちらがあなたのペンですか。大きいほうですか、小さいほうですか。

  – The big one is.
  大きいほうです。

TRY!　　日本文に合うように、次の語を並べかえましょう。

□① ペンとえんぴつのどちらを使いますか。
　　(do / which / you) use, a pen or a pencil?

　　_____ use, a pen or a pencil?

□② ①に答えて「えんぴつです」
　　(a / use / I / pencil / .)

　　_____

□③ オレンジとリンゴでは、どちらが好きですか。
　　(is / which / your) favorite, oranges or apples?

　　_____ favorite, oranges or apples?

□④ ③に答えて「リンゴです」
　　(are / apples / .)

　　_____

□⑤ アキは英語と韓国語のどちらを学びますか。
　　(Aki / does / which) learn, English or Korean?

　　_____ learn, English or Korean?

□⑥ ⑤に答えて「英語です」
　　(learns / English / she / .)

　　_____

CHECK!　　Which ～? でよく使われる動詞

　　like　好む、好きだ　/　have　持っている　/　need　必要とする　/　choose　選ぶ

1 日本文に合うように、次の語を並べかえましょう。

□① ヨウコとサヨコのどちらがあなたの妹さんですか。

Which is (your / Yoko / sister / or / Sayoko / , / ?)

Which is _____

□② ①に答えて「サヨコです」

(is / Sayoko / .)

_____

□③ あなたは水とジュースのどちらがほしいですか。

Which (or / want / juice / do / water / you / , / ?)

Which _____

□④ ③に答えて「水です」

(want / water / I / .)

_____

> **WORD BOX**
>
> **or ~** また～
> [オーァ]
>
> **learn** 学ぶ
> [ラーン]
>
> **Korean** 韓国語、朝鮮語
> [コリーアン]
>
> **juice** ジュース
> [ヂュース]
>
> **team** チーム
> [ティーム]

2 ( ) 内の語句を適当な位置に入れて、全文を書きましょう。

□① サッカーと野球では、どちらが好きですか。

Which you like, soccer or baseball? (is ・ do)

_____

□② ジャイアンツとタイガースでは、
どちらがあなたの好きなチームですか。

Which your favorite team, the Giants or the Tigers ? (is ・ do)

_____

□③ 車と自転車では、どちらが必要ですか。

Which do you need, a car a bike? (or ・ and)

_____

□④ ③に答えて「車です」

a car. (I am ・ I need)

_____

Where do you 〜?　When is 〜?
「どこで〜ですか」「いつ〜ですか」の表現
⌄⌄

- **Where do you live?**　　　　あなたはどこに住んでいますか。
- **When is your birthday?**　　　あなたの誕生日はいつですか。

└── 疑問文の語順 ──┘

TRY!　　日本文に合うように、次の語を並べかえましょう。

☐① あなたは毎日どこに行くのですか。
　　(do / where / go / you) every day?

　　_____ **every day?**

☐② 彼女はどこ出身ですか。
　　(come / does / she / where) from?

　　_____ **from?**

☐③ あなたの家はどこですか。
　　(is / house / where / your / ?)

　　_____

☐④ 彼はいつそこへ行くのですか。
　　(go / when / does / he) there?

　　_____ **there?**

☐⑤ ユウジはいつここに来るのですか。
　　(Yuji / does / when / come) here?

　　_____ **here?**

☐⑥ 会議はいつですか。
　　(the / is / when / meeting / ?)

　　_____

> where はどこなのか
> 「場所」をたずね、
> when はいつなのか
> 「時」をたずねる語
> です。

CHECK!　　where と when

where → 場所をたずねる　　when → 時をたずねる

POINT!

You live in Tokyo.
文頭に置く
Where
Where do you live?
疑問文の語順

Your birthday is December 30.
文頭に置く
When
When is your birthday?
疑問文の語順

1 where か when を補って、日本文に合うように、次の語句を並べかえましょう。

□① ユウジはいつ車を洗うのですか。
(wash / Yuji / his car / does / ?)
_____

□② 彼はどこで本を読むのですか。
(does / books / he / read / ?)
_____

□③ 彼らはどこで昼食を食べるのですか。
(they / have / do / lunch / ?)
_____

□④ あなたはいつ仕事に行くのですか。
(to / you / go / do / work / ?)
_____

WORD BOX

here [ヒア]	ここに
meeting [ミーティング]	会議
December [ディセンバァ]	12月
wash [ワッシュ]	洗う
office [オーフィス]	会社、オフィス
summer [サマァ]	夏
festival [フェスティヴァル]	祭り
town [タウン]	町

2 次のようなとき、どのように英語で言いますか。where か when を補って、語句を並べかえましょう。

□① 相手の会社の場所を知りたいとき。
(your / is / office / ?)
_____

□② 相手の町の夏祭りの時期を知りたいとき。
(the summer festival / your / is / in) town?
_____ town?

□③ 相手がいつ日本に来るかを知りたいとき。
(come / you / do / Japan / to / ?)
_____

Whose ～ is this?
「誰のものか」をたずねる表現

⌄⌄

This is <u>my</u> pen.　　　これは私のペンです。

文頭に出して ┄┄┄ 誰のかわからないとき

<u>Whose</u> pen is this?　　これは誰のペンですか。
└── 疑問文の語順 ──┘

It is mine.　　　　　それは私のです。

TRY!　　日本文に合うように、次の語を並べかえましょう。

□① これは誰のバッグですか。
（ bag ／ whose ）is this ?

＿＿＿＿＿＿＿＿＿＿ is this?

□② ①に答えて「それはケンのです」
（ Ken's ／ is ／ it ／ . ）

＿＿＿＿＿＿＿＿＿＿＿＿

□③ あれは誰の自転車ですか。
（ bike ／ whose ）is that?

＿＿＿＿＿＿＿＿＿＿ is that?

□④ ③に答えて「それは私のです」
（ is ／ mine ／ it ／ . ）

＿＿＿＿＿＿＿＿＿＿＿＿

□⑤ それらは誰のくつですか。
（ shoes ／ whose ）are they?

＿＿＿＿＿＿＿＿＿＿ are they?

□⑥ ⑤に答えて「それらはクミのです」
（ Kumi's ／ they ／ are ／ . ）

＿＿＿＿＿＿＿＿＿＿＿＿

CHECK!　　よく使われる語

mine 私のもの ／ **yours** あなた(あなたたち)のもの ／ **his** 彼のもの ／ **hers** 彼女のもの ／
Keiko's ケイコのもの ／ **these**=thisの複数形 ／ **those**=thatの複数形

「誰のものか」をたずねるには whose を使います。
whose + 名詞をセットにし、そのあとは疑問文の語順になります。

1 日本文に合うように、次の語を並べかえましょう。

shoes　　　　くつ
[シューズ]

under　　　　〜の下に
[アンダァ]

ticket　　　　切符
[ティケット]

□① あれらは誰の帽子ですか。
（ those / whose / are / caps / ? ）

_____

□② ①に答えて「それらは私のです」
（ mine / they / are / . ）

_____

□③ これらは誰のノートですか。
（ are / whose / notebooks / these / ? ）

_____

□④ ③に答えて「それらはユミのです」
（ they / Yumi's / are / . ）

_____

2 次のようなとき、どのように英語で言いますか。
不足している1語を補って、語を並べかえましょう。

□① あれらが誰のくつなのか知りたいとき。
（ are / those / shoes / ? ）

_____

□② ①に答えて「それらはヨウコのものだ」と言いたいとき。
（ are / they / . ）

_____

□③ これが誰の切符なのか知りたいとき。
（ ticket / this / is / ? ）

_____

□④ ③に答えて「それはタケシのものだ」と言いたいとき。
（ is / Takeshi's / . ）

_____

LESSON 30

Why 〜? / How 〜? / What 〜! / How 〜!
「なぜ〜ですか」「〜はどんな状態ですか」
「なんて〜でしょう!」などの表現

⌄

- **Why are you happy?**　　　　　　あなたはなぜうれしいのですか。
- **How do you use it?**　　　　　　あなたはどのようにそれを使うのですか。
- **How is your brother?**　　　　　あなたのお兄さん〔弟さん〕はいかがですか。
- **What a beautiful flower this is!**　これはなんてきれいな花なんでしょう!
- **How fast you run!**　　　　　　　あなたはなんて速く走るんでしょう!

TRY!　日本文に合うように、次の語句を並べかえましょう。

☐① あなたはなぜ悲しいのですか。
(you / why / sad / are / ?)

_____

☐② あなたはどのようにそこへ行くのですか。
(do / you / go / how) **there?**

_____ **there?**

☐③ あなたのご家族はいかがですか。
(is / your / how / family / ?)

_____

☐④ あれはなんてかわいいねこなんでしょう!
(is / what / that / a cute cat / !)

_____

☐⑤ あのねこはなんてかわいいんでしょう!
(how / is / that cat / cute / !)

_____

☐⑥ スミスさんはなんて早く起きるんでしょう!
(Mr. Smith / gets up / early / how / !)

_____

CHECK!　Why 〜? への答え方について

Why are you happy?　　　　　　　　（あなたはなぜうれしいのですか）
Because it is a nice day today.　　（今日はいい天気だからです）← 理由を表す

Why do you go to that park?　　　（あなたはなぜその公園へ行くのですか）
To play tennis.　　　　　　　　　　　（テニスをするためです）← 目的を表す

What 〜! / How 〜! は感嘆文といいます。

What a beautiful flower this is! これはなんてきれいな花なんでしょう！

　　　　(a[an] ＋)形容詞＋名詞

How beautiful this flower is! この花はなんてきれいなんでしょう！

　　　　形容詞「きれいな」(形容詞の代わりに副詞がくることもあります)

this (flower) is の部分は、両方とも肯定文の語順です。

また、**What a nice dress!**「なんてすてきなドレスなんでしょう！」や **How beautiful!**

「なんてきれいなんでしょう！」のように〈主語+動詞〉を省略することもあります。

---

1 **why** か **how** を補って、日本文に合うように、次の語句を並べかえましょう。

□① ホワイトさんはいかがですか。
（Ms. White / is / ? ）

_____

□② あなたはなぜそれを毎日飲むのですか。
(it / do / drink / you) **every day?**

_____ **every day?**

□③ メアリーはどのようにその魚を料理しますか。
(cook / does / that fish / Mary / ?)

_____

□④ 彼らはなぜそんなに怒っているのですか。
(are / angry / so / they / ?)

_____

2 **what** か **how** を補って、日本文に合うように、語句を並べかえましょう。

□① あなたのねこはなんて大きいんでしょう！
(big / is / your cat / !)

_____

□② ボブはなんて速く泳ぐんでしょう！
(swims / Bob / fast / !)

_____

□③ 彼女たちはなんて広い家に住んでいるんでしょう！
(live in / they / a large house / !)

_____

□④ あれらのビルはなんて高いんでしょう！
(buildings / tall / are / those / !)

_____

> **WORD BOX**
>
> **flower** 花
> [フラウァ]
>
> **sad** 悲しい
> [サッド]
>
> **family** 家族
> [ファミリィ]
>
> **dress** ドレス
> [ドゥレス]
>
> **drink** 飲む
> [ドゥリンク]
>
> **angry** 怒った
> [アングリィ]
>
> **large** 大きい、広い
> [ラーヂ]

I was 〜. You were 〜.
「〜でした」の表現

⌄

I	am	fifty	<u>now.</u>	私は今50歳です。
I	was	forty-nine	<u>last year.</u>	私は去年49歳でした。
• You	were	forty-nine, too.		あなたも49歳でした。

TRY! 日本文に合うように、＿＿＿にwas か wereを入れましょう。

□① 私は去年は忙しかったです。

　　I ＿＿＿＿＿＿＿＿＿ busy last year.

□② 彼は昨日はひまでした。

　　He ＿＿＿＿＿＿＿＿＿ free yesterday.

□③ 昨日は雨でした。

　　It ＿＿＿＿＿＿＿＿＿ rainy yesterday.

□④ 彼らは2年前は有名でした。

　　They ＿＿＿＿＿＿＿＿＿ famous two years ago.

□⑤ トムは3年前は警察官でした。

　　Tom ＿＿＿＿＿＿＿＿＿ a police officer three years ago.

□⑥ ケンと私は数年前は人気がありました。

　　Ken and I ＿＿＿＿＿＿＿＿＿ popular a few years ago.

□⑦ うちのねこたちは今朝、庭にいました。

　　My cats ＿＿＿＿＿＿＿＿＿ in the garden this morning.

CHECK!　was と were の使い分け

I, Tom, he, she, it, the dog　→　was
you, they, we, Ken and I　→　were

「〜でした」と過去のことをいうときには、be 動詞に was, were を使います。

1 was か were を補って、日本文に合うように、次の語句を並べかえましょう。

□① 彼らはそのとき悲しかったです。
(sad / they / then / .)

_____

□② あなたと私は昨日疲れていました。
(and / you / tired / I)yesterday.

_____ yesterday.

□③ 今朝はくもりでした。
(cloudy / it / this)morning.

_____ morning.

□④ 私の母は3年前は医師でした。
(a doctor / mother / years / my / three)ago.

_____ ago.

2 不要な1語を除いて、日本文に合うように、語句を並べかえましょう。

□① そのくつはとても古かったです。
(very / the shoes / were / was / old / .)

_____

□② 私の両親はそのとき若かったです。
(were / my / was / parents / young)then.

_____ then.

□③ それは先週は2000円でした。
(was / week / it / 2000 yen / last / were / .)

_____

□④ その試合はとてもわくわくしました。
(very / the / was / game / exciting / were / .)

_____

WORD BOX

forty [フォーティ]	40
last year [ラスト イア]	去年
too [トゥー]	〜もまた
yesterday [イェスタディ]	昨日
〜 ago [アゴウ]	〜前に
police officer [ポリース オーフィサァ]	警察官
a few years [ア フュー イアズ]	数年
this morning [ズィス モーニング]	今朝
last month [ラスト マンス]	先月
garden [ガードゥン]	庭
then [ゼン]	そのとき
tired [タイアド]	疲れた
parent [ペアレント]	親
yen [イェン]	円
exciting [イクサイティング]	わくわくさせる

32

Was it ～?　Were you ～?
「～でしたか」の表現

It　was　sunny　in Osaka yesterday.　　昨日、大阪は晴れでした。

Was　it　sunny　in Osaka yesterday?　　昨日、大阪は晴れでしたか。

Yes, it was.　　　　　　　　　はい、そうでした。

No, it was not[wasn't].　　　いいえ、違いました。

• It wasn't sunny　in Osaka yesterday.　　昨日、大阪は晴れでは
　　　　　　　　　　　　　　　　　　　　　ありませんでした。

TRY!　　日本文に合うように、＿＿＿＿にwas, were または wasn't, weren'tを入れましょう。

□① あなたは去年、学生でしたか。

　　＿＿＿＿＿＿＿＿ you a student last year?

□② ①に答えて、「はい、私は学生でした」

　　Yes, I ＿＿＿＿＿＿＿.

□③ 彼女は昨日は疲れていましたか。

　　＿＿＿＿＿＿＿＿ she tired yesterday?

□④ ③に答えて、「いいえ、疲れていませんでした」

　　No, she ＿＿＿＿＿＿＿.

□⑤ 東京は先週、寒くなかったです。

　　It ＿＿＿＿＿＿＿ cold in Tokyo last week.

□⑥ これらの部屋は昨日、きれいではありませんでした。

　　These rooms ＿＿＿＿＿＿＿ clean yesterday.

CHECK!　　過去の文でよく使われる副詞（句）

yesterday　昨日 / last week　先週 / last month　先月 / last year　去年 /
～ year(s) ago　～年前 / then　その時

POINT!

「〜でしたか」と過去のことをたずねるときには、
Was it 〜?, Were you 〜? のように be 動詞を文頭に出します。答え方も Yes, it was. のように was, were を用います。
今まで学習した be 動詞の決まりと同じと考えてください。

▶▶ 答えは別冊 p. 14

1 日本文に合うように、次の語を並べかえましょう。

□① 彼は5年前はお金持ちでしたか。
（ he / rich / was / five ）years ago?

_____ years ago?

□② あなたは今朝、おなかがすいていましたか。
（ you / this / hungry / were ）morning?

_____ morning?

□③ ②に答えて、「はい、すいていました」
（ was / yes / I / , / . ）

_____

□④ 彼らは去年、学生ではありませんでした。
（ students / last / they / weren't ）year.

_____ year.

2 必要な1語を補って、日本文に合うように、語を並べかえましょう。

□① 先週、京都は涼しかったですか。
（ in / it / cool / Kyoto ）last week?

_____ last week?

□② ①に答えて、「いいえ、涼しくありませんでした」
（ it / no / , / . ）

_____

□③ あなたは先月、病気でしたか。
（ last / you / sick / month / ? ）

_____

□④ それらの物語は私にとっておもしろくありませんでした。
（ to / stories / those / me / interesting / . ）

_____

WORD BOX

sunny [サニィ]	よく晴れた
cold [コウルド]	寒い
clean [クリーン]	きれいな
rich [リッチ]	お金持ちの
cool [クール]	涼しい
sick [スィック]	病気の
story [ストーリィ]	物語

LESSON 33

I watched 〜.　I went to 〜.
「〜しました」の表現

I watch	TV	**every day.**	私は毎日テレビを見ます。
I watched	TV	**yesterday.**	私は昨日テレビを見ました。
I go	to school	**every day.**	私は毎日学校に行きます。
I went	to school	**yesterday.**	私は昨日学校に行きました。

TRY!　日本文に合うように、次の語を並べかえましょう。

□① 私は昨夜、音楽を聞きました。
（ listened / I / music / to ）**last night.**

_____ **last night.**

□② 彼女は今朝、お母さんを手伝いました。
（ her / helped / she / mother ）**this morning.**

_____ **this morning.**

□③ 私の父は先月、大阪に行きました。
（ Osaka / went / my / to / father ）**last month.**

_____ **last month.**

□④ アンは昨日、私の家に来ました。
（ to / house / Ann / my / came ）**yesterday.**

_____ **yesterday.**

CHECK!　動詞の過去形について

規則動詞＝ -dをつける動詞：**use**など
　　　　　 -edをつける動詞：**enjoy, help, play** など
　　　　　 yをiにかえて**ed**をつける動詞：**study** など
不規則動詞＝ 形がかわる動詞　**come**（→**came**）, **go**（→**went**）, **have**（→**had**）, **meet**（→**met**）など
　　　　　 readは過去形も**read**だが、発音が[レッド]となるので注意。

POINT! 「〜しました」と過去のことをいうときは、動詞を過去形にします。
動詞には、規則動詞と不規則動詞があります。
まずは不規則動詞をしっかり覚えましょう。

---

1 下の語群から（　）に入る動詞を1語ずつ選んで、
適する形に直して、全文を書きましょう。

WORD BOX

last night 昨夜
［ラスト　ナイト］

help 手伝う、助ける
［ヘルプ］

meet 会う
［ミート］

□① 私は昨日、父を手伝いました。

I（　　）my father yesterday.

_____

□② ヨウコは今朝、このコンピュータを使いました。

Yoko（　　）this computer this morning.

_____

□③ タケシは昨夜、ゲームを楽しみました。

Takeshi（　　）the game last night.

_____

use / enjoy / help

2 動詞を適する形にして、日本文に合うように、語を並べかえましょう。

□① サクラは昨夜、英語を勉強しました。

（ study / Sakura / English ）last night.

_____ last night.

□② あなたは先月たくさんの本を読みました。

（ many / you / books / read ）last month.

_____ last month.

□③ 私は昨日は、楽しく過ごしました。

（ nice / have / a / day / I ）yesterday.

_____ yesterday.

□④ 私は先月、ヨウコに会いました。

（ meet / month / I / Yoko / last / . ）

_____

Did you ～? I didn't ～.
「～しましたか」「～しませんでした」
の表現

〉〉

You played video games yesterday.

あなたは昨日テレビゲームをしました。

Did を文頭に ·············· 元の形になる（**ed** がとれる）

Did you play video games yesterday?

答え方→ **Yes, I did. / No, I didn't.**　　　　あなたは昨日テレビゲームをしましたか。

• **I didn't play** video games yesterday.

私は昨日テレビゲームをしませんでした。

TRY! 　　日本文に合うように、次の語句を並べかえましょう。

□① あなたは今朝、納豆を食べましたか。
　　(eat / you / did / *natto*) this morning?

　　_____ **this morning?**

□② あなたは昨日、私に電話しましたか。
　　(me / did / call / you) yesterday?

　　_____ **yesterday?**

□③ ②に答えて「はい、しました」　　　　□④ ②に答えて「いいえ、しませんでした」
　　(yes / did / I / , / .)　　　　　　　　(I / no / didn't / , / .)

　　_____　　　　　　　　_____

□⑤ 私の息子は昨日、歩いて学校に行きませんでした。
　　(to / my son / school / walk / didn't) yesterday.

　　_____ **yesterday.**

□⑥ 彼はそのことを知りませんでした。
　　(know / didn't / he / that / .)

　　_____

> 疑問文や否定文の中で動詞の過去形を使わないように注意！

CHECK! 　　動詞は原形

過去の疑問文や否定文では、動詞は過去形ではなく原形（**-ed**がつかない形）を使います。

「あなたは〜しましたか」と過去のことをたずねるときは **Did you 〜?** を使います。
答えは **did** を使って、**Yes, I did. / No, I didn't.** とします。
「私は〜しませんでした」といいたいときは、**I didn't 〜.** を使います。

1 必要な1語を補って、日本文に合うように、
次の語を並べかえましょう。

☐① あなたは昨夜、音楽を聞きましたか。
(you / to / listen / music)**last night?**

_____ **last night?**

☐② 彼は去年、東京に住んでいましたか。
(did / he / Tokyo / in)**last year?**

_____ **last year?**

☐③ ②に答えて「いいえ、住んでいませんでした」
(he / no / , / .)

_____

☐④ 私は昨日、早く寝ませんでした。
(bed / I / go / early / to)**yesterday.**

_____ **yesterday.**

> **WORD BOX**
>
> **video game**　テレビ
> ［ヴィディオウ ゲイム］　ゲーム
>
> **call**　　　　電話をする
> ［コール］
>
> **walk to 〜**
> ［ウォーク　トゥ］
> 　　　　　〜に歩いて行く
>
> **last Sunday**
> ［ラスト　サンデイ］
> 　　　　　先週の日曜日

2 不要な1語を除いて、日本文に合うように、語句を並べかえましょう。

☐① あなたは昨日ケンジと話しましたか。
(do / talk / you / did / with)**Kenji yesterday?**

_____ **Kenji yesterday?**

☐② ルーシーは先週、家を掃除しましたか。
(Lucy / cleaned / did / her house / clean)**last week?**

_____ **last week?**

☐③ ②に答えて「いいえ、しませんでした」
(no / didn't / she / doesn't / , / .)

_____

☐④ 私はこの前の日曜日に買い物に行きませんでした。
(went / didn't / shopping / I / go)**last Sunday.**

_____ **last Sunday.**

LESSON 35

look / become
「～に見える」「～になる」の表現
⌄

┌ **Tom is young.** トムは若いです。
└ **Tom looks young.** トムは若く見えます。
┌ **Kate is a teacher.** ケイトは先生です。
└ **Kate became a teacher.** ケイトは先生になりました。

TRY! 日本文に合うように、次の語を並べかえましょう。

□① ヨウコは疲れているように見えます。
（ looks / tired / Yoko ）.

_____

□② ケンジは幸せそうに見えます。
（ Kenji / looks ）**happy.**

_____ **happy.**

□③ 彼は有名になりました。
（ became / he ）**famous.**

_____ **famous.**

□④ 私は若く見えますか。
（ I / look / do ）**young?**

_____ **young?**

□⑤ トムは忙しそうですか。
（ does / look / Tom ）**busy?**

_____ **busy?**

□⑥ あなたの息子さんは看護師になりましたか。
（ become / son / your / did ）**a nurse?**

_____ **a nurse?**

CHECK! look と look like

| look ＋ 形容詞 | He looks busy. | （彼は忙しそうに見えます → 忙しそうです） |
| look like ＋ 名詞 | He looks like a teacher. | （彼は教師のように見えます） |

「〜（のよう）に見える、〜のようだ」は look ＋ 形容詞で、
「〜になる」は become ＋ 形容詞・名詞で表します。

look 見る
［ルック］

become 〜になる
［ビカム］

excited 興奮した
［イクサイティッド］

delicious とてもおいしい
［ディリシャス］

1 日本文に合うように、次の語句を並べかえましょう。

□① ケイトは若く見えますか。
（ Kate / does / young / look / ? ）

_____

□② ジムは悲しそうには見えません。
（ not / Jim / look / does / sad / . ）

_____

□③ そのサッカー選手たちは興奮しました。
（ players / became / the / excited / soccer / . ）

_____

□④ 彼はいつ医師になったのですか。
（ did / he / become / a doctor / when / ? ）

_____

2 look か become を適する形に直して補い、
日本文に合うように、語を並べかえましょう。

□① そのケーキはとてもおいしそうです。
（ delicious / cake / the / . ）

_____

□② その部屋はきれいになりましたか。
（ clean / room / the / did / ? ）

_____

□③ その本はおもしろそうではありません。
（ doesn't / book / interesting / the / . ）

_____

□④ その男性は大金持ちになりました。
（ very / man / rich / that / . ）

_____

▶▶ 答えは別冊 p. 16   73

LESSON 36

give / teach / send / ask / show など 「〜に…を与える」などの表現

⌄

- **I gave her a book.**　私は彼女に本をあげました。
  に　を
- **Tom teaches me English.**　トムは私に英語を教えてくれます。
  に　を

TRY! 日本文に合うように、次の語を並べかえましょう。

☐① 私は彼女に手紙を送りました。

　　(sent / I / her) **a letter.**

　　_____ **a letter.**

☐② 彼は私にクッキーを買ってくれました。

　　(bought / me / he) **some cookies.**

　　_____ **some cookies.**

☐③ ベルさんは私にいくつかの質問をしました。

　　Mr. Bell (me / asked) **some questions.**

　　Mr. Bell _____ **some questions.**

☐④ 私はトムに日本語を教えます。

　　(Tom / teach / I) **Japanese.**

　　_____ **Japanese.**

☐⑤ 私は彼にパスポートを見せました。

　　(him / I / showed) **my passport.**

　　_____ **my passport.**

☐⑥ 彼女は私に名前を教えてくれませんでした。

　　(me / tell / didn't / she) **her name.**

　　_____ **her name.**

CHECK! よく使われる動詞

give A B（AにBを与える） / show A B（AにBを見せる） / teach A B（AにBを教える）
send A B（AにBを送る） / その他 buy（買う） / ask（たずねる） / write（書く） など

give や teach などの動詞は、「〜に」「…を」の２つの目的語をとることができます。

1 日本文に合うように、次の語句を並べかえましょう。

□① 彼はメアリーに手紙を書きました。
(Mary / a letter / wrote / he / .)

_____

□② 私は彼に年齢を教えました。
(my / him / told / age / I / .)

_____

□③ 私は両親に少しの食べ物を送りました。
(some / I / my parents / food / sent / .)

_____

□④ 父は私に何枚かの絵を見せてくれました。
(showed / some / my father / me / pictures / .)

_____

WORD BOX

some [サム]	いくらかの
cookie [クッキィ]	クッキー
question [クウェスチョン]	質問
passport [パスポート]	パスポート
tell [テル]	話す
age [エイヂ]	年齢
business card [ビズネス　カード]	名刺
hat [ハット]	帽子

2 右下の語群から動詞を１語ずつ選んで、日本文に合うように、語句を並べかえましょう。動詞は必要があれば、適する形に直します。

□① 私は彼に名刺をあげました。
(I / him / business card / my).

_____ .

□② アンは昨日私たちに英語を教えてくれました。
(us / English / Ann) yesterday.

_____ yesterday.

□③ 彼女は私にその質問をしませんでした。
(me / that / didn't / question / she / .)

_____

□④ 父は私の息子に帽子を買ってくれました。
(hat / father / a / my son / my / .)

teach / ask
buy / give

37

call / name
「～を…と呼ぶ」などの表現

⌄⌄

- **I call <u>her Megu</u>.** 　　　私は彼女をメグと呼びます。
- **We named <u>the dog Pal</u>.** 　　私たちはその犬をパルと名づけました。

TRY! ▶ 日本文に合うように、次の語句を並べかえましょう。

□① 私は彼をタロウと呼びます。
I call (Taro / him).

I call _____.

□② 私たちはそのねこをタマと名づけました。
We named (Tama / the cat).

We named _____.

□③ 彼はそれが難しいとわかりました。
He (it / difficult / found).

He _____.

□④ あなたたちは彼をタケシと呼びますか。
Do you (him / call / Takeshi)?

Do you _____?

□⑤ 私はそのテストが簡単だとわかりました。
I (the test / found / easy).

I _____.

□⑥ あなたはあなたの部屋をきれいなままに保っていますか。
Do you (your / clean / keep / room)?

Do you _____?

CHECK! ▶ 「～に…を」の文型と「～を…と」の文型の違い

I gave him a cookie. 　　（私は彼にクッキーをあげました）
　　　　　　　　　　　この文型は、**him = a cookie** の関係はありません。
I call him Jun. 　　（私は彼をジュンと呼びます）
　　　　　　　　　　　この文型は、**him = Jun** の関係があります。

POINT! 「A を B と呼ぶ」は〈主語 + call + A + B〉で表します。
その他に同じ文型をとる動詞として name A B (A を B と名づける)
find A B (A が B であることがわかる) keep A B (A を B の状態に保つ)
などがあります。

---

1 日本文に合うように、次の語句を並べかえましょう。

WORD BOX

□① 私たちはこの寺を金閣寺と呼びます。
(temple / we / this / call)**Kinkaku-ji.**

_____ **Kinkaku-ji.**

□② 私たちはそのロボットをメイと名づけました。
(the robot / we / May / named / .)

_____

□③ あなたたちはこの公園を美しく保ちましたか。
(the park / beautiful / did / you / keep / ?)

_____

□④ あなたはその問題が難しいということがわかりましたか。
(you / difficult / find / the question / did / ?)

_____

2 find, call, keep のいずれかを補って、日本文に合うように、
語句を並べかえましょう。

□① 私は私の妹をナオちゃんと呼びます。
(I / Nao-chan / my sister / .)

_____

□② あなたたちは彼女を何と呼びますか。
(what / you / her / do / ?)

_____

□③ あなたは彼が空腹だとわかりましたか。
(you / him / did / hungry / ?)

_____

□④ あなたはどのようにしてこれらの野菜の新鮮さを保つのですか。
How (you / vegetables / do / these / fresh / ?)

How _____

WORD BOX	
name [ネイム]	名づける
test [テスト]	テスト
keep [キープ]	保つ
find [ファインド]	わかる
temple [テンプル]	寺
robot [ロウバット]	ロボット
vegetable [ヴェヂタブル]	野菜
fresh [フレッシュ]	新鮮な

5文型
第1文型〈S + V〉　第2文型〈S + V + C〉

| 第1文型 | **She runs fast.** | 彼女は速く走ります。 |

S　　　V

| 第2文型 | **Ann looked happy.** | アンは幸せそうに見えました。 |

S　　V　　　C

S：主語　V：動詞　C：補語

TRY! 　日本文に合うように、次の語句を並べかえましょう。

□① そのときみんなが笑いました。
（ laughed / everyone ）then.

_____ then.

□② 彼らは忙しいです。
（ are / they / busy / . ）

_____

□③ 彼らは忙しそうです。
（ look / busy / they / . ）

_____

□④ その歌手は有名でした。
（ famous / was / the singer / . ）

_____

□⑤ その歌手は有名になりました。
（ famous / the singer / became / . ）

_____

□⑥ 太陽は東から昇ります。
（ rises / the sun ）in the east.

_____ in the east.

CHECK! 　修飾語について

下線部のような修飾語(句)は、文の要素**S, V, O, C**には含まれません。ページ上の例文と比べてみましょう。
It rained <u>hard</u>. （雨が<u>ひどく</u>降りました）
Ann looked happy <u>at the party</u>. （アンは<u>パーティーで</u>幸せそうに見えました）

POINT! 第2文型では、be 動詞の他、become「〜になる」、look「〜に見える」、sound「〜に聞こえる、思われる」、taste「〜の味がする」、feel「〜に感じる」、smell「〜のにおいがする」、get「〜になる」などの動詞が使われます。動詞の後ろには補語になる形容詞や名詞がきて、主語の状態を説明します。

1 適切な動詞を1語補って、日本文に合うように、語句を並べかえましょう。

□① そのとき彼女は疲れているように見えました。
　（ tired / she ）**then.**

_____ **then.**

□② 私の兄は名古屋に住んでいます。
　（ in Nagoya / my brother / . ）

_____

□③ 彼は1時間前に来ました。
　（ an hour ago / he / . ）

_____

□④ 私の兄は科学者になりました。
　（ a scientist / my brother / . ）

_____

2 不要な1語を除いて、日本文に合うように、語句を並べかえましょう。

□① 彼は昨日とても怒りました。
　He (very / angry / got / looked) **yesterday.**

He _____ **yesterday.**

□② 彼女は悲しそうに見えませんでした。
　She (look / sadly / sad / didn't).

She _____ .

□③ このスープはおいしい〔味が良い〕です。
　（ smells / tastes / good / this soup / . ）

_____

□④ その話はとてもおもしろそうです。
　（ very / the story / is / sounds / interesting / . ）

WORD BOX

laugh [ラフ]	笑う
everyone [エヴリワン]	みんな
rise [ライズ]	(太陽などが) 昇る
sun [サン]	太陽
east [イースト]	東
rain [レイン]	雨が降る
party [パーティ]	パーティー
hour [アウア]	時間
scientist [サイエンティスト]	科学者
sadly [サドリィ]	悲しそうに
smell [スメル]	においがする
taste [テイスト]	味がする
soup [スープ]	スープ
sound [サウンド]	〜に聞こえる 思われる

▶▶ 答えは別冊 p. 17

LESSON 39

5文型
第3文型〈S＋V＋O〉　第4文型〈S＋V＋O＋O〉

| 第3文型 | **She enjoyed the party.** | 彼女はパーティーを楽しみました。 |

S　　　　V　　　　　O[〜を]

| 第4文型 | **She sent him an email.** | 彼女は彼に電子メールを送りました。 |

S　　V　　O[〜に]　　O[〜を]

S：主語　V：動詞　O：目的語

TRY!　　日本文に合うように、次の語句を並べかえましょう。

□① 私の母は花を育てています。
　（ flowers / my mother / grows / . ）

_____

□② スミス先生は私たちに音楽を教えてくれます。
　Mr. Smith（ us / teaches / music ）.

　Mr. Smith _____.

□③ スミス先生は私たちに音楽を教えてくれます。
　Mr. Smith（ music / us / to / teaches ）.

　Mr. Smith _____.

□④ 彼は弟に朝食をつくってあげました。
　（ his brother / cooked / he / breakfast / . ）

_____

□⑤ 彼は弟に朝食をつくってあげました。
　（ cooked / for / his brother / he / breakfast / . ）

_____

CHECK!　　第3文型への書きかえ

第4文型の「人に物をあげる」の文は **to** や **for** を用いて第3文型で表せることがあります。

She sent him an email. ⇒ **She sent an email to him.** （彼女は彼に 電子メールを送りました）
S　V　O　　O　　　　　　S　V　　　O

I bought her a watch. ⇒ **I bought a watch for her.** （私は彼女に うで時計を買ってあげました）
S　V　O　O　　　　　　S　V　　　O

・第3文型は「SがOをVする」のように、目的語が1つだけです。
・第4文型では「O①（人に）＋O②（物を）」の順で目的語が2つあります。
　この文型の動詞には give, show, send, tell, teach, make, buy, get, cook, ask
　などがあります。

1 適切な動詞を1語補って、日本文に合うように、語句を並べかえましょう。

□① ケンは毎晩テレビを見ます。
（ TV / Ken ）**every night.**

_____ **every night.**

□② 私の父は2枚チケットを買いました。
（ two tickets / my father / . ）

_____

□③ 私の父は私たちに2枚チケットを買ってくれました。
（ us / my father / two tickets / . ）

_____

□④ 私の母は彼に何本か花をあげました。
（ some flowers / him / my mother / . ）

_____

2 日本文に合うように、次の語句を並べかえましょう。

□① 彼はあなたに質問をしましたか。
Did (ask / he / a question / you)**?**

Did _____ **?**

□② 彼は私に何枚か写真を見せてくれました。
（ showed / me / some photos / he / . ）

_____

□③ 私は彼らにおもしろい話をしてあげました。
（ them / told / an interesting story / I / . ）

_____

□④ 彼は彼女にプレゼントを送りました。
（ her / to / he / a present / sent / . ）

_____

> **WORD BOX**
>
> **email** 電子メール
> ［イーメイル］
>
> **grow** 育てる
> ［グロウ］
>
> **every night** 毎晩
> ［エヴリィ ナイト］
>
> **photo** 写真
> ［フォウトウ］
>
> **present** プレゼント
> ［プレゼント］

5文型
第5文型〈S + V + O + C〉

| 第5文型 | **We** **call** **the cat** **Tama.** | 私たちはそのねこをタマと呼びます。 |

We（S）call（V）the cat（O「〜を」）Tama（C「〜と」）.

Her song **makes** **me** **happy.**

Her song（S）makes（V）me（O「〜を」）happy（C「〜に」）.

彼女の歌は私を幸せにします。
⇒彼女の歌を聞くと
　私は幸せになります。

S：主語　V：動詞　O：目的語　C：補語

TRY！　日本文に合うように、次の語句を並べかえましょう。

□① 私たちはその犬をシロと呼びます。
　　We (**the dog** / **Shiro** / **call**).

　　We ＿＿＿＿＿＿＿＿＿＿＿ .

□② 彼らはその少年をケンと呼びます。
　　They (**the boy** / **call** / **Ken**).

　　They ＿＿＿＿＿＿＿＿＿＿＿ .

□③ 私たちは娘をアヤと名づけました。
　　We (**Aya** / **named** / **our daughter**).

　　We ＿＿＿＿＿＿＿＿＿＿＿＿＿＿ .

□④ その本は彼を幸せにします（その本を読むと彼は幸せになります）。
　　The book (**him** / **happy** / **makes**).

　　The book ＿＿＿＿＿＿＿＿＿＿＿＿＿＿ .

□⑤ その物語を読んで私は悲しくなりました。
　　The story (**sad** / **me** / **made**).

　　The story ＿＿＿＿＿＿＿＿＿＿＿＿＿ .

□⑥ そのニュースを聞いて、彼らは喜びました。
　　The news (**them** / **glad** / **made**).

　　The news ＿＿＿＿＿＿＿＿＿＿＿ .

CHECK！　第4文型と第5文型の〈make〉の見分け方

He made me a chair.（S V O① O②）　　（彼は私に いすをつくってくれました）
　　　　　　　　　　　　　　　　　O①(**me**) ≠ O②(**a chair**)

He made the room clean.（S V O C）　（彼はその部屋を きれいにしました）
　　　　　　　　　　　　　　　　　O(**the room**) ＝ C(**clean**) 「その部屋はきれいだ」という関係にある。

POINT!

・〈call[name] + O + C〉で「O を C と呼ぶ（名づける）」を表します。
　C には「呼び名」がきます。
・〈make[keep] + O + C〉で「O を C（の状態）にする（しておく）」を表します。
　C には形容詞がくることが多いです。

---

1 適切な動詞を1語補って、日本文に合うように、語句を並べかえましょう。

□① 彼女の友達は彼女をアキと呼びます。
　Her friends (Aki / her).

　Her friends _____.

□② 彼らは長男をジムと名づけました。
　They (Jim / their first son).

　They _____.

□③ 彼女の笑い声はいつも私を驚かせます。
　Her laugh always (me / surprised).

　Her laugh always _____.

□④ 彼女は私にすてきな帽子をつくってくれました。
　She (a nice hat / me).

　She _____.

▶▶ 答えは別冊 p. 18

> **WORD BOX**
>
> **news** ニュース
> [ヌーズ]
>
> **glad** 喜んで
> [グラッド]
>
> **chair** いす
> [チェア]
>
> **first** 第1の
> [ファースト]
>
> **surprise** 驚かせる
> [サプライズ]

---

2 必要な1語を補って、日本文に合うように、語句を並べかえましょう。

□① その映画は私をとても幸せにしました。
　The movie (very / me / happy).

　The movie _____.

□② 彼らは赤ちゃんをジョンと名づけました。
　(their baby / John / they / .)

　_____

□③ 私の母は台所をきれいにしておきました。
　(the kitchen / kept / my mother / .)

　_____

□④ あなたたちはこの鳥を何と呼びますか。
　(this bird / do / you / what / ?)

　_____

LESSON 41

There is 〜. / There are 〜.
「〜があります」の表現

- **There is** <u>a box</u> **on the table.** テーブルの上に箱があります。
  1つなら **is** ········
- **There are** <u>some pens</u> **in the box.** その箱の中に何本かの
  2つ以上なら **are** ···· ペンがあります。

TRY! 不要な1語を除いて、日本文に合うように、語を並べかえましょう。

☐① 私の町には図書館が1つあります。
（ is / are / there ）**a library in my town.**

_____ **a library in my town.**

☐② そこにはたくさんの人がいます。
（ is / there / are ）**many people there.**

_____ **many people there.**

☐③ 私の庭には何本かの木があります。
（ there / is / are ）**some trees in my garden.**

_____ **some trees in my garden.**

☐④ 私の手の中にはコインが1枚あります。
（ is / are / there ）**a coin in my hand.**

_____ **a coin in my hand.**

☐⑤ 5年前には、ここに川がありました。
（ there / was / were ）**a river here five years ago.**

_____ **a river here five years ago.**

☐⑥ 去年は、ここにいくつかの家がありました。
（ was / there / were ）**some houses here last year.**

_____ **some houses here last year.**

CHECK! be 動詞の区別

There is[was]か**There are[were]**なのかは、その後ろにある名詞の数によって決まります。
また、文末には、それが「どこにあるのか」という情報（**in my town**など）がくることが多いです。

POINT! 「〜があります」を表現するには there is[are] を用います。「〜がありました」と過去のことを言うときは、be 動詞を was, were にします。
また、ふつう be 動詞の後ろには the や my などのついた特定の人や物を置きません。
　　× **There is my dog under the tree.**
　　○ **My dog is under the tree.**

1 日本文に合うように、次の語を並べかえましょう。

□① さくら市には、いくつかの橋があります。
　（ **some** / **are** / **in** / **bridges** / **there** ）**Sakura City.**
　_____ **Sakura City.**

□② この建物には図書室があります。
　（ **there** / **library** / **is** / **in** / **a** ）**this building.**
　_____ **this building.**

□③ その部屋には20個の机があります。
　（ **are** / **twenty** / **there** / **desks** / **in** ）**the room.**
　_____ **the room.**

□④ そのとき、橋の上には、たくさんの車がありました。
　（ **many** / **there** / **cars** / **were** / **on** ）**the bridge then.**
　_____ **the bridge then.**

WORD BOX

table [テイブル]	テーブル
people [ピープル]	人々
bridge [ブリッヂ]	橋
tower [タウア]	タワー
monkey [マンキィ]	サル
mountain [マウンテン]	山

2 is, are, was, were のいずれかを補って、日本文に合うように、語句を並べかえましょう。

□① その部屋には犬が1匹いました。
　（ **dog** / **the room** / **a** / **there** / **in** / **.** ）
　_____

□② 東京には高いタワーが2つあります。
　（ **tall towers** / **there** / **two** / **Tokyo** / **in** / **.** ）
　_____

□③ その山にはたくさんのサルがいました。
　（ **on** / **monkeys** / **there** / **many** / **the mountain** / **.** ）
　_____

□④ 彼の町には大きなスーパーマーケットが1つあります。
　（ **big** / **a** / **town** / **in** / **supermarket** / **there** / **his** / **.** ）
　_____

Is[Are] there 〜? / There isn't[aren't] 〜.
「〜がありますか」「〜はありません」の表現

There is a mailbox near here.　　　この近くに郵便ポストがあります。

• **Is there a mailbox near here?**　　　この近くに郵便ポストはありますか。

• **No, there isn't.**　　　いいえ、ありません。

• **There isn't a post office, either.**　　　郵便局もありません。

TRY!　　　日本文に合うように、次の語を並べかえましょう。

□① あなたの部屋にコンピュータはありますか。
　　(a / there / computer / is) in your room?

　　_____ in your room?

□② 私の町には川はありません。
　　(isn't / river / a / there) in my town.

　　_____ in my town.

□③ 空には星がありますか。
　　(there / any / are / stars) in the sky?

　　_____ in the sky?

□④ その図書館には何冊の本がありますか。
　　(books / many / are / how / there) in the library?

　　_____ in the library?

□⑤ あなたの町にはいくつの寺がありますか。
　　(temples / how / there / many / are) in your town?

　　_____ in your town?

□⑥ この辺りには駅はありません。
　　(any / aren't / there / stations) around here.

　　_____ around here.

CHECK!　　　数をたずねる表現

　　　How many + 名詞の複数形 + **are there?**　　　（いくつの〜がありますか。）

POINT! 「〜がありますか」とたずねるには **Is[Are] there 〜?** の表現を使います。
答え方は、 **Yes, there is[are]. No, there isn't[aren't].** です。
「〜がありません」は、 **There isn't[aren't] 〜.** を使います。

1 there, is, are, isn't, aren't を組み合わせて補い、
日本文に合うように、語を並べかえましょう。

□① この町に多くの店はありません。
（ many / town / in / shops / this / . ）

_____

□② 私の部屋にはベッドがありません。
（ bed / a / room / my / in / . ）

_____

□③ 体育館にはいくつのいすがありますか。
（ many / chairs / gym / the / how / in / ? ）

_____

□④ あなたの家にはいくつの部屋がありますか。
（ your / in / many / rooms / how / house / ? ）

_____

2 How many を補って、日本文に合うように、
語を並べかえましょう。

□① あなたの筆箱には何本のペンがありますか。
（ there / are / pens / in ）**your pencil case?**

_____ **your pencil case?**

□② 彼の部屋には何本のトランペットがありますか。
（ there / in / trumpets / are ）**his room?**

_____ **his room?**

□③ その箱の中にはいくつのボールがありますか。
（ are / balls / there / in ）**the box?**

_____ **the box?**

□④ 床の上にはいくつのバッグがありますか。
（ on / there / are / bags ）**the floor?**

_____ **the floor?**

WORD BOX

mailbox [メイルバックス]	郵便ポスト
near [ニア]	近くに
post office [ポスト オフィス]	郵便局
either [イーザァ]	〜もまた…ない
any [エニィ]	いくらかの
sky [スカイ]	空
around [アラウンド]	〜のまわりを
bed [ベッド]	ベッド
gym [ヂム]	体育館
pencil case [ペンスル ケイス]	筆箱
trumpet [トゥランペット]	トランペット
floor [フローァ]	床

LESSON 43

Use this pen, please. などの文
「～してください」の表現

⌄⌄

- **Use this umbrella, please.**　　この傘を使ってください。
- **Speak Japanese, please.**　　日本語を話してください。

TRY!　　日本文に合うように、次の語句を並べかえましょう。

☐① こちらに来てください。
(here / come), **please.**

_____, **please.**

☐② 英語を話してください。
(English / speak), **please.**

_____, **please.**

☐③ この本を読んでください。
(read / book / this), **please.**

_____, **please.**

☐④ この音楽を聞いてください。
(to / music / listen / this), **please.**

_____, **please.**

☐⑤ あの窓を見てください。
(window / look at / that), **please.**

_____, **please.**

☐⑥ ゆっくり運転してください。
(slowly / drive), **please.**

_____, **please.**

CHECK!　　please をつけた言い方

文末につけるときはコンマ (,) を please の前につけます。
文頭につけるときはそのまま大文字で始めます。　**Please use this umbrella.**

POINT! 動詞から始める英文は「〜しなさい」という命令文になります。
口調によっても違いますが、please をつけると丁寧な言い方になります。

---

1 日本文に合うように、次の語を並べかえましょう。

☐① ここで止まりなさい。
(here / stop / .)

_____

☐② あなたの部屋を掃除しなさい。
(room / clean / your / .)

_____

☐③ 今、それをしなさい。
(now / it / do / .)

_____

☐④ 窓を開けてください。
(the / open / window / please / , / .)

_____

2 次のようなとき、どのように英語で言いますか。
語を並べかえましょう。

☐① 相手に立ち上がってほしいとき。
(please / up / stand / , / .)

_____

☐② そのドアを開けてほしいとき。
(that / please / door / open / , / .)

_____

☐③ 自分の言うことを聞いてほしいとき。
(me / listen / to / please / , / .)

_____

☐④ テレビを消してほしいとき。
(off / TV / turn / the / please / , / .)

▶▶ 答えは別冊 p. 19

WORD BOX

please [プリーズ]	どうぞ
window [ウィンドウ]	窓
slowly [スロウリィ]	ゆっくり
stop [スタップ]	止まる
now [ナウ]	今
open [オウプン]	開ける
stand up [スタンド アップ]	立ち上がる
door [ドーァ]	ドア
turn off [ターン オーフ]	〜を消す

Don't 〜.　Let's〜.
「〜してはいけません」「〜しましょう」の表現
⌄⌄

- **Don't speak Japanese here.**　ここでは日本語を話してはいけません。
- **Let's use English.**　英語を使いましょう。

TRY!　　日本文に合うように、次の語を並べかえましょう。

☐① ここで泳いではいけません。
（ swim / don't ）**here.**

_____ **here.**

☐② 今日はテレビを見てはいけません。
（ watch / don't ）**TV today.**

_____ **TV today.**

☐③ 漫画本を読んではいけません。
（ read / don't ）**comic books.**

_____ **comic books.**

☐④ 野球をしましょう。
（ play / let's ）**baseball.**

_____ **baseball.**

☐⑤ 一緒に歌いましょう。
（ sing / let's ）**together.**

_____ **together.**

☐⑥ 一緒に英語を学びましょう。
（ let's / learn ）**English together.**

_____ **English together.**

CHECK!　　Let's の形

Let's は Let us の短縮形ですが、「〜しましょう」という意味では Let's の形で使うのがふつうです。

POINT! 「〜してはいけません」と禁止を表すには、〈Don't + 動詞の原形〉で表します。
「〜しましょう」と相手を誘うときには、〈Let's + 動詞の原形〉で表します。

---

1 日本文に合うように、次の語を並べかえましょう。

WORD BOX

comic book 漫画本
[カミック ブック]

late 遅く
[レイト]

smartphone
[スマートフォウン]
スマートフォン

phone 電話
[フォウン]

☐① 今日、買い物に行きましょう。
(shopping / let's / go) today.

_____ today.

☐② 一緒にこの映画を見ましょう。
(this / watch / movie / let's) together.

_____ together.

☐③ 家に遅く帰ってはいけません。
(home / don't / get / late / .)

_____

☐④ ここでスマートフォンを使ってはいけません。
(your / use / don't / smartphone) here.

_____ here.

2 次のようなとき、どのように英語で言いますか。語を並べかえましょう。

☐① このコンピュータを使わないように相手に伝えるとき。
(this / use / don't / computer / .)

_____

☐② ピアノを弾こうと、相手を誘うとき。
(the / play / let's / piano / .)

_____

☐③ ここでサッカーをしてはいけないと相手に伝えるとき。
(here / play / don't / soccer / .)

_____

☐④ 電話で話そうと、相手を誘うとき。
(let's / phone / on / talk / the / .)

_____

▶▶ 答えは別冊 p. 20

LESSON 45

Ken is eating lunch now. などの文
「今～しています」の表現

⌄

- I 　　read 　　a book every day.　　私は毎日本を読みます。
- I am reading a book now.　　私は今、本を読んでいます。

TRY!　日本文に合うように、次の語の正しいほうを選んで書きましょう。

□① あなたは料理をしています。

You (am ・ are) cooking.

You _____ cooking.

□② 彼は写真を撮っています。

He (is ・ are) taking pictures.

He _____ taking pictures.

□③ 彼らは映画を見ています。

They (is ・ are) watching a movie.

They _____ watching a movie.

□④ ヨウコと私は自転車に乗っています。

Yoko and I (am ・ are) riding bikes.

Yoko and I _____ riding bikes.

□⑤ 私は今、衣服を洗っています。

I (am ・ is) washing my clothes now.

I _____ washing my clothes now.

□⑥ ヒロシとタケシは、今、バスケットボールをしています。

Hiroshi and Takeshi (is ・ are) playing basketball now.

Hiroshi and Takeshi _____ playing basketball now.

CHECK!　ing 形のつくり方

そのままつける	play + ing = playing	study + ing = studying
eをとってing	use + ing = using	make + ing = making
最後の文字を重ねてing	run + ing = running	swim + ing = swimming

「(今)〜しています」という意味を表すには〈be 動詞 + 動詞の ing 形〉を使います。
・be 動詞は主語によって使い分けます。
・動詞に ing をつけるときは語尾が変化することがあります。

1 日本文に合うように、次の語を並べかえましょう。

WORD BOX

clothes 衣服
[クロウズ]

sleep 眠る
[スリープ]

□① ケンタは今、泳いでいます。
（ swimming / Kenta / is ）now.

_____ now.

□② ヒロシは今、眠っています。
（ is / Hiroshi / sleeping ）now.

_____ now.

□③ 彼女は今、手紙を書いています。
（ is / letter / writing / she / a ）now.

_____ now.

□④ 私の母は今、朝食を作っています。
（ making / mother / breakfast / my / is ）now.

_____ now.

2 ①②は be 動詞を補って、③④は動詞を適する形に直して、
日本文に合うように、並べかえましょう。

□① 私は今、テレビを見ています。
（ TV / I / watching ）now.

_____ now.

□② 彼は今、新聞を読んでいます。
（ newspaper / he / a / reading ）now.

_____ now.

□③ 彼女たちは今、公園で走っています。
（ run / park / are / they / the / in ）now.

_____ now.

□④ 私の父は今、コンピュータを使っています。
（ is / father / my / a computer / use ）now.

_____ now.

46

Are you playing video games? などの文
「～しているのですか」の表現

You　　are　　playing video games now.

あなたは今、テレビゲームをしています。

Are　　　you　playing video games now?

あなたは今、テレビゲームをしているのですか。

No, I am not playing video games now.

いいえ、私は今、テレビゲームをしていません。

TRY!　日本文に合うように、次の語を並べかえましょう。

☐① あなたは今、料理をしているのですか。　　☐② 彼は今、眠っているのですか。
　（ cooking / you / are ）**now?**　　　　　　　（ he / sleeping / is ）**now?**

_____ **now?**　　　_____ **now?**

☐③ 彼女は今、音楽を聞いているのですか。
　（ is / listening / she / to ）**music now?**

_____ **music now?**

☐④ 私は今、テレビを見ていません。
　（ not / I / watching / am ）**TV now.**

_____ **TV now.**

☐⑤ 私は今、そのことについて考えていません。
　（ thinking / not / I / am ）**about it now.**

_____ **about it now.**

☐⑥ あなたは今、何をしているのですか。
　（ doing / what / you / are ）**now?**

_____ **now?**

CHECK!　現在進行形の疑問文

現在進行形の疑問文は、**Are you ～?　Is she ～?** などbe動詞で始まります。
Do you ～?　Does she ～? の形にしないように注意しましょう。

「〜しているのですか」という疑問文は be 動詞を文頭に出してつくります。

〈be 動詞 + 主語 + 動詞の ing 形〉の語順になります。

答えは　Yes, he is. / No, he isn't. のように、be 動詞を用いて答えます。

---

1 日本文に合うように、次の語を並べかえましょう。

WORD BOX

pool　　　　プール
[プール]

□① ジョンは友達と話しているのですか。

（ John / with / talking / is ）his friends?

_____ his friends?

□② ①に答えて「いいえ、違います」

（ is / he / not / no / , / . ）

_____

□③ 彼は一生懸命働いていますか。

（ hard / he / is / working / ? ）

_____

□④ 彼女はこのサッカーの試合を楽しんでいません。

（ she / game / isn't / enjoying / soccer / this / . ）

_____

2 ①②は be 動詞を補って、③④は動詞を適する形に直して、日本文に合うように、次の語を並べかえましょう。

□① あなたとリョウは今、話しているのですか。

（ Ryo / talking / and / you ）now?

_____ now?

□② タカシは今、コンピュータを使っていません。

（ using / not / Takashi / a computer ）now.

_____ now.

□③ その犬は公園を走っているのですか。

（ the dog / run / is / in ）the park?

_____ the park?

□④ 彼らはプールで泳いでいません。

（ are / they / not / swim / in ）the pool.

_____ the pool.

I was ～ing
「(そのとき)～していました」の表現

- I　**am**　**watching TV**　<u>**now.**</u>　私は今テレビを見ています。

- I　**was**　**watching TV**　<u>**then.**</u>　私はそのときテレビを見ていました。

TRY!　　日本文に合うように、次の語句を並べかえましょう。

☐① 私はそのとき眠っていました。
（ sleeping / I / was ）**then.**

_____ **then.**

☐② 彼女はそのとき公園で踊っていました。
（ was / she / dancing ）**in the park then.**

_____ **in the park then.**

☐③ 鳥たちが今朝6時に飛んでいました。
（ birds / flying / were ）**at six this morning.**

_____ **at six this morning.**

☐④ 彼はそのとき車を運転していました。
（ a car / driving / he / was ）**at that time.**

_____ **at that time.**

☐⑤ トムと私はそのとき話をしていました。
（ talking / I / were / Tom / and ）**then.**

_____ **then.**

☐⑥ 彼らはそのとき公園を掃除していました。
（ were / they / cleaning / park / the ）**then.**

_____ **then.**

CHECK!　　過去進行形で使う語句

then そのとき / **at that time** そのとき、そのころ / **at eight this morning** 今朝8時に /
at ten last night 昨夜10時に

「(そのとき)〜していました」の表現は、be動詞の過去形（was, were）＋動詞のing形で表します。

---

1 動詞を適する形に直して、日本文に合うように、並べかえましょう。

WORD BOX

dance [ダンス]	踊る
fly [フライ]	飛ぶ
six [スィックス]	6
practice [プラクティス]	練習する
bench [ベンチ]	ベンチ
sit [スィット]	座る
stand [スタンド]	立つ、立っている

☐① 生徒たちはそのとき歌っていました。

（ sing / were / students ）then.

_____ then.

☐② 彼らはそのとき笑っていました。

（ were / laugh / they ）then.

_____ then.

☐③ 私の母はそのとき料理をしていました。

（ mother / cook / was / my ）then.

_____ then.

☐④ メアリーはそのとき手紙を書いていました。

（ Mary / letter / was / write / a ）then.

_____ then.

2 不要な1語を除いて、日本文に合うように、語句を並べかえましょう。

☐① ジュンはそのとき柔道を練習していました。

（ judo / was / practicing / Jun / were ）then.

_____ then.

☐② 私は昨日の9時に音楽を聞いていました。

（ was / to / I / listening / music / am ）at nine yesterday.

_____ at nine yesterday.

☐③ マイクはそのとき公園を歩いていました。

（ the park / Mike / walking / was / walked / in ）at that time.

_____ at that time.

☐④ 彼らはそのときベンチに座っていました。

（ they / the bench / were / sitting / on / standing ）then.

_____ then.

LESSON 48

Was he ~ing? / He wasn't ~ing
「～していましたか」
「～していませんでした」の表現

⌄⌄

Tom was　eating lunch then.　トムはそのとき昼食を食べていました。

Was Tom　eating lunch then?　トムはそのとき昼食を食べていましたか。

Yes, he was. / No, he wasn't.

はい、食べていました。
いいえ、食べていませんでした。

• Tom wasn't eating lunch then.　トムはそのとき昼食を
食べていませんでした。

TRY!　日本文に合うように、次の語を並べかえましょう。

□① ユミはそのときピアノを弾いていたのですか。
（ was / Yumi / playing ）the piano then?

_____ the piano then?

□② ①に答えて、「いいえ、弾いていませんでした」
（ she / wasn't / no / , / . ）

_____

□③ 彼らはそのとき話していたのですか　　　□④ ③に答えて、「はい、そうです」
（ were / talking / they ）then?　　　　（ they / yes / were / , / . ）

_____ then?　　　　_____

□⑤ あなたはそのときコンピュータを使っていませんでした。
（ you / using / weren't ）a computer then.

_____ a computer then.

□⑥ トムは昨日の10時に眠っていませんでした。
（ wasn't / Tom / sleeping ）at ten yesterday.

_____ at ten yesterday.

CHECK!　確認しましょう

I, he, she, it, Tom, a dog など → was
you, they, we, dogs（2匹以上）, Tom and I など → were

「彼は〜していませんでした」の表現は〈He wasn't + 動詞の ing 形〉で表します。
wasn't は was not の、weren't は were not の短縮形です。

1 was, were または wasn't, weren't を補って、
日本文に合うように、語を並べかえましょう。

············ **WORD BOX**

dinner   夕食
［ディナァ］

□① ユミはそのとき働いていましたか。
（ Yumi / working ）then?

_____ then?

□② ①に答えて、「はい、働いていました」
（ she / yes / , / . ）

_____

□③ ユウジとケンジはそのときテレビを見ていましたか
（ TV / and / Yuji / watching / Kenji ）then?

_____ then?

□④ ③に答えて、「いいえ、見ていませんでした」
（ no / they / , / . ）

_____

2 不要な1語を除いて、日本文に合うように、語を並べかえましょう。

□① トシオはそのとき英語を勉強していませんでした。
（ wasn't / studying / Toshio / English / not ）then.

_____ then.

□② あなたは、昨晩8時に夕食を食べていませんでした。
（ were / dinner / eating / you / weren't ）at eight last night.

_____ at eight last night.

□③ ケイコはそのときそのことについて考えていませんでした。
（ thinking / Keiko / weren't / it / about / wasn't ）then.

_____ then.

□④ 私たちは、今朝6時に犬を散歩させていませんでした。
（ dog / we / weren't / our / walking / aren't ）at six this morning.

_____ at six this morning.

I can 〜. I can't 〜.
「〜ができる」「〜ができない」の表現

月　日

- **My brother can swim fast.**　　私の弟は速く泳げます。
  But I can't[cannot] swim.　　しかし、私は泳げません。

TRY!　　日本文に合うように、次の語句を並べかえましょう。

☐① 私は速く走ることができます。
（ can / run / I ）fast.

_____ fast.

☐② その女の子は上手に自転車に乗ることができます。
（ that girl / ride / can ）a bike well.

_____ a bike well.

☐③ トムは日本語を話すことができません。
（ can't / Tom / speak ）Japanese.

_____ Japanese.

☐④ 私たちは今夜、星を見ることができません。
（ see / we / can't ）stars tonight.

_____ stars tonight.

☐⑤ 私の父は上手に料理をすることができます。
（ can / my father / cook ）well.

_____ well.

CHECK!　　can の意味

① **I can't swim.**　　　　　　　　　「泳ぐことができない」　　　→ 能力を表す。
② **We can't see stars today.**　　「今日は星を見ることができない」→ 可能性を表す。
③ **You can eat this.**　　　　　　　「これを食べてもいいよ」　　　→ 許可を表す。

can の意味は
いくつかに分類
できます！

POINT!

「〜ができる」の表現は I can 〜. で表します。
・どんな主語でも can の形はかわりません。
・can の後ろには動詞の原形 (-e, -es などがつかない形) がきます。
・「〜ができません」は cannot で表します。 can't は短縮形です。

---

1 can か can't を適当な位置に入れて、日本文に合うように、全文を書きましょう。

☐① あなたは上手にスキーをすることができます。
You ski well.

_____

☐② タロウは英語を読むことができます。
Taro reads English.

_____

☐③ 私は上手にギターを弾くことができません。
I play the guitar well.

_____

☐④ ベッキーは日本語で手紙を書くことができません。
Becky writes a letter in Japanese.

_____

> **WORD BOX**
>
> **girl** 女の子
> [ガール]
>
> **see** 見る
> [スィー]
>
> **tonight** 今夜
> [トゥナイト]
>
> **ski** スキーをする
> [スキー]
>
> **start** 出発する
> [スタート]

2 can か can't を補って、日本文に合うように、語を並べかえましょう。

☐① あなたたちは今、出発することができません。
(**start** / **you**)**now.**

_____ **now.**

☐② 彼は英語を教えることができます。
(**English** / **he** / **teach** / **.**)

_____

☐③ 彼らは一生懸命働くことができます。
(**hard** / **they** / **work** / **.**)

_____

☐④ あなたはこの食べ物を食べることはできません。
(**you** / **food** / **eat** / **this** / **.**)

_____

Can you 〜?
「あなたは〜できますか」の表現

• **Can you play the violin well?** バイオリンを上手に弾くことができますか。

Yes, I can. / No, I can't. はい、できます。 / いいえ、できません。

TRY! 日本文に合うように、次の語を並べかえましょう。

□① あなたは韓国語を話せますか。
(you / can / speak)**Korean?**

_____**Korean?**

□② あなたはコンピュータを使うことができますか。
(you / can / use)**a computer?**

_____**a computer?**

□③ サリは早く起きることができますか。
(get / Sari / up / can)**early?**

_____**early?**

□④ ③に答えて「はい、できます」
(can / she / yes / , / .)

_____

□⑤ マイクは漢字を書くことができますか。
(Mike / write / can)*kanji?*

_____*kanji?*

□⑥ ⑤に答えて「いいえ、できません」
(he / can't / no / , / .)

_____

CHECK! 未来を表す can

あなたが相手に、"**Can you come to my house?**"（私の家に来ることができますか）と言ったとき、
相手が「家に来る」のは、これからの（未来の）ことです。だから、**can**は未来指向の助動詞です。

「〜ができますか」を表すには **Can you 〜?** を使います。
・どんな主語でも **can** の形はかわりません。
・〜の位置（主語の後ろ）にくる動詞は原形です。

1 日本文に合うように、次の語を並べかえましょう。

WORD BOX

unicycle　　一輪車
［**ユーニサイクル**］

□① あなたは一輪車に乗ることができますか。
(you / ride / can / unicycle / a / ?)

_____

□② ①に答えて「はい、できます」
(can / I / yes / , / .)

_____

□③ ユウコは車を運転することができますか。
(a / can / car / Yuko / drive / ?)

_____

□④ ③に答えて「いいえ、できません」
(she / no / can't / , / .)

_____

2 次のようなとき、どのように英語で言いますか。語を並べかえましょう。

□① 相手が私たちの家に来ることができるかどうかたずねるとき。
(to / can / our / you / come / house / ?)

_____

□② ①に答えて「はい、行けます」と答えるとき。
(can / I / yes / , / .)

_____

□③ 昼食後に将棋ができるかどうか、相手にたずねたいとき。
(you / lunch / *shogi* / after / play / can / ?)

_____

□④ ③に答えて「いいえ、できません」と答えるとき。
(I / no / can't / , / .)

_____

LESSON 51

Can I ～?　Can you ～?
「～してもいいですか」「～してくれませんか」の表現

⌄⌄

- **Can　I　open the window?**　　窓を開けてもいいですか。
- **Can　you　close the door?**　　ドアを閉めてくれませんか。

TRY!　　日本文に合うように、次の語句の正しいほうを選んで書きましょう。

□① あなたの消しゴムを使ってもいいですか。　　□② ドアを開けてくれませんか。

　　Can（ I ・ you ）use your eraser?　　　　**Can（ I ・ you ）open the door?**

　　Can ＿＿＿＿＿＿ **use your eraser?**　　　　**Can** ＿＿＿＿＿＿ **open the door?**

□③ 私の家に来てくれませんか。

　　Can（ I ・ you ）come to my house?

　　Can ＿＿＿＿＿＿ **come to my house?**

□④ ③に答えて「いいですよ」

　　（ **Sure.** ・ **Sorry, I can't.** ）

　　＿＿＿＿＿＿＿＿＿＿＿＿＿＿＿＿＿＿＿

□⑤ 今、ピアノを弾いてもいいですか。

　　Can（ I ・ you ）play the piano now?

　　Can ＿＿＿＿＿＿ **play the piano now?**

□⑥ ⑤に答えて「いいえ、だめです」

　　（ **Yes, please.** ・ **No, you can't.** ）

　　＿＿＿＿＿＿＿＿＿＿＿＿＿＿＿＿＿＿＿

CHECK!　　Can I ～? と Can you ～? の違い

Can I open the window?	直 訳 → 私が窓を開けることができますか。	
	つまり → 私が窓を開けてもいいですか。	（許可）
Can you open the window?	直 訳 → あなたが窓を開けることができますか。	
	つまり → あなたが窓を開けてくれませんか。	（依頼）

「〜してもいいですか」と許可を求めるときは、Can I 〜? を使います。
・答え方→ Sure. (もちろん) / Yes, please. (はい、どうぞ) / Sorry, you can't. (ごめん、だめです)
また、相手に「〜してくれませんか」と依頼するときには、Can you 〜? を使います。
・答え方→ Sure. (もちろん) / OK. (いいです) / Sorry, I can't. (ごめんなさい、できません)

1 不要な1語を除いて、日本文に合うように、語を並べかえましょう。

□① ここで歌を歌ってもいいですか。
(can / you / songs / sing / I) here?

_____ here?

□② ①に答えて「ごめんなさい、だめです」
(you / sorry / can / can't / , / .)

_____

□③ 私を手伝ってくれませんか。
(help / can / you / me / I / ?)

_____

□④ この部屋を掃除してもいいですか。
(I / you / clean / can / this / room / ?)

_____

WORD BOX

close [クロウズ]	閉める
eraser [イレイサァ]	消しゴム
sure [シュア]	いいですよ
sorry [サリィ]	ごめんなさい
wait [ウェイト]	待つ

2 次のようなとき、どのように英語で言いますか。次の語を並べかえましょう。

□① ここで踊ってもいいか許可を求めるとき。
(here / I / dance / can / ?)

_____

□② 私にこの本を読んでくれないかと、相手に依頼するとき。
(this / read / can / book / you) to me?

_____ to me?

□③ 私を待っていてくださいと、相手に依頼するとき。
(you / for / wait / me / can / ?)

_____

□④ このクッキーを食べてもいいか許可を求めるとき。
(eat / can / cookie / this / I / ?)

_____

▶▶ 答えは別冊 p. 23

LESSON 52

I am going to 〜
「〜するつもりです」の表現

| I | visit Kyushu **every year.** 私は毎年九州を訪れます。 |
| **I am going to** | visit Kyushu **next month.** |

私は来月九州を訪れるつもりです。

- **Are you going to** visit Kyushu next month?

あなたは来月九州を訪れるつもりですか。

答え方→ **Yes, I am.** はい、そのつもりです。 / **No, I am not.** いいえ、そのつもりではありません。

TRY! 日本文に合うように、次の語を並べかえましょう。

□① 私は明日、英語を勉強するつもりです。
　　(am / study / I / going / to) English tomorrow.

　　_____ English tomorrow.

□② トムは明日、メアリーと会うつもりです。
　　(Tom / to / see / going / is) Mary tomorrow.

　　_____ Mary tomorrow.

□③ 私たちは来週、母を手伝うつもりはありません。
　　(help / going / aren't / to / we) my mother next week.

　　_____ my mother next week.

□④ あなたは午後に、自分の部屋を掃除するつもりですか。
　　(to / you / going / clean / are) your room in the afternoon?

　　_____ your room in the afternoon?

□⑤ ④に答えて、「はい、そのつもりです」
　　(am / yes / I / , / .)

　　_____

CHECK! 未来を表す語句

tomorrow 明日 / **next 〜** 次の〜、今度の〜 / **next Sunday** 次の日曜日 /
next week 来週 / **next month** 来月 / **this weekend** 今週末 / **someday** いつか

POINT! 「～するつもりです」と未来のことを表現するときは、〈be 動詞 + going + to + 動詞の原形〉を用います。この表現は、「心に決めていて、かなり確実な予定」を表します。疑問文、否定文、答えの文のつくり方は、be 動詞の規則に従います。

---

1 日本文に合うように、次の語を並べかえましょう。

☐① ジョンは、来週東京に帰ってくるつもりです。
　　(is / come / John / to / back / going) to Tokyo next week.
　　_____ to Tokyo next week.

☐② あなたは、トムに電子メールを送るつもりですか。
　　(to / you / going / send / are / email / an) to Tom?
　　_____ to Tom?

☐③ ②に答えて、「はい、そのつもりです」
　　(am / yes / I /, / .)
　　_____

☐④ 彼らは次の日曜日に、映画を見るつもりではありません。
　　(going / they / to / aren't / see) a movie next Sunday.
　　_____ a movie next Sunday.

2 be 動詞を補って、日本文に合うように、次の語句を並べかえましょう。

☐① あなたは、コンサートのチケットを買う予定はありますか。
　　(buy / you / to / going / a ticket) for the concert?
　　_____ for the concert?

☐② ①に答えて、「はい、そのつもりです」
　　(I / yes /, / .)
　　_____

☐③ トムは今年、北海道を訪れる予定はありません。
　　(Tom / to / Hokkaido / going / visit / not) this year.
　　_____ this year.

☐④ 私たちは夕食後、公園で走る予定です。
　　(to / we / run / the / going / park / in) after dinner.
　　_____ after dinner.

▶▶ 答えは別冊 p. 23

WORD BOX

every year [エヴリィ イア]	毎年
tomorrow [トゥマロウ]	明日
come back [カム バック]	帰ってくる
concert [カンサァト]	コンサート

I will ～． It will ～．
「～でしょう、～します」の表現

| It | | is cloudy | today. | 今日はくもりです。 |
| It | will | be cloudy | tomorrow. | 明日はくもりでしょう。 |

- **Will it be rainy tomorrow?** 明日は雨でしょうか。

答え方→ **Yes, it will.** はい、そうでしょう。 / **No, it will not[won't].** いいえ、違うでしょう。

- **It will not[won't] be rainy tomorrow.** 明日は雨ではないでしょう。

TRY! 日本文に合うように、次の語句を並べかえましょう。

□① 彼は明日買い物に行くでしょう。
（ will / go / he ）**shopping tomorrow.**

_____ **shopping tomorrow.**

□② 彼女は今日の午後に私の家に来るでしょう。
（ come / she / to / will ）**my house this afternoon.**

_____ **my house this afternoon.**

□③ 彼らは今夜、テレビゲームをするでしょうか。
（ they / video games / play / will ）**tonight?**

_____ **tonight?**

□④ ③に答えて、「はい、するでしょう」
（ will / they / yes / , / . ）

_____

□⑤ 明日、東京は晴れではないでしょう。
（ be / it / will / sunny / not ）**in Tokyo tomorrow.**

_____ **in Tokyo tomorrow.**

CHECK! 未来のことを表す will

will は未来に起こりそうなことを表して「～でしょう、～します」の意味で用います。また、**be going to** のように「～するつもりです」と主語の意志を表すこともあります。

POINT! 「〜でしょう、〜します」と未来のことを表現するには、〈主語＋will＋動詞（原形）〉で表します。疑問文は will を文頭に出し、答えにも will を用います。否定文には will not を用います。 won't は will not の短縮形です。

---

1 will か won't を補って、日本文に合うように、語を並べかえましょう。

> **WORD BOX**
>
> **radio** ラジオ
> [レイディオウ]
>
> **travel** 旅行する
> [トゥラヴェル]
>
> **abroad** 海外へ
> [アブロード]

□① ケンは今夜、自分の部屋を掃除するでしょう。
（ clean / Ken / room / his ）tonight.

_____ tonight.

□② あなたは明日の朝、早く起きますか。
（ get / early / you / up ）tomorrow morning?

_____ tomorrow morning?

□③ ②に答えて、「いいえ、起きません」
（ I / no / , / . ）

_____

□④ 私は明日、ラジオを聞きません。
（ listen / radio / I / to / the ）tomorrow.

_____ tomorrow.

2 次の指示にしたがって、英文を書きかえましょう。

□① I went to Yumi's house <u>yesterday</u>. （下線部を **tomorrow** にかえて）

_____

□② My husband didn't read a newspaper <u>this morning</u>. （下線部を **tonight** にかえて）

_____

□③ Keiko will travel abroad. （否定文に）

_____

□④ Hiroshi and Ann will meet at the station today. （疑問文に）

_____

▶▶ 答えは別冊 p. 24

must / mustn't
「～しなければならない」
「～してはいけない」などの表現

月　日

≫

- I　　　　　　　　**go home at six.**　私は家に6時に帰ります。
- I　**must**　　**go home at six.**　私は家に6時に帰らなくてはなりません。
- You　**mustn't**　**come home late.**　あなたは家に遅く帰ってはいけません。

TRY! 　日本文に合うように、次の語を並べかえましょう。

□① 私は一生懸命に働かなければいけません。
　　I (work / must) hard.

　　I ＿＿＿＿＿＿＿＿＿＿＿＿＿ hard.

□② ジェーンは彼女の部屋を掃除しなければなりません。
　　Jane (clean / must) her room.

　　Jane ＿＿＿＿＿＿＿＿＿＿＿＿＿ her room.

□③ あなたはこの本を読まなくてはいけません。
　　You (read / must) this book.

　　You ＿＿＿＿＿＿＿＿＿＿＿＿＿ this book.

□④ あなたはここで泳いではいけません。
　　You (swim / mustn't) here.

　　You ＿＿＿＿＿＿＿＿＿＿＿＿＿ here.

□⑤ 私たちは、このことを忘れてはいけません。
　　We (forget / mustn't) this.

　　We ＿＿＿＿＿＿＿＿＿＿＿＿＿ this.

□⑥ あなた方はここで話してはいけません。
　　You (talk / mustn't) here.

　　You ＿＿＿＿＿＿＿＿＿＿＿＿＿ here.

CHECK! 　**must** と **have to**

両方とも「～しなければならない」という意味のことばですが、意味としては **must** のほうが強いイメージです。
must not = mustn't は「～してはいけない」という意味で、禁止を表します。

「〜しなければならない」は、〈主語 + must + 動詞 (原形)〉で表すことができます。
・must の形は主語によって変化しません。
・must の後ろには必ず動詞の原形が置かれます。
・疑問文は must を文頭に出して、〈Must + 主語 〜?〉になります。

1 日本文に合うように、次の語句を並べかえましょう。

☐① あなたたちは9時以降に、テレビを見てはいけません。
（ TV / you / watch / mustn't ）after nine.

_____ after nine.

☐② その場所でスマートフォンを使ってはいけません。
（ use / mustn't / a smartphone / you ）at that place.

_____ at that place.

☐③ 彼女たちは学校では制服を着なければなりません。
（ wear / must / school / they / uniforms ）at school.

_____ at school.

☐④ メアリーは7時までに学校に行かなければなりません。
（ must / school / go / Mary / to ）by seven.

_____ by seven.

2 must か mustn't を補って、日本文に合うように、
全文を書きましょう。

☐① 私は新しいスマートフォンを買わなければなりません。
I buy a new smartphone.

_____

☐② 私は9時までに家事を終わらせなければなりません。
I finish my housework by nine.

_____

☐③ 彼らはここを走ってはいけません。
They run here.

_____

☐④ ここでたばこを吸ってはいけません。
You smoke here.

WORD BOX

forget   忘れる
[フォゲット]

place   場所
[プレイス]

wear   着る
[ウェア]

uniform   制服
[ユーニフォーム]

by 〜   〜までに
[バイ]

finish   終える
[フィニッシュ]

housework   家事
[ハウスワーク]

have to + 動詞
「〜しなければならない」の表現

❶ I have to finish my housework.

私は家事を終わらせなければ
なりません。

❷ Do I have to finish my housework?

私は家事を終わらせなければ
なりませんか。

❸ You don't have to finish
your housework now.

あなたは今、家事を
終わらせる必要はありません。

TRY! 　日本文に合うように、次の語を並べかえましょう。

□① 私たちは、本を読まなければなりません。
(to / we / read / have)books.

_____ books.

□② あなたは、走らなければなりません。
(have / run / you / to / .)

_____

□③ 彼は1時間待たなければなりません。
(he / to / wait / has)for an hour.

_____ for an hour.

□④ 私たちは今、部屋を掃除しなければなりませんか。
(we / to / do / have / clean)our room now?

_____ our room now?

□⑤ ④に答えて、「いいえ。それをする必要はありません」
No. (do / don't / you / to / have)it.

No. _____ it.

□⑥ 彼は私に電話する必要はありません。
(have / doesn't / call / he / to)me.

_____ me.

CHECK! 　have か has かの区別

主語が he, she など、I, you 以外の単数の場合は、have が has になります。
読み方は、have to が[ハフトゥ]、has to が[ハストゥー]です。

❶「〜しなければならない」は〈主語 + have[has] to + 動詞〉で表します。
❷疑問文は〈Do[Does] + 主語 + have to + 動詞〉で表します。
❸〈主語 + don't[doesn't] have to + 動詞〉は「〜する必要がない」という意味を表します。

1 have[has] to を補って、日本文に合うように、語句を並べかえましょう。

WORD BOX

airport　　　　　空港
[エアポート]

decide　　　　　決める
[ディサイド]

say　　　　　　言う
[セイ]

say good-bye
[セイ　グッドバイ]
　　　　　　さよならを言う

☐① トムは今夜、その仕事を終えなければなりません。
(work / finish / Tom / that) tonight.

_____ tonight.

☐② あなたは空港で、パスポートを見せなければなりません。
(show / passport / your / you) at the airport.

_____ at the airport.

☐③ 私は今、出発しなければなりませんか。
(I / start / do / now / ?)

_____

☐④ 私たちは明日会社に行く必要がありません。
(don't / go / we / our office / to) tomorrow.

_____ tomorrow.

2 不要な1語を除いて、日本文に合うように、語を並べかえましょう。

☐① あなたは今、それを決めなければなりません。
(it / to / decide / has / you / have) now.

_____ now.

☐② 彼女は新しいバックを買わなければなりませんか。
(buy / she / does / to / has / have) a new bag?

_____ a new bag?

☐③ 彼はいい子でいなければなりません。
(to / have / be / good / he / has / a) boy.

_____ boy.

☐④ あなたは今、さよならを言う必要はありません。
(have / say / you / to / don't / not / goodbye) now.

_____ now.

LESSON 56

should / Should I～?
「～すべきです」「～すべきですか」の表現

⋙

- **You should**   **stay here.**   あなたはここにいるべきです。
- **You should not**   **stay here.**   あなたはここにいるべきではありません。
- **Should I**   **stay here?**   私はここにいるべきですか。
- **Yes, you should.** / **No, you should not.**

     はい、いるべきです。   いいえ、いるべきではありません。

TRY!   日本文に合うように、次の語を並べかえましょう。

☐① あなたは医師にみてもらうべきです。

（ see / you / should ）**a doctor.**

＿＿＿＿＿＿＿＿＿＿＿＿＿ **a doctor.**

☐② 私たちはお互いに助け合うべきです。

（ help / should / we ）**each other.**

＿＿＿＿＿＿＿＿＿＿＿＿＿ **each other.**

☐③ あなたは彼女に何も言うべきではありません。

（ say / should / you / not ）**anything to her.**

＿＿＿＿＿＿＿＿＿＿＿＿＿ **anything to her.**

☐④ 私は行くべきですか。

（ go / should / I ）**?**

＿＿＿＿＿＿＿＿＿ **?**

☐⑤ ④に答えて、「はい、行くべきです」

（ should / you / yes / , / . ）

＿＿＿＿＿＿＿＿＿＿＿＿＿

CHECK!   疑問詞がついた文

Should I ～? の文に疑問詞がついた形もよく見られます。

- **What should I do?**   （私は何をすべきですか）
- **Which train should I take?**   （どちらの電車に乗るべきですか）

POINT!

should は「〜すべきだ」という意味で、義務を表す言い方になります。should のあとには原形が続きます。
Should I 〜? は「〜したほうがいいですか」と何かを申し出るときにも使います。

---

1 日本文に合うように、次の語句を並べかえましょう。

WORD BOX

□① あなたは明日の朝、彼女を訪ねるべきです。
（ visit / you / should / her / tomorrow ）**morning.**

_____ **morning.**

□② 私たちは両親の意見を聞くべきです。
（ our / should / to / we / listen ）**parents' opinions.**

_____ **parents' opinions.**

□③ あなたはそこにそんなに長く滞在すべきではありません。
（ you / stay / there / not / should ）**so long.**

_____ **so long.**

□④ 私たちは彼にそのペンを貸すべきですか。
（ lend / him / the pen / we / should / ? ）

_____

2 不要な1語を除いて、日本文に合うように、語を並べかえましょう。

□① 私は彼女に何か言うべきですか。
（ nothing / anything / say / I / should ）**to her?**

_____ **to her?**

□② ①に答えて、「いいえ。何も言うべきではありません」
No! （ should / say / anything / you / shouldn't ）**to her.**

No! _____ **to her.**

□③ 彼女はもっと練習すべきです。
（ would / should / practice / she / more / . ）

_____

□④ きみはその映画を見たほうがいい。
（ you / the / movie / have / should / see / . ）

WORD BOX

stay 滞在する
［ステイ］

see （医師などに）
［スィー］ みてもらう

each other お互い
［イーチ　アザァ］

anything
［エニィスィング］
（疑問文で）何か
（否定文で）何も（…ない）

opinion 意見
［オピニャン］

lend 貸す
［レンド］

nothing 何も…ない
［ナスィング］

more もっと
［モーア］

May I 〜? / Shall I 〜?
「〜してもいいですか」「〜しましょうか」
の表現

月　日

⌄

- **May I use your pen?**　　　　　　あなたのペンを使ってもいいですか。
  Sure.　　　　　　　　　　　　いいですよ。
- **Shall I show you my picture?**　私の写真を見せてあげましょうか。
  Yes, please.　　　　　　　　　はい、お願いします。

TRY!　　日本文に合うように、次の語を並べかえましょう。

☐① 窓を開けてもいいですか。
（ open / I / may ）**the window?**

＿＿＿＿＿＿＿＿＿＿＿＿＿ **the window?**

☐② ラジオを聞いてもいいですか。
（ to / may / I / listen ）**the radio?**

＿＿＿＿＿＿＿＿＿＿＿＿＿ **the radio?**

☐③ 彼女と一緒に買い物に行ってもいいですか。
（ shopping / go / I / may ）**with her?**

＿＿＿＿＿＿＿＿＿＿＿＿＿ **with her?**

☐④ あなたのバッグを運んであげましょうか。　　☐⑤ ④に答えて、「はい、お願いします」
（ I / carry / shall ）**your bag?**　　　　　（ please / yes / , / . ）

＿＿＿＿＿＿＿＿＿ **your bag?**　　　　＿＿＿＿＿＿＿＿＿＿

☐⑥ 別のバッグを見せてあげましょうか。（お店で）
（ you / shall / show / I ）**another bag?**

＿＿＿＿＿＿＿＿＿＿＿ **another bag?**

CHECK!　　May I 〜?とCan I 〜? の違い

　May I 〜? は、LESSON 51 の Can I 〜?よりも丁寧な言い方で、どんな相手にも使える便利な表現です。

POINT!

May I ~? は、「～してもいいですか」と相手に許可を求める表現です。
Shall ~? は、「～しましょうか」と相手に申し出るときの表現です。

---

1 may か shall を補って、日本文に合うように、語を並べかえましょう。

WORD BOX

carry　　　運ぶ
[キャリィ]

another
[アナザァ]
　　　もうひとつの、別の

leave　　　立ち去る
[リーヴ]

□① ここにいてもいいですか。
　（ here / I / stay / ? ）

　_____

□② この箱を開けてあげましょうか。
　（ I / box / open / this / ? ）

　_____

□③ この本を読んでもいいですか。
　（ book / read / I / this / ? ）

　_____

□④ いくらかお水をさしあげましょうか。
　（ give / some / you / I / water / ? ）

　_____

2 次のようなとき、どのように英語で言いますか。
may か shall を補って、語を並べかえましょう。

□① 帰ってもいいかと相手に許可を求めるとき。
　（ here / I / leave / ? ）

　_____

□② 部屋を掃除してあげましょうかと相手に申し出るとき。
　（ your / I / room / clean / ? ）

　_____

□③ このゲームを始めてもいいかと相手に許可を求めるとき。
　（ this / start / game / I / ? ）

　_____

□④ 机を運んであげましょうかと相手に申し出るとき。
　（ your / carry / desk / I / ? ）

LESSON 58

Will you 〜? / Would you 〜?
「〜してくれませんか」の表現

⌄

- **Will　you help me with my housework ?**

  家事を手伝ってくれませんか。

- **Would you help me with my housework?**

  家事を手伝っていただけませんか。

TRY!　日本文に合うように、次の語を並べかえましょう。

□① 私について来てくれませんか。
（ will / you / follow ）**me?**

_____ **me?**

□② 道を教えていただけませんか。
（ show / would / you ）**me the way?**

_____ **me the way?**

□③ 窓を開けてくれませんか。
（ open / you / will ）**the window?**

_____ **the window?**

□④ その動物について教えてくれませんか。
（ you / will / teach ）**me about the animal?**

_____ **me about the animal?**

□⑤ この部屋を掃除してくれませんか。
（ will / clean / you ）**this room?**

_____ **this room?**

□⑥ パスポートを見せていただけませんか。
（ show / would / me / you ）**your passport?**

_____ **your passport?**

CHECK!　**Would you 〜? の would**

would は助動詞 will の過去形。助動詞の過去形を使うことで丁寧な感じを表すことができます。

「〜してくれませんか」と人に依頼するときは、**Will you 〜? / Would you 〜?**
などの表現を使います。また、**Can you 〜?** も同様な依頼表現です。

1 日本文に合うように、次の語句を並べかえましょう。

WORD BOX

follow ついて行く〔来る〕
［ファロウ］

way 道
［ウェイ］

cut 切る
［カット］

□① あのリンゴを切っていただけませんか。
(would / that / cut / apple / you / ?)

_____

□② 水をくれませんか。
(me / some / will / water / you / give / ?)

_____

□③ あなたの自転車を貸していただけませんか。
(bike / you / lend / would / me / your / ?)

_____

□④ あなたの名刺を見せてくれませんか。
(show / you / will / me / business card / your / ?)

_____

2 次のようなときどのように英語で言いますか。
①②は **will** を、③④は **would** を補って、語句を並べかえましょう。

□① 相手に、バッグを運んでほしいと依頼するとき。
(you / this / carry / bag) **for me?**

_____ **for me?**

□② 相手に、この箱を開けるように依頼するとき。
(open / box / you / this / ?)

_____

□③ 英語の手紙を書いてほしいと依頼するとき。
(English / write / an / you / letter) **for me?**

_____ **for me?**

□④ 駅までの道を知りたいとき。
(the way / you / tell / me / to) **the station?**

_____ **the station?**

まとめ

助動詞

相手に依頼する

Can you ～? ～してくれますか。 / **Could you ～?** ～していただけますか。[丁寧な依頼]
Will you ～? ～してくれますか。 / **Would you ～?** ～していただけますか。[丁寧な依頼]

相手に許可を求める

Can I ～? ～してもいいですか。 / **May I ～?** ～してもいいですか。

相手に申し出る

Shall I ～? ～しましょうか。

その他の表現

must ～しなければならない。 / **have to ～** ～しなければならない。
mustn't ～してはいけない。 / **don't have to ～** ～する必要はない。

TRY!　ア：依頼する　イ：許可を求める　ウ：相手に申し出る　のいずれかの記号を
（　　）に入れましょう。次に日本文に合うように、語を並べかえましょう。

□① ドアを閉めてもいいですか。（　　　）
　（ close / I / door / the / may / ? ）

_____

□② あなたの辞書を貸してくれませんか。（　　　）
　（ me / your / lend / you / will ）**dictionary?**

_____ **dictionary?**

□③ このバッグを運びましょうか。　（　　　）
　（ carry / I / bag / shall / this / ? ）

_____

□④ いくらかお水をいただけますか。（　　　）
　（ some / me / would / give / you ）**water?**

_____ **water?**

Could you 〜? と Would you 〜? は丁寧な依頼表現で、「もしできるならば〜していただけませんか」というニュアンスが含まれています。
must と have to については、どちらも「〜しなければならない」という意味を表しますが、否定の mustn't は「〜してはいけない」、don't have to は「〜する必要はない」と意味が大きく異なるので注意が必要です。

1 日本文に合うように、次の語句を並べかえましょう。

□① あなたは今日、この部屋を掃除する必要はありません。
(have / clean / you / to / this / don't) room today.

_____ room today.

□② 私たちは8時までに会社に行かなければいけません。
(to / must / go / our office / by / we) eight.

_____ eight.

□③ 彼らは、ここで昼食を食べてはいけません。
(lunch / they / here / mustn't / eat / .)

_____

□④ その病院までの道を教えていただけますか。
(the / show / you / way / could / me) to the hospital?

_____ to the hospital?

□⑤ 私と一緒に来てくれますか。
(me / come / will / with / you / ?)

_____

□⑥ あなたのコンピュータを使ってもいいですか。
(I / use / computer / may / your / ?)

_____

WORD BOX

dictionary　　辞書
[ディクショネリィ]

task　　課題
[タスク]

□⑦ あなたたちはこの課題を10時までに終わらせなければなりません。
(to / you / finish / by / task / have / this) ten.

_____ ten.

to + 動詞(その1)
「〜するために」の表現(副詞の働き)

月　日

- **Yoko went to the park.**
- **Yoko went to the park to play tennis.**
- **Yoko went to the park to meet her friend.**

ヨウコは公園に行きました。

ヨウコはテニスをするために公園に行きました。

ヨウコは友達に会うために公園に行きました。

TRY!　日本文に合うように、次の語を並べかえましょう。

☐① テレビを見るために早く起きる。
get up early (TV / watch / to)

get up early _____

☐② 英語を勉強するためにアメリカに行く。
go to America (study / to / English)

go to America _____

☐③ 私は本を読むために図書館を使います。
I use the library (to / books / read).

I use the library _____.

☐④ 彼は日本語を理解するために注意深く聞きました。
He listened carefully (understand / to / Japanese).

He listened carefully _____.

☐⑤ あなたは庭を見るために京都を訪れたのですか。
Did you visit Kyoto (the / see / to / gardens)?

Did you visit Kyoto _____?

☐⑥ 彼はカメラを買うためにお金を貯めたのですか。
Did he save money (camera / buy / to / a)?

Did he save money _____?

CHECK!　副詞と同じような働きをする〈to + 動詞の原形〉

動詞などを修飾して、文に「〜するために」という情報をプラスする使い方です。

POINT! 「〜するために」と目的を表すには、〈to + 動詞の原形〉を使って表します。

---

1 to を適当な位置に補って、
日本文に合うように、全文を書きましょう。

□① 彼は、水を少し飲むために立ち止まりました。
He stopped drink some water.

_____

□② メアリーは始発電車に乗るために走りました。
Mary ran catch the first train.

_____

□③ 彼は彼らを歓迎するために料理をしましたか。
Did he cook welcome them?

_____

□④ あなたは手紙を送るために郵便局に行ったのですか。
Did you go to the post office send a letter?

_____

2 to を適当な位置に補って、
日本文に合うように、語句を並べかえましょう。

□① 私は友達と話すためにそのカフェに行きます。
I (to / talk / that café / with / go) my friends.

I _____ **my friends.**

□② 彼は試合に勝つために、一生懸命練習したのですか。
(he / win / hard / did / practice) the game?

_____ **the game?**

□③ 彼女は医師になるために一生懸命勉強しました。
(studied / hard / she / a doctor / be / .)

_____

□④ あなたは音楽を聞くためにスマートフォンを使いますか。
(use / you / listen to / your smartphone / do / music / ?)

_____

WORD BOX

carefully [ケアフリィ]	注意深く
understand [アンダスタンド]	理解する
save [セイヴ]	貯める
money [マニィ]	お金
the first train [ザ ファースト トゥレイン]	始発電車
welcome [ウェルカム]	歓迎する
café [キャフェイ]	カフェ
win [ウィン]	勝つ

▶▶ 答えは別冊 p. 26

to + 動詞(その2)
「～すること」の表現(名詞の働き)

- My father **likes** **golf.** 私の父はゴルフが好きです。
- ❶ He **likes to play** **golf.** 彼はゴルフをすることが好きです。
- ❷ I **like to watch** **golf.** 私はゴルフを見ることが好きです。
- ❸ **To watch golf is interesting.** ゴルフを見るのはおもしろいです。

TRY! 日本文に合うように、次の語句を並べかえましょう。

□① 英語を勉強することが好き
（ like / to / English / study ）

□② ピアノを弾きたい
（ to / play / want / the piano ）

_____

□③ あなたは日本食を食べたいですか。
（ want / do / you / to ）eat Japanese food?

_____ eat Japanese food?

□④ 彼女は中国語を話す必要はありません。
（ doesn't / to / she / need ）speak Chinese.

_____ speak Chinese.

□⑤ あなたは何をしたいのですか。
What do (want / do / you / to / ?)

What do _____

□⑥ 人々を助けることは大切です。
（ people / is / help / to ）important.

_____ important.

CHECK! よく使われる表現

like to ～　～するのが好きだ　/　want to ～　～したい　/　need to ～　～することが必要だ　/
hope to ～　～することを望む

〈to ＋ 動詞の原形〉は「〜すること」という意味にもなります。
like to 〜や want to 〜で「〜することが好き」「〜したい」という意味です。
また、例の❸のように主語として使うこともできます。

---

1 to を適当な位置に補って、
日本文に合うように、全文を書きましょう。

WORD BOX

golf ゴルフ
[ガルフ]

Japanese food 日本食
[ヂャパニーズ　フード]

Chinese 中国語
[チャイニーズ]

important 大切な
[インポータント]

again また
[アゲン]

□① あなたはたくさんの本を読みたいですか。
Do you want read many books?

_____

□② 私は友達と話すことが好きです。
I like talk with my friends.

_____

□③ 料理することは彼女にとって簡単です。
Cook is easy for her.

_____

□④ 漢字を書くことは彼にとって難しいです。
Write *kanji* is difficult for him.

_____

2 to を適当な位置に補って、日本文に合うように、語を並べかえましょう。

□① 私には一生懸命働くことが必要です。
I (hard / need / work).

I _____ **.**

□② またあなたと会えるといいな。
I (you / see / hope) again.

I _____ **again.**

□③ 彼はどこに行きたいのですか。
Where does (he / go / want)?

Where does _____ **?**

□④ 速く泳ぐことは、私には簡単です。
(is / fast / swim) easy for me.

_____ **easy for me.**

LESSON 62

to + 動詞(その3)
「〜するための」の表現(形容詞の働き)

- **We need some water to drink.** 私たちは飲むための水が必要です。
- **We need some water to wash our hands.**

私たちは手を洗うための水が必要です。

TRY! 　日本語(文)に合うように、次の語句を並べかえましょう。

□① 読むための本
（ read / to / a book ）

□② 勉強するための本
（ study / a book / to ）

_____

□③ 楽しむための本
（ a book / enjoy / to ）

_____

□④ 私は読むための本が必要です。
I (need / to / a book / read).

I _____.

□⑤ 私は勉強するための本が欲しいです。
I (a book / want / study / to).

I _____.

□⑥ あなたは楽しむための本を持っていますか。
Do you (enjoy / a book / have / to / ?)

Do you _____

CHECK! 　大切な表現

something to drink	飲むための何か ⇒ 何か飲むもの
something to eat	食べるための何か ⇒ 何か食べるもの
things to do	するための何か ⇒ 何かすること

〈to + 動詞の原形〉は「〜するための」という意味も表します。

---

1 日本文に合うように、次の語句を並べかえましょう。

□① 私にはするべきたくさんの家事があります。

I have (housework / do / a lot of / to).

I have _____ .

□② あなたは何か食べるものがほしいですか。

Do you (to / want / eat / something)?

Do you _____ ?

□③ 彼女には買いたいものがたくさんあるのですか。

Does she (many things / have / buy / to)?

Does she _____ ?

□④ 彼女には見たいテレビ番組があります。

She has (watch / TV program / to / a).

She has _____ .

2 日本文に合うように、次の語を並べかえましょう。

□① 私は電車で読む本が必要です。

(need / book / to / I / a / read) **on the train.**

_____ **on the train.**

□② あなたは何か書くものを持っていますか。

(something / you / to / do / have / write) **with?**

_____ **with?**

□③ 彼らには住む家が必要です。

(house / need / to / they / a / live) **in.**

_____ **in.**

□④ これは彼にあげるものです。

(is / give / something / this / to) **him.**

_____ **him.**

a lot of たくさんの
[ア ラット オヴ]

something 何か
[サムスィング]

thing もの
[スィング]

write with 〜 〜で書く
[ライト ウィズ]

live in 〜 〜に住む
[リヴ イン]

LESSON 63

 まとめ

不定詞〈to + 動詞の原形〉の復習

≫

副詞の働き	**He went there to play tennis.**	彼はテニスをするために そこに行きました。
名詞の働き	**He likes to play tennis.**	彼はテニスをすることが 好きです。
形容詞の働き	**He has a lot of things to do.**	彼には するべき ことが たくさんあります。

TRY! 日本文に合うように、次の語句を並べかえましょう。

□① 彼女は家事をするために早起きしました。
She got up early (her housework / do / to).

She got up early ＿＿＿＿＿＿＿＿＿＿＿＿＿＿＿＿ .

□② 彼は野球の試合を見るのが好きです。
He (to / likes / watch) **baseball games.**

He ＿＿＿＿＿＿＿＿＿＿＿＿＿＿＿ **baseball games.**

□③ その子供たちには何か食べるものが必要です。
The children need (something / eat / to).

The children need ＿＿＿＿＿＿＿＿＿＿＿＿＿＿ .

□④ ジムはそのニュースを聞いて悲しかったです。
Jim was sad (hear / the news / to).

Jim was sad ＿＿＿＿＿＿＿＿＿＿＿＿＿＿ .

□⑤ 何冊かの読む本を私に貸してください。
Please lend me (books / to / some / read).

Please lend me ＿＿＿＿＿＿＿＿＿＿＿＿＿＿ .

CHECK! 感情の原因や理由を表す不定詞

不定詞は、**glad**「うれしい」、**sorry**「残念な」、**surprised**「驚いた」などの形容詞のあとに置かれ、「〜して」と感情の原因や理由を表すことがあります（不定詞の副詞の働きの1つ）。
I am glad to see you again. （あなたにまた会えて うれしいです）

不定詞の3用法
・副詞の働き「〜するために」「〜して」… 文末に置かれることが多い。
・名詞の働き「〜すること」… 動詞の目的語、主語、補語になる。
・形容詞の働き「〜するための」「〜するべき」… 後ろから(代)名詞を修飾する。

1 to を適当な位置に補って、日本文に合うように、語句を並べかえましょう。

□① 何か冷たい飲み物はありますか。

Do you have (cold / something / drink)**?**

Do you have _____ **?**

□② あなたはテストに向けて一生懸命勉強することが必要です。

You (hard /study / need) **for the test.**

You _____ **for the test.**

□③ 彼は多くの写真を撮るためにその湖を訪れました。

He visited the lake (pictures / take / a lot of)**.**

He visited the lake _____ **.**

□④ 私はジムから電子メールをもらってうれしかったです。

I was (an email / get / happy) **from Jim.**

I was _____ **from Jim.**

2 必要な1語を補い、日本文に合うように、語句を並べかえましょう。

□① 彼はそのニュースを聞いて驚きました。

(was / surprised / to / he) **the news.**

_____ **the news.**

□② 彼女は将来、医師になりたいと思っています。

(wants / to / she / a doctor) **in the future.**

_____ **in the future.**

□③ サッカーの試合を見るのはわくわくします。

(soccer games / see / to / exciting / .)

_____

□④ 学生たちには考える時間が必要です。

(need / think / time / the students / .)

_____

> WORD BOX
>
> lake   湖
> [レイク]
>
> future   将来
> [フューチャァ]

〈**how to** + 動詞の原形〉
「**どのように〜するか**」「**〜の仕方**」
の表現

⌄⌄

I know how to play the guitar.　私はギターの弾き方を知っています。
主語　動詞　　　　　　　　　　　目的語

TRY!　　　日本語(文)に合うように、次の語句を並べかえましょう。

□① テニスの仕方
（ tennis / play / to / how ）

_____

□② 泳ぎ方
（ to / swim / how ）

_____

□③ 自転車の乗り方
（ to / a bike / how / ride ）

_____

□④ 私はこのゲームの仕方を知っています。
I know (this game / to / how / play).

I know _____.

□⑤ 私の姉は自動車の運転の仕方を知っています。
My sister knows (how / drive / a car / to).

My sister knows _____.

□⑥ 彼はケーキのつくり方を知っていますか。
Does he know (a cake / to / how / make)?

Does he know _____?

CHECK!　　　2つ目の目的語になる場合

〈**how to** + 動詞の原形〉が「…を」にあたる2つ目の目的語になることもあります。
I showed　**him**　**how to skate.**　　（私は彼に スケートの仕方を教えました）
　　　　　　　目的語①　目的語②
　　　　　　　「〜に」　「…を」

POINT! 「どのように〜するか」「〜の仕方」を表すときは、〈how to + 動詞の原形〉を使います。
しばしば know, learn などの動詞の目的語になります。
know how to 〜で「〜の仕方を知っている」＝「〜できる」の意味になります。

1 to を適当な位置に補って、日本文に合うように、
語句を並べかえましょう。

WORD BOX

skate スケート
[スケイト]

machine 機械
[マシーン]

everybody みんな
[エヴリバディ]

answer 答える
[アンサァ]

get to 〜 〜に着く
[ゲット トゥ]

alphabet アルファベット
[アルファベット]

□① アンは日本食のつくり方を学んでいます。

Ann is learning (Japanese food / how / cook).

Ann is learning _____.

□② 私はどのようにしてこの箱を開けるかわかりません。

I don't know (this box / open / how).

I don't know _____.

□③ あなたはこの機械の使い方を知っていますか。

Do you know (how / use / this machine)?

Do you know _____?

□④ 私はみんなにこの問題の答え方を教えました。

I taught everybody (answer / this question / how).

I taught everybody _____.

2 必要な1語を補い、日本文に合うように、語句を並べかえましょう。

□① 私の母は電子メールの送り方を習いました。

(to / learned / send / my mother) an email.

_____ an email.

□② その女性は空港への行き方を私たちに教えてくれました。

The woman (to / us / showed / get to) the airport.

The woman _____ the airport.

□③ その男の子はアルファベットの書き方を知りたがっています。

That boy wants to (write / how / know / the alphabet).

That boy wants to _____.

□④ 私にこの漢字の読み方を教えてください。

Please (how / tell / me / this *kanji* / to).

Please _____.

〈**what to** + 動詞の原形〉、
〈**where to** + 動詞の原形〉
「何を〜するべきか」「どこで〔に〕〜するべきか」
などの表現

月　日

I don't know <u>what to say</u>.　　私は何を言うべきかわかりません。

He knows <u>where to go</u> next.　　彼は次にどこに行くべきかわかっています。

TRY!　日本語（文）に合うように、次の語を並べかえましょう。

□① 何をすればいいか
（ what / do / to ）

_____

□② どこで泳げばいいか
（ to / where / swim ）

_____

□③ いつ出発するべきか
（ to / leave / when ）

_____

□④ 私は彼女に何をつくってあげればいいかわかりません。
I don't know (what / make / to) **for her.**

I don't know _____ **for her.**

□⑤ あなたはいつ起きればいいかわかっていますか。
Do you know (up / to / when / get)**?**

Do you know _____ **?**

□⑥ どこでテニスを練習すればいいか、私に教えてください。
Please tell me (practice / to / where / tennis)**.**

Please tell me _____ **.**

CHECK!　2つ目の目的語になる場合

〈疑問詞 + **to** + 動詞の原形〉が「…を」にあたる2つ目の目的語になることもあります。
He told　me　where to get off the bus.　（彼は私に どこでバスを降りればいいかを教えてくれました）
　　　　目的語①　　　目的語②
　　　　「〜に」　　　「…を」

〈what to + 動詞の原形〉「何を〜するべきか」、〈where to + 動詞の原形〉「どこで（に）〜するべきか」、〈when to + 動詞の原形〉「いつ〜するべきか」などは動詞の目的語となることができます。

1 to を適当な位置に補って日本文に合うように、語句を並べかえましょう。

□① 私は夕食に何をつくればいいか考えているところです。
I am thinking about (for dinner / what / cook).

I am thinking about _____.

□② 彼らはいつ富士山に登ったらいいか話し合いました。
They talked about (Mt. Fuji / when / climb).

They talked about _____.

□③ どこで切符を買えばいいか、誰かにたずねましょう。
I will ask someone (the ticket / get / where).

I will ask someone _____.

□④ 何の本を読めばいいか、私に教えてください。
Please show me (book / what / read).

Please show me _____.

2 必要な1語を補い、日本文に合うように、語句を並べかえましょう。

□① 彼はパーティーに何を持っていけばいいかわかりませんでした。
He didn't (bring / to / know) **to the party.**

He didn't _____ **to the party.**

□② どこで写真を撮ればいいか私に教えてくれませんか。
Will you tell (take / pictures / to / me)**?**

Will you tell _____**?**

□③ 彼女はこの機械の使い方を理解しています。
She (understands / to / this machine / use).

She _____.

□④ ジムは彼女にいつ会議を始めればいいかたずねました。
Jim asked (her / the meeting / begin / to).

Jim asked _____.

> **WORD BOX**
>
> **climb** 登る
> [クライム]
>
> **someone** 誰か
> [サムワン]
>
> **bring** 持って来る（行く）
> [ブリング]
>
> **begin** 始める
> [ビギン]

〈tell[want] + ... + to + 動詞の原形〉
「…に〜するように言う〔〜してもらいたい〕」
の表現
∨∨

- **I want <u>you</u> to go there.**　私はあなたにそこに行ってもらいたいです。
- **He told <u>me</u> to run faster.**　彼は私にもっと速く走るように言いました。

TRY! 　日本文に合うように、次の語句を並べかえましょう。

☐① 私は彼女にここに来てもらいたいです。
I want (to / her / come) here.

I want ＿＿＿＿＿＿＿＿＿＿＿＿＿＿＿＿ **here.**

☐② 私はケンに英語で話すように言いました。
I told (to / speak / Ken) in English.

I told ＿＿＿＿＿＿＿＿＿＿＿＿＿＿＿＿ **in English.**

☐③ 彼はお母さんに窓を閉めるように頼みました。
He asked (to / close / his mother) the window.

He asked ＿＿＿＿＿＿＿＿＿＿＿＿＿＿＿＿ **the window.**

☐④ 私はブラウンさんに英語を教えてもらいたいです。
I (Mr. Brown / to / teach / want) me English.

I ＿＿＿＿＿＿＿＿＿＿＿＿＿＿＿＿ **me English.**

☐⑤ 私は娘に家事をするように言いました。
I (my daughter / do / to / told) the housework.

I ＿＿＿＿＿＿＿＿＿＿＿＿＿＿＿＿ **the housework.**

☐⑥ アンはお兄さんに一緒にいてくれるように頼みました。
Ann (stay / to / her brother / asked) with her.

Ann ＿＿＿＿＿＿＿＿＿＿＿＿＿＿＿＿ **with her.**

CHECK! 　to 以下の動作の主語について

この文型では〈to + 動詞の原形〉の前の「目的語」が、「to 以下の動作をする人」になります。
Jim wants 　　　**to sing the song.**　歌を歌うのは⇒主語の「ジム」（ジムはその歌を歌いたい）
Jim wants me to sing the song.　歌を歌うのは⇒目的語の「私」（ジムは私にその歌を歌ってもらいたい）

POINT! 〈tell + ... + to〜〉「…に〜するように言う」、〈want + ... + to〜〉「…に〜してもらいたい」、〈ask + ... + to〜〉「…に〜するように頼む」、〈help + ... + to〜〉「…が〜するのを手伝う」などの表現があります。…に「人を表す代名詞」がくるときは me, him, them などの目的格を用います。

1 必要なら下線の動詞を適する形に直して、日本文に合うように、語句を並べかえましょう。

□① 上司は私に時間どおりに来るように言いました。
My boss (me / <u>tell</u> / come / to) on time.

My boss _____ on time.

□② 私たちは彼に私たちのチームに加わってもらいたかったです。
We (him / <u>join</u> / to / wanted) our team.

We _____ our team.

□③ 私は私の父に早く帰宅してくれるように頼みました。
I (my father / <u>ask</u> / come / to) home early.

I _____ home early.

□④ 彼はその男性がバッグを運ぶのを手伝いました。
He (to / <u>carry</u> / the man / helped) the bag.

He _____ the bag.

2 必要な1語を補い、日本文に合うように、語句を並べかえましょう。

□① 私は彼女に本当のことを話してもらいたかったです。
I (tell / the true story / to / her).

I _____.

□② あなたは私に仕事を手伝ってほしいのですか。
Do you (me / to / you / want) with your work?

Do you _____ with your work?

□③ 彼らに静かにしてくれるように頼みましょう。
Let's (them / be / silent / ask).

Let's _____.

□④ 私にあとで電話をくれるように彼に伝えてください。
Please (call / me / back / to / tell).

Please _____.

> **WORD BOX**
>
> **boss** 上司
> [ボース]
>
> **on time** 時間どおりに
> [アン タイム]
>
> **join** 加わる
> [ヂョイン]
>
> **true** 本当の
> [トゥルー]
>
> **silent** 静かな
> [サイレント]
>
> **call back** 電話をかけ直す
> [コールバック]

▶▶ 答えは別冊 p. 29

LESSON 67 不定詞のいろいろな表現

- **This water is too cold to drink.** この水は冷た過ぎて飲めません〔飲むには冷た過ぎます〕。
- **It was warm enough to go out.** 十分暖かかったので外出しました〔外出するのに十分暖かかった〕。
- <u>**To play tennis**</u> **is fun.** <u>**It**</u> **is fun** <u>**to play tennis.**</u>

テニスをすることは楽しいです。

TRY! 日本文に合うように、次の語を並べかえましょう。

☐① このバッグは重過ぎて運ぶことができません。

This bag is (heavy / to / too / carry).

This bag is ＿＿＿＿＿＿＿＿＿＿＿＿＿＿＿＿＿＿ .

☐② この問題は十分にやさしいので解決できます。

This problem is (enough / to / solve / easy).

This problem is ＿＿＿＿＿＿＿＿＿＿＿＿＿＿＿＿＿ .

☐③ その質問に答えることは難しいです。

(difficult / is / it / to) **answer the question.**

＿＿＿＿＿＿＿＿＿＿＿＿＿＿＿＿ **answer the question.**

☐④ 私は疲れ過ぎて歩けませんでした。

I was (too / to / walk / tired).

I was ＿＿＿＿＿＿＿＿＿＿＿＿＿＿＿＿＿ .

☐⑤ 彼女は私を手伝ってくれるほど十分に親切でした。

She was (to / help / enough / kind) **me.**

She was ＿＿＿＿＿＿＿＿＿＿＿＿＿＿＿＿ **me.**

☐⑥ お互いに助け合うことは大切です。

(important / is / it / to / help) **each other.**

＿＿＿＿＿＿＿＿＿＿＿＿＿＿＿＿ **each other.**

CHECK! to 以下の動作をする〈for ＋ 人〉について

上の3つの構文で〈**to** ＋ 動詞の原形〉の前に〈**for** ＋ 人〉を入れ、「(人) にとって」「(人) は」を表すことがあります。

It is too cold for us <u>**to go**</u> **out.** （あまりにも寒いので私たちは出かけられません）

It is fun for me <u>**to play**</u> **tennis.** （私にとってテニスをすることは楽しいです）

POINT!

- 〈too ～ to + 動詞の原形〉で「あまりにも～なので…できない〔…するには～過ぎる〕」、〈～ enough to + 動詞の原形〉「十分に～なので…〔…するほど十分に～〕」を表します。
- 不定詞で表す主語が長いときは、仮の主語 It で文を始め、〈to + 動詞の原形〉を後ろに置き、「…することは～です」を表します。

---

1 to を適当な位置に補って、日本文に合うように、語を並べかえましょう。

□① 寒過ぎて外出できません。
It is (cold / too / go) out.

It is _____ **out.**

□② 十分暖かいので外出できます。
It is (go / enough / warm) out.

It is _____ **out.**

□③ 外国語を勉強することはおもしろいです。
(study / interesting / is / it) foreign languages.

_____ **foreign languages.**

□④ このスープはあまりに熱過ぎて私には飲めません。
This soup is (hot / me / for / eat / too).

This soup is _____ .

2 必要な1語を補い、日本文に合うように、語を並べかえましょう。

□① ケンは速く走ったのでバスに間に合いました。
Ken ran (catch / enough / fast) the bus.

Ken ran _____ **the bus.**

□② あの庭はテニスができるほど十分広いです。
That garden is (tennis / to / large / play).

That garden is _____ .

□③ 彼は興奮し過ぎて眠れませんでした。
He (to / sleep / excited / was).

He _____ .

□④ 彼が日本語を上手に話すことは難しいです。
(difficult / is / for / to / speak / him) Japanese well.

_____ **Japanese well.**

▶▶ 答えは別冊 p. 30

WORD BOX

too [トゥー]	あまりにも～すぎる
warm [ウォーム]	暖かい
enough [イナフ]	十分に
fun [ファン]	楽しみ
heavy [ヘヴィ]	重い
problem [プラブレム]	問題
solve [サルヴ]	解決する
foreign [フォーリン]	外国の
hot [ハット]	熱い、暑い

LESSON 68

動詞の ing 形
「〜すること」の表現（動名詞）

❶ **Playing tennis is fun.**　　　テニスをすることはおもしろいです。

❷ **I like playing tennis.**　　　私はテニスをすることが好きです。

❸ **My hobby is playing tennis.**　　　私の趣味はテニスをすることです。

TRY!　　日本文に合うように、次の語を並べかえましょう。

☐① 本を読むこと
（ books / reading ）

☐② ピアノを弾くこと
（ piano / playing / the ）

_____

☐③ テレビゲームをすることは人気がありますか。
Is (video / playing / games) **popular?**

Is _____ **popular?**

☐④ 私の趣味は音楽を聞くことです。
My hobby is (music / to / listening).

My hobby is _____.

☐⑤ あなたは映画を見ることが好きですか。
Do you like (movies / watching)**?**

Do you like _____ **?**

☐⑥ 私の息子は数学を勉強することが好きではありません。
My son doesn't like (math / studying).

My son doesn't like _____.

CHECK!　　動詞の ing 形と〈to + 動詞の原形〉

両方とも「〜すること」という意味で、書きかえることができます。

I like playing tennis. ＝ **I like to play tennis.**　　（私はテニスをすることが好きです）

Playing the piano is fun. ＝ **To play the piano is fun.**　　（ピアノを演奏することは楽しい）

POINT! 動詞の ing 形は「〜すること」という意味を表すことができ、動名詞と呼ばれます。
動名詞は、❶主語になる ❷動詞の目的語になるなど、1つの名詞と同じような働きをします。
stop, enjoy, finish などは後ろに動名詞をとります。

---

1 日本文に合うように、次の語を並べかえましょう。

WORD BOX

□① コンピュータを使うことは、役に立ちます。
（ useful / a computer / is / using / . ）

___

□② トムは手紙を書き終わりました。
（ writing / Tom / a / finished / letter / . ）

___

□③ 私は、自分のスマートフォンを使うことをやめました。
（ using / stopped / I / smartphone / my / . ）

___

□④ お年寄りを助けることは、大切です。
（ elderly / helping / is / people / important / . ）

___

hobby ［ハビィ］	趣味
useful ［ユースフル］	役に立つ
elderly people ［エルダリィ ピープル］	お年寄り
drum ［ドゥラム］	ドラム
draw ［ドゥロー］	描く

---

2 動詞は動名詞に直して、日本文に合うように、語句を並べかえましょう。

□① 私の趣味は、ドラムを演奏することです。
（ is / play / hobby / my / the drums / . ）

___

□② あなたは、友達と話すことが好きですか。
（ talk / like / you / your / do / with ）friends?

_____ friends?

□③ 絵を描くことは、私にとっておもしろくはありません。
（ for / not / pictures / draw / is / interesting ）me.

_____ me.

□④ テレビゲームをすることは難しくありません。
（ difficult / not / is / video games / play / . ）

___

LESSON 69 〈to + 動詞〉と動詞の ing 形のまとめ 不定詞と動名詞の使い分け

月　日

≫

- **I like to play tennis.**　　私はテニスをすることが好きです。
- **I like playing tennis.**　　私はテニスをすることが好きです。

TRY!　　日本文に合うように、次の語句を並べかえましょう。

□① 彼女は英語を学び始めました。
（ English / began / she / to / learn / . ）

_____

□② ケンは中国語を学び始めました。
（ learning / Ken / Chinese / began / . ）

_____

□③ 私たちはダンスをし続けました。
（ continued / to / dance / we / . ）

_____

□④ 彼らはゲームをし続けました。
（ playing / video games / they / continued / . ）

_____

□⑤ 彼女は物語を書こうと努力しました。
（ a story / tried / she / to / write / . ）

_____

□⑥ 彼女は試しに物語を書いてみました。
（ a story / she / writing / tried / . ）

_____

CHECK!　　不定詞と動名詞で、意味が違うもの

不定詞、動名詞どちらも目的語になれる動詞の中には、意味が違ってくるものもあります。
・**try to ～**（～しようとする）　　・**forget to ～**（～することを忘れる）
・**try ～ing**（試しに～してみる）　　・**forget ～ing**（～したことを忘れる）

140

POINT!

不定詞だけが目的語になる動詞　・want to 〜, wish to 〜（〜したい）
　　・hope to 〜（〜することを望む）　・decide to 〜（〜することを決定する）
動名詞だけが目的語になる動詞　・enjoy 〜 ing（〜することを楽しむ）
　　・finish 〜 ing（〜し終える）　・stop 〜 ing（〜することをやめる）

1 不要な1語を除いて、日本文に合うように、
語句を並べかえましょう。

□① 彼女は彼と結婚することを決めました。
（ to / marrying / marry / she / decided ）him.

_____ him.

□② またお会いしたいと思います。
（ hope / I / see / seeing / you / to ）again.

_____ again.

□③ 私たちは、散歩を楽しみました。
（ enjoyed / taking / we / a walk / to / . ）

_____

□④ トムは彼女と話すことをやめました。
（ her / Tom / talk / with / stopped / talking / . ）

_____

WORD BOX

continue ［コンティニュー］	続ける
try ［トゥライ］	努力する、試す
marry ［マリィ］	結婚する
history ［ヒストリィ］	歴史
college ［カレッヂ］	大学

2 下線部の動詞を to 不定詞か動名詞に直して、日本文に合うように、
語句を並べかえましょう。

□① テレビゲームをするのをやめなさい。
（ video games / <u>play</u> / stop / . ）

_____

□② 私は、大学で歴史を勉強することを望みます。
（ hope / I / <u>study</u> / history / at college / . ）

_____

□③ ケンジはユカに電話をかけようと決心しましたか。
（ Yuka / Kenji / <u>call</u> / decide / did / ? ）

_____

□④ あなたはピアノを弾き終えましたか。
（ <u>play</u> / did / the piano / you / finish / ? ）

_____

▶▶ 答えは別冊 p. 30

〈help / let / make ＋ ... ＋ 動詞の原形〉
「…が〜するのを手伝う」「…に〜させる」
の表現

• He helped <u>me</u> carry those boxes.

彼は私がそれらの箱を運ぶのを
手伝ってくれました。

• Please let <u>me</u> know your address.

あなたの住所を
<u>私に</u>教えてください。

• I made <u>them</u> eat vegetables.

私は彼らに野菜を
食べさせました。

TRY!　日本文に合うように、次の語句を並べかえましょう。

□① 彼女が料理するのを手伝う
　（ cook / her / help ）

□② 私たちを笑わせる
　（ make / laugh / us ）

_____　　_____

□③ エミは私に彼女のスマートフォンを使わせてくれました。
　Emi (use / let / her smartphone / me).

　Emi _____.

□④ 私は毎週、弟が車を洗うのを手伝います。
　I (wash / help / his car / my brother) every week.

　I _____ every week.

□⑤ どうか私たちにそのパーティーに行かせてください。
　Please (that party / us / to / let / go).

　Please _____.

□⑥ グリーンさんは子供たちを図書館に行かせました。
　Mr. Green (go / his children / to / made) the library.

　Mr. Green _____ the library.

CHECK!　let と make の使い分け

〈let ＋ ... ＋ 動詞の原形〉→「（本人が望むのであれば）〜させる、〜することを許容する」
〈make ＋ ... ＋ 動詞の原形〉→「（強制的に）…に〜させる」

〈help / let / make + … 動詞の原形〉の … の部分には目的語が入ります。… に人称代名詞が入る場合は、I → me, we → us, you → you, he → him, she → her, it → it, they → them のように、目的格の形になることに注意しましょう。
この形での原形を「原形不定詞」、〈to + 不定詞〉を「to 不定詞」と呼ぶことがあります。

---

1 必要なら下線の動詞を適する形に直して、日本文に合うように、語句を並べかえましょう。

□① スーザンは私たちに彼女の車を使わせてくれました。
Susan（ us / <u>let</u> / her car / use ）.

Susan _____.

□② 彼らは彼女がそのテーブルを動かすのを手伝いました。
They（ <u>move</u> / helped / that table / her ）.

They _____.

□③ 姉は私にキッチンをきれいにさせました。
My sister（ the kitchen / <u>make</u> / clean / me ）.

My sister _____.

□④ 私にスミスさんを紹介させてください。
Please（ Mr. Smith / me / <u>let</u> / introduce ）.

Please _____.

□⑤ トムはいつもお母さんが皿を洗うのを手伝います。
Tom（ the dishes / always / his mother / wash / <u>help</u> ）.

Tom _____.

WORD BOX

address 住所
[アドゥレス]

move 動かす
[ムーヴ]

introduce 紹介する
[イントゥロドゥース]

grandfather おじいさん
[グランファーザァ]

2 必要な1語を補い、日本文に合うように、語句を並べかえましょう。

□① 私は彼らにそれらの本を運ばせました。
I（ carry / made / those books ）.

I _____.

□② 私たちを今晩ここに泊めてください。
Please（ stay / us / here ）**tonight.**

Please _____ **tonight.**

□③ ジムはおじいさんが服を着替えるのを手伝いました。
Jim（ his clothes / helped / his grandfather ）.

Jim _____.

LESSON 71

and / but
語と語、文と文をつなぐことば

⌄

- **I like soccer and tennis.**　私はサッカーとテニスが好きです。
  - 単語　　単語
- **Tom cooked lunch and I ate it.**　トムは昼食を作り、そして私はそれを食べました。
  - 文　　　　文
- **He visited Tokyo and enjoyed sightseeing.**
  - 動詞＋目的語　　　　　動詞＋目的語
  - 彼は東京を訪れ、観光を楽しみました。
- **I don't like apples, but I like oranges.**
  - 文　　　　　　　　文
  - 私はリンゴはきらいですが、オレンジは好きです。

TRY!　日本文に合うように、次の語句を並べかえましょう。

☐① 私は、ユウジとトモコが好きです。
（ Yuji / I / Tomoko / like / and / . ）

_____

☐② 彼は手紙を書き、それを送りました。
（ a letter / he / wrote / sent it / and / . ）

_____

☐③ 私は音楽を聞き、彼はテレビを見ました。
（ listened to / he / and / watched TV / I / music / . ）

_____

☐④ 私の父は、ゴルフをしますが、テニスはしません。
（ but / plays golf / doesn't / my father / he / play tennis / , / . ）

_____

☐⑤ 彼は釣りはしますが、魚は食べません。
（ fishes / but / he / fish / eat / doesn't / , / . ）

_____

CHECK!　3つ以上の語句をつなぐ場合

and で3つ以上の語句をつなぐときは、コンマ（ , ）でつなぎ、最後の語句の前に and を置きます。
I like oranges, grapes and apples. （私はオレンジとブドウとリンゴが好きです）

POINT! and, but は 2 つ以上の語句や文をつなぎます。
英文を読むときには、and や but で何と何がつながっているのかを
見分けることが大切です。

1 ①〜③は and を、④は but を適当な位置に補って、
日本文に合うように、全文を書きましょう。

☐① 私はねこと犬を飼っています。
I have a cat a dog.
_____

☐② 釣りと旅行はおもしろいです。
Fishing traveling are interesting.
_____

☐③ 私は読書が好きで、彼女はテレビを見るのが好きです。
I like reading books she likes watching TV.
_____

☐④ 彼はテニスをしますが、彼女はしません。
He plays tennis, she doesn't.
_____

WORD BOX

sightseeing 観光
[サイトスィーイング]

grape ブドウ
[グレイプ]

fish 釣りをする
[フィッシュ]

fishing 魚釣り
[フィシング]

traveling 旅行
[トゥラヴェリング]

both A and B
[ボウス] [アンド]
AとBの両方とも

different 違った
[ディファレント]

2 and か but を適当な位置に補って、日本文に合うように、全文を書きましょう。

☐① 時間とお金は両方とも大切です。
Both time money are important.
_____

☐② あの男性はお金持ちですが、幸せではありません。
That man is rich not happy.
_____

☐③ スポーツを教えるのとするのとは別のことです。
Teaching sports playing them are different.
_____

☐④ 彼は警察官ではなくて、教師です。
He is not a police officer a teacher.
_____

so / or
「そこで、それほど、そのように」
「A か B か、さもないと」などの表現

❶ He wanted a new bag, so he went to the shop.
彼は新しいバッグがほしかったです、そこで店に行きました。

❷ She sings a song so well.
彼女はとても上手に歌を歌います。

❸ Learning English is not so difficult.
英語を学ぶことはそれほど難しくありません。

❹ Your teacher said so.
あなたの先生はそのように言いました。

❺ Which do you like, cats or dogs?
あなたはねこか犬のどちらが好きですか。

❻ Get up early, or you will be late.
早く起きなさい、さもないと遅れますよ。

TRY!　　日本文に合うように、次の語を並べかえましょう。

☐① 私はとても幸せです。
（ am / happy / so / I / . ）

_____

☐② 私は走りたかったので、公園に行きました。
I wanted to run, (went / I / to / so) the park.

I wanted to run, _____ the park.

☐③「もっと運動しなければいけません」その医師はそう言いました。
"You must exercise more." (doctor / the / said / so).

"You must exercise more." _____.

☐④ 急ぎなさい、さもないとそのバスに乗り遅れますよ。
Hurry up, (miss / you'll / the / or / bus).

Hurry up, _____.

☐⑤ あなたは、そばかうどんを選べます。
(choose / you / soba / or / can) udon.

_____ udon.

☐⑥ 英語を話すことは、それほど簡単ではありません。
(is / English / not / speaking / so) easy.

_____ easy.

so は次のような使い方をします
❶ 文と文の間にあるときは「そこで」
❷ 形容詞や副詞の前にあるときは「とても」= very
❸ not so 〜 で「それほど〜でない」
❹ 動詞 (say など) の後ろに置いて、「そのように」

or は次のような使い方をします
❺ A or B で「A か B のどちらか」
❻ 命令文の後ろに置いて、「さもないと」

---

1 次の英文で so はどのように使われていますか。次のア〜エから選び（　）に入れ、英文の意味を書きましょう。　ア：そこで　イ：とても　ウ：それほど　エ：そのように

☐① **Math is not so difficult for my daughter.** （　　　　）

_____

☐② **This dictionary is so heavy.** （　　　　）

_____

☐③ **I think so, too.** （　　　　）

_____

☐④ **He asked me a question, so I answered.** （　　　　）

_____

> **WORD BOX**
>
> **exercise** 運動する
> [エクササイズ]
>
> **hurry** 急ぐ
> [ハーリィ]
>
> **miss** (乗り物に) 乗りそこなう
> [ミス]

2 or を適当な位置に補って、日本文に合うように、語句を並べかえましょう。

☐① 図書館に急ぎなさい、さもないと、閉まりますよ。
Hurry to the library, (closed / it / be / will).

Hurry to the library, _____.

☐② この車とあの車、あなたのお好みの車はどちらですか。
Which is your favorite car, (that / one / one / this)?

Which is your favorite car, _____?

☐③ 6時までに来てください、さもないとあなたに電話しますよ。
Please come by six, (call / will / I / you).

Please come by six, _____.

☐④ 大きい箱と小さい箱、あなたはどちらを選びますか。
Which will you choose, (box / a big / a small / one)?

Which will you choose, _____?

LESSON 73

if
「もし〜なら」の表現

❶ **If** it rains tomorrow, we won't go shopping.

❷ We won't go shopping **if** it rains tomorrow.

もし明日雨なら、私たちは買い物に行かないでしょう。

（❶❷とも同じ）

TRY!　　日本文に合うように、次の語を並べかえましょう。

□① もし時間があるなら、私を手伝ってください。

(have / if / time / you), please help me.

_____, please help me.

□② もしひまなら、買い物に行きましょう。

(free / are / if / you), let's go shopping.

_____, let's go shopping.

□③ もし今日の午後晴れたら、ピクニックに行きましょう。

(fine / if / is / it) this afternoon, let's go on a picnic.

_____ this afternoon, let's go on a picnic.

□④ もし2つ消しゴムを持っていたら、1つ貸してください。

(two / you / if / erasers / have), please lend me one.

_____, please lend me one.

□⑤ もし動物を飼っていたら、私に見せてください。

(have / animals / you / if), please show me them.

_____, please show me them.

□⑥ もしトムを知っているなら、私たちに紹介してください。

(know / you / Tom / if), please introduce him to us.

_____, please introduce him to us.

CHECK!　　if「もし〜なら」のもう1つの表現

「もし、私が鳥なら」のように、事実（私は鳥ではない）と異なる仮定を言うときは、**were**を使って
If I were a bird, のような表現になります（仮定法過去）。LESSON108、109で学習します。

POINT!

「もし〜なら」は〈if + 主語 + 動詞〉で表します。

❶の例文のように、未来のことを表す場合でも、if 〜 の中の動詞は現在形を用います。

また❷の例文のように、if 〜 「もし〜なら」のかたまりは、後ろに置くこともできます。

1 if を適当な位置に補って、日本文に合うように、語句を並べかえましょう。

WORD BOX

picnic ピクニック
［ピクニック］

job 仕事
［ヂャブ］

event イベント、行事
［イヴェント］

□① もしあなたが幸せなら、私も幸せです。

(happy / you / are), **I'm happy, too.**

_____, **I'm happy, too.**

□② もし質問があるなら、私に聞いてください。

(question / have / a / you), **please ask me.**

_____, **please ask me.**

□③ もしコンピュータを持っているなら、この仕事をしてください。

(a / you / have / computer), **please do this job.**

_____, **please do this job.**

□④ もしそのイベントに行くなら、私を連れて行ってください。

(you / to / that event / go), **please take me there.**

_____, **please take me there.**

2 次の文の意味を書きましょう。

□① **If you don't understand, please ask me.**

_____

□② **I'll visit Kyoto if it is fine tomorrow.**

_____

□③ **I'll give you some food if you are hungry.**

_____

□④ **If you are free, please help him.**

_____

LESSON 74

when
「〜のときに」の表現
⌄

❶ **When I was ten, I was in Osaka.**

❷ **I was in Osaka when I was ten.**

私が10歳のときに、私は大阪にいました。
（❶❷とも同じ）

TRY! 　日本文に合うように、次の語を並べかえましょう。

□① 彼が京都にいたときに、 私は神戸にいました。
　　(when / Kyoto / was / he / in), I was in Kobe.

　　＿＿＿＿＿＿＿＿＿＿＿＿＿＿＿＿＿, I was in Kobe.

□② 私が家に帰ると、私の夫はいつも料理をしています。
　　(I / home / when / come), my husband is always cooking.

　　＿＿＿＿＿＿＿＿＿＿＿＿＿＿＿, my husband is always cooking.

□③ あなたがサッカーをするとき、いつでも晴れています。
　　(play / when / you / soccer), it is always sunny.

　　＿＿＿＿＿＿＿＿＿＿＿＿＿＿＿, it is always sunny.

□④ 私が車を運転するとき、母はいつも一緒にいます。
　　My mother is always with me (a / drive / when / I / car).

　　My mother is always with me ＿＿＿＿＿＿＿＿＿＿＿.

□⑤ 私が電話するとき、ケイトはいつも眠っています。
　　Kate is always sleeping (her / when / call / I).

　　Kate is always sleeping ＿＿＿＿＿＿＿＿＿＿＿.

□⑥ あなたがひまなときに、私に電話してください。
　　(when / are / you / free), please call me.

　　＿＿＿＿＿＿＿＿＿＿＿＿＿＿, please call me.

CHECK! 　接続詞の when

　when は、疑問詞として使われるだけでなく、接続詞としても使われます。
　例文では、**I was in Osaka** という文と **I was ten** という文をつなげて1つの文にしています。

150

POINT! 「〜するときに」を表すには、〈when + 主語 + 動詞〉を用います。
when 〜 を文の前に置くときは、コンマ (,) を打ちます。

---

1 when を適当な位置に補って、
日本文に合うように、全文を書きましょう。

WORD BOX

□① 私は子供のときは、恥ずかしがり屋でした。
I was shy I was a child.

_____

shy 恥ずかしがり屋の
[シャイ]

□② 彼は本を読むときは、めがねをかけます。
He reads books, he puts on glasses.

_____

put on 身につける、着る
[プット アン]

glasses めがね
[グラスィズ]

□③ 彼女は東京にいたときは、とても忙しかったです。
She was so busy she was in Tokyo.

_____

poor 貧しい
[プア]

fasten 締める
[ファスン]

□④ トムは学生のとき、とても貧しかったです。
Tom was very poor he was a student.

_____

seat belt シートベルト
[スィート ベルト]

2 when を適当な位置に補って、日本文に合うように、語を並べかえましょう。

□① 私がジョンを見かけるとき、彼はいつも疲れています。
(see / John / I), **he is always tired.**

_____, **he is always tired.**

□② 彼女は大阪を訪れたときに、メアリーに会いました。
(visited / she / Osaka), **she met Mary.**

_____, **she met Mary.**

□③ 彼らが学校に行くとき、制服を着なければなりません。
(to / they / go / school), **they must wear school uniforms.**

_____, **they must wear school uniforms.**

□④ あなたが車を運転するときは、シートベルトを締めてください。
Please fasten your seat belt (drive / you / car / a).

Please fasten your seat belt _____.

because
「〜なので」の表現

- **I can't play with you because I'm busy today.**

私は今日は忙しいのであなたと遊べません。

月　日

TRY!　日本文に合うように、次の語を並べかえましょう。

☐① 昨日は雨だったので、私は買い物に行きませんでした。

I didn't go shopping (was / because / it / rainy) **yesterday.**

I didn't go shopping _____ **yesterday.**

☐② 彼は忙しかったので、ゴルフをしませんでした。

He didn't play golf (was / busy / because / he).

He didn't play golf _____.

☐③ ジョンは読書が好きなので、たくさん本を持っています。

John has many books (he / likes / because / reading).

John has many books _____.

☐④ メアリーはたくさんすることがあるので、テレビは見られません。

Mary can't watch TV (things / she / because / has / many) **to do.**

Mary can't watch TV _____ **to do.**

☐⑤ 彼女はコンピュータを持っていないので、その仕事ができません。

She can't do the job (doesn't / computer / she / a / have / because).

She can't do the job _____.

☐⑥ 今日は暑いので、私は泳ぎたいです。

(is / hot / because / it) **today, I want to swim.**

_____ **today, I want to swim.**

CHECK!　**Because 〜. で答える場合**

Why 〜? (なぜ〜)の疑問文の答えとして、**Because 〜.** の形で答えることがよくあります。

「〜なので」を表すには〈because + 主語 + 動詞〉を用います。
〈because + 主語 + 動詞〉は、文の前に置いても、後ろに置いてもかまいません。

1 _____ が理由になるように because を適当な位置に補って、
2つの英文の順序をかえずに1文にしましょう。

WORD BOX

ice cream アイスクリーム
[アイス クリーム]

dirty   汚い
[ダーティ]

outside   外に
[アウトサイド]

☐① He can't buy the car.   He is not rich.

_____

☐② It is very hot today.   I want to eat ice cream.

_____

☐③ I can't move the desk.   It is so heavy.

_____

☐④ My watch is very old.   I want to buy a new one.

_____

2 because を適当な位置に補って、日本文に合うように、語を並べかえましょう。

☐① 明日はひまなので、映画を見に行きましょう。
(free / I / am) tomorrow, let's go see a movie.

_____ tomorrow, let's go see a movie.

☐② その部屋はとても汚いので、私たちはそこを掃除しなければなりません。
We have to clean that room (dirty / is / very / it).

We have to clean that room _____.

☐③ そのゲームはおもしろくないので、私たちはしませんでした。
We didn't play the game (was / interesting / not / it).

We didn't play the game _____.

☐④ 外は雨が降っているので、私は外出しません。
I don't go out (raining / outside / it / is).

I don't go out _____.

LESSON 76

I know that ～ / I think that ～などの文
「～ということ」の表現

⌄

- **I know Tom.**　　　　　私はトムを知っています。
- **I know that Tom is rich.**　私はトムがお金持ちだということを知っています。

TRY!　日本文に合うように、次の語を並べかえましょう。

□① この自転車は古いと思います。
　　I think (is / bike / old / this / that).

　　I think ＿＿＿＿＿＿＿＿＿＿＿＿＿＿ .

□② トムは病気だと聞いています。
　　I hear (sick / Tom / is / that).

　　I hear ＿＿＿＿＿＿＿＿＿＿＿＿＿＿ .

□③ 私たちがこれを終わらせることができると私は思いません。
　　I don't think (can / that / we / this / finish).

　　I don't think ＿＿＿＿＿＿＿＿＿＿＿＿ .

□④ あなたにはそれができると私たちは信じています。
　　We believe (it / you / that / can / do).

　　We believe ＿＿＿＿＿＿＿＿＿＿＿＿ .

□⑤ トムは正しいと私は信じています。
　　I believe (Tom / that / right / is).

　　I believe ＿＿＿＿＿＿＿＿＿＿＿＿ .

□⑥ ヨウコが東京に住んでいないということを私は知っています。
　　I know (doesn't / in / Yoko / live / that) Tokyo.

　　I know ＿＿＿＿＿＿＿＿＿＿ **Tokyo.**

CHECK!　〈that + 主語 + 動詞〉を導く動詞

think ～　～だと思う / know ～　～ということを知っている
believe ～　～ということを信じている / feel ～　～だと思う、～という気がする

154

〈that + 主語 + 動詞〉で「〜ということ」という意味を表します。
that は省略することができます。

1 次の文の意味を書きましょう。

right　　　正しい
[ライト]

person　　人
[パースン]

ghost　　　幽霊
[ゴウスト]

□① **I know that Tom can play golf well.**

_____

□② **Do you think that this is a nice song?**

_____

□③ **I feel that he is a nice person.**

_____

□④ **Do you believe that Ken finished his work?**

_____

2 日本文に合うように、次の語を並べかえましょう。

□① 私は彼がよい先生だと思います。
（ he / that / I / is / think ）**a good teacher.**

_____ **a good teacher.**

□② ケイトが幽霊を見たというのを信じますか。
（ believe / saw / you / Kate / do / that ）**a ghost?**

_____ **a ghost?**

□③ 私は、父が上手に料理ができるということを知っています。
（ father / know / my / I / that / can ）**cook well.**

_____ **cook well.**

□④ 私の夫がこの机をつくったということを知っていますか。
（ know / made / my / you / do / husband ）**this desk?**

_____ **this desk?**

〈主語 + be動詞 + 形容詞 + that ～〉
「～してうれしい」などの表現

月　　日

- I'm glad that　 you like it.　　　　　　あなたがそれを気に入ってうれしいです。
- I'm sure that　 that team will win.　　私はそのチームが勝つことを確信しています。
　　　　　　　　　　　　　　　　　　　　　　　（→そのチームはきっと勝つでしょう。）
- I'm afraid that it will rain this afternoon. あいにく今日の午後は雨のようです。
- I'm sorry that　I can't join that event.　その行事に参加できなくてすみません。

TRY! 　　日本文に合うように、次の語を並べかえましょう。

☐① 遅れてすみません。
I'm （ that / sorry / late / I'm ）.

I'm _____.

☐② 彼は今日きっとホームランを打つでしょう。
I'm （ hit / that / he / sure / will ）a home run today.

I'm _____ a home run today.

☐③ あいにく私はそれを知りません。
I'm （ know / that / don't / afraid / I ）it.

I'm _____ it.

☐④ そこへ行けなくてすみません。
I'm （ go / that / I / sorry / can't ）there.

I'm _____ there.

☐⑤ あなたたちが私の料理を気に入ってくれてうれしいです。
I'm （ that / like / you / glad ）my cooking.

I'm _____ my cooking.

CHECK! 　〈主語 + be 動詞 + 形容詞 + that ～〉で使われる感情を表す形容詞

afraid　恐れている / glad　うれしい / happy　うれしい / sad　悲しい /
sorry　申し訳なく思って、残念な / sure　確信して / surprised　驚いた　など

接続詞 that は「〜ということ」「〜して」「〜なので」などという意味を表します。
that の後ろは〈主語+動詞〉の形になります。また、この that は省略可能です。
〈be 動詞+ glad that 〜〉「〜してうれしい」
〈be 動詞+ sure that 〜〉「〜ということを確信している〔きっと〜でしょう〕」
〈be 動詞+ afraid that 〜〉「〜ということを恐れて〔心配して〕いる」
〈be 動詞+ sorry that 〜〉「〜ですみません〔〜ということが残念です〕」

1 glad, sure, afraid のいずれかを補って、
日本文に合うように、語句を並べかえましょう。

□① あいにく明日は雨が降るようです。
I'm (it / rain / that / will) tomorrow.

I'm _____ tomorrow.

□② 私たちはあなたがわが家に来てくれてうれしいです。
We're (our house / came / that / to / you).

We're _____.

□③ ジムはきっとその試験に合格するでしょう。
I'm (will / that / that exam / pass / Jim).

I'm _____.

▸▸▸▸ **WORD BOX**

home run   ホームラン
［ホウム ラン］

exam   試験
［イグザム］

pass   合格する
［パス］

invite   招待する
［インヴァイト］

suddenly   突然、急に
［サドゥンリィ］

2 happy, sad, sorry, surprised のいずれかを補って、
日本文に合うように、次の語を並べかえましょう。

□① あなたを手伝えなくてすみません。
I'm (can't / that / I / help) you.

I'm _____ you.

□② お招きいただいてとてもうれしいです。
I'm so (invited / that / me / you).

I'm so _____.

□③ 私たちはあなたと話せなくて悲しいです。
We're (can't / we / that / talk) to you.

We're _____ to you.

□④ 私たちはボブが急にここに来たことに驚きました。
We were (Bob / here / that / came) suddenly.

We were _____ suddenly.

at six など
前置詞〈時間〉

- **I get up at six every day.**　　　　私は毎日6時に起きます。
- **I went to Okinawa on August 6.**　　私は8月6日に沖縄に行きました。

この6は **sixth** と読む。

TRY!　日本文に合うように、次の語を並べかえましょう。

□① 私は6時に起きました。
　　I got up (six / at).

　　I got up ＿＿＿＿＿＿＿＿＿＿ .

□② 私は7月に生まれました。
　　I was born (July / in).

　　I was born ＿＿＿＿＿＿＿＿＿＿ .

□③ 毎週月曜日に、彼らは英語の授業があります。
　　They have an English class (Mondays / on).

　　They have an English class ＿＿＿＿＿＿＿＿＿＿ .

□④ トムは夏に毎日泳ぎます。
　　Tom swims every day (summer / in).

　　Tom swims every day ＿＿＿＿＿＿＿＿＿＿ .

□⑤ 彼女はふつう、夜に音楽を聞きます。
　　She usually listens to music (night / at).

　　She usually listens to music ＿＿＿＿＿＿＿＿＿＿ .

□⑥ エミは朝に犬を散歩に連れて行きます。
　　Emi takes her dog for a walk (the / morning / in).

　　Emi takes her dog for a walk ＿＿＿＿＿＿＿＿＿＿ .

CHECK!　前置詞をつけない表現

last Monday　この前の月曜日に / **this summer**　今年の夏に / **next week**　次の週に /
last～, this～, next～ などの時間表現にはふつう前置詞はつきません。

季節	in summer （夏に）
月	in July （7月に）
月日	on June 6 （6月6日に）
曜日	on Monday （月曜日に） ／ on Mondays （毎週月曜日に）
午前／午後	in the morning （午前に） ／ in the afternoon （午後に）
時刻	at six （6時に）
期間	for two days （2日間） ／ during summer （夏の間じゅう）

1 下の語群から適する前置詞を1語ずつ選んで（　　）に入れ、
英文の意味を書きましょう。

□① **My mother will come（　　　）July.**

_____

□② **I go to bed（　　　）eleven every day.**

_____

□③ **Do you go to the gym（　　　）Mondays?**

_____

□④ **I stayed in Tokyo（　　　）three days.**

_____

for ／ in ／ at ／ on

WORD BOX

August [オーガスト]	8月
be born [ビ ボーン]	生まれる
July [デュライ]	7月
class [クラス]	授業
Monday [マンデイ]	月曜日
June [デューン]	6月
Saturday [サタデイ]	土曜日
September [セプテンバァ]	9月
Sleepy [スリーピィ]	眠い

2 日本文に合うように、次の語句を並べかえましょう。

□① 土曜日に会いましょう。
（ **you ／ on ／ see ／ Saturday** ）.

_____.

□② 私の父が9月2日に来ます。
My father（ **September 2 ／ will ／ come ／ on** ）.

My father _____.

□③ 彼は午後はいつも眠いです。
He is（ **in ／ sleepy ／ always ／ the ／ afternoon** ）.

He is _____.

on the table など
前置詞〈場所〉

❶ **See you at the station.** 駅で会いましょう。

❷ **your glasses are in the box.** あなたのめがねは箱の中にあります。

月　日

TRY! 日本文に合うように、次の語句を並べかえましょう。

□① テーブルの上
　（ on / table / the ）

　_____

□② タマが机の下にいます。
　Tama （ the / under / desk / is ）.

　Tama _____.

□③ 私の妹はアメリカに住んでいます。
　My sister （ in / lives / America ）.

　My sister _____.

□④ 私は駅で待っています。
　I will （ the / station / wait / at ）.

　I will _____.

□⑤ 私の家は公園の近くです。
　My house （ the / near / park / is ）.

　My house _____.

□⑥ 壁に美しい絵がかかっています。
　There （ on / wall / is / the / a beautiful picture ）.

　There _____.

CHECK! 接触の on

物がその場所（机や壁など）に接触していれば、**on** を使います。
My book is on the desk. 　　（私の本が机の上にあります）
There is a picture on the wall. 　（壁に絵がかかっています）

場所を表すには、例文の❶❷のように「(場所を表す)前置詞＋場所」の形で表します。

at the station
(駅で)

in the box
(箱の中に)

in Japan
(日本で)

on the table
(テーブルの上に)

on the wall
(壁に)

under the desk
(机の下に)

between the school and the hospital
(学校と病院の間に)

near my house
(私の家の近くに)

by the door
(ドアのそばに)

---

1 日本文に合うように、次の語句を並べかえましょう。

□① ねこが私のそばで眠っています。
(a cat / by / sleeping / me / is / .)

_____

□② あなたのバッグは窓のそばにあります。
(is / your / by / bag / the window / .)

_____

□③ 図書館は、公園と学校の間にあります。
The library (between / is / the park / the school / and / .)

The library _____

□④ オーストラリアでコアラは見られますか。
(see / we / in / can / koalas / Australia / ?)

_____

wall
[ウォール]   壁

koala
[コウアーラ]   コアラ

---

2 前置詞を適当な位置に補って、日本文に合うように、全文を書きましょう。

□① その星は日本で見られますか。
Can you see the star Japan?

_____

□② 何枚の絵が壁にかかっていますか。
How many pictures are there the wall?

_____

LESSON 80

by bus / with a pencil など
前置詞〈手段など〉

⌄

- **She goes to school by bus.**　彼女はバスで学校へ通っています。
- **Please write with a pencil.**　鉛筆で書いてください。

TRY!　日本文に合うように、次の語句を並べかえましょう。

□① 赤インクで書く
　（ write / red / in / ink ）

_____

□② 私たちは車で博物館へ行きました。
　We went to (the museum / car / by).

We went to _____.

□③ 彼はその映画をテレビで見ました。
　He saw (movie / on / TV / the).

He saw _____.

□④ 私はそれを300円で買いました。
　I bought it (300 / for / yen).

I bought it _____.

□⑤ この花の名前はチューリップです。
　The name (this / flower / of) **is "tulip".**

The name _____ **is "tulip".**

□⑥ 彼は彼の弟のために昼食をつくります。
　He makes (his brother / for / lunch).

He makes _____.

CHECK!　いろいろな前置詞の意味

今まで学んだ前置詞は、〈前置詞 + 名詞〉または〈前置詞 + 代名詞〉のまとまりで使います。
場所や時の使い分けも大事ですが、その他の前置詞も基本的な意味を覚えておきましょう。
- **with him**（彼と一緒に）　　・**with long hair**（長い髪をもった）
- **about it**（それについて）　　・**as a doctor**（医師として）

POINT!

時間・場所以外の前置詞
・with (〜と一緒に、〜をもって)　　・without (〜なしで、〜しないで)
・of (〜の、〜のうちの)　　・as (〜として)　　・for (〜のために)
・like (〜のような、〜に似ている)　・about (〜について)

▶▶ 答えは別冊 p. 35

1 日本文に合うように、次の語句を並べかえましょう。

☐① 私はこれらの歌の中の何曲かを歌えます。
I can sing some（ these / songs / of ）.

I can sing some _____.

☐② 彼女はピアニストとして有名です。
She is（ pianist / a / famous / as ）.

She is _____.

☐③ 私はあなたのために何ができるでしょうか。
What（ can / I / you / for / do ）?

What _____?

☐④ あなたはその本を辞書なしで読むことができますか。
Can you（ book / without / the / a dictionary / read ）?

Can you _____?

2 前置詞を適当な位置に補って、日本文に合うように、
全文を書きましょう。

☐① 私は母と一緒に博物館に行きました。
I went to the museum my mother.

_____

☐② 彼はその女性については何も知りません。
He knows nothing the woman.

_____

☐③ 私はあのような大きな家に住みたいです。
I want to live in a big house that.

_____

WORD BOX

ink　　　　インク
[インク]

museum　　博物館
[ミューズィーアム]

tulip　　　チューリップ
[トゥーリップ]

hair　　　髪の毛
[ヘア]

a lot of ～ / take care of ～ など
前置詞を含む熟語

- **get to ～** ～に着く
- **get on ～** ～に乗る
- **look at ～** ～を見る
- **look into ～** ～の中をのぞく
- **look for ～** ～をさがす
- **look like ～** ～のように見える
- **wait for ～** ～を待つ

- **listen to ～** ～を聞く
- **take care of ～**
  ～の世話をする
- **be interested in ～**
  ～に興味がある
- **be proud of ～**
  ～を誇りに思う

- **in fact** 実際は
- **of course** もちろん
- **a lot of ～** たくさんの～

TRY! 日本文に合うように、次の語句を並べかえましょう。

□① あなたは何を見ているのですか。
What are (looking / you / at)**?**

What are _____**?**

□② もちろんあなたと一緒に行きます。
(course / I'll / of / go / ,) **with you.**

_____ **with you.**

□③ メアリーがその花の世話をしています。
Mary (care / flowers / the / takes / of).

Mary _____.

□④ スーザンが門のところであなたを待っています。
Susan is (waiting / for / at / the gate / you).

Susan is _____.

CHECK! 前置詞の働きのまとめ

前置詞は、他の語とセット〔かたまり〕として意味・用法をつかみましょう。
◎〈前置詞 ＋ 名詞〉 **by car** 車で / **at the station** 駅で　など
◎〈動詞 ＋ 前置詞〉 **look at ～** ～を見る / **wait for ～** ～を待つ　など
◎〈be動詞 ＋ 形容詞 ＋ 前置詞〉 **be proud of ～** ～を誇りに思う　など

POINT! 熟語をひとまとまりで覚えておけば、並べかえ問題を解くときに、まずは熟語のかたまりでまとめ、それ以外の単語で文の形を考えることもできます。

1 日本文に合うように、次の語句を並べかえましょう。

WORD BOX

gate   門
[ゲイト]

cloud   雲
[クラウド]

key   カギ
[キー]

collect   集める
[コレクト]

☐ ① あの雲は羊のように見えます。

That cloud (looks / a / sheep / like).

That cloud _____.

☐ ② 彼女は息子を誇りに思っています。

She (proud / is / of / her) **son.**

She _____ **son.**

☐ ③ 彼女はベッドでラジオを聞きました。

She listened (the / to / the radio / on / bed).

She listened _____.

☐ ④ あなたは昨夜何時に寝ましたか。

What time did (to / you / bed / night / last / go)?

What time did _____?

2 必要な1語を補って、日本文に合うように、語を並べかえましょう。

☐ ① 私はそのドアのかぎをさがしています。

(key / I'm / looking / my) **to that door.**

_____ **to that door.**

☐ ② 私たちは今朝8時に京都に着きました。

We (Kyoto / at / got / eight) **this morning.**

We _____ **this morning.**

☐ ③ 私は今日することがたくさんあります。

(have / I / lot / things / a / do / to) **today.**

_____ **today.**

☐ ④ ボブは古いコインを集めることに興味があります。

(collecting / Bob / interested / old / coins / is / .)

_____

82

taller than ～ / bigger than ～など 「～より…」の表現

月　日

- **Kenta is tall.**　　　　　　　　　ケンタは背が高いです。
- **Kenta is taller than Sakura.**　　ケンタはサクラより背が高いです。
- **This bag is big.**　　　　　　　　このバッグは大きいです。
- **This bag is bigger than that one.**　このバッグはあのバッグよりも
　　　　　　　　　　　　　　　　　　大きいです。

TRY!　　日本文に合うように、次の語句を並べかえましょう。

□① 富士山は阿蘇山よりも高いです。
（ Mt. Fuji / higher / is ）**than Mt.Aso.**

_____ **than Mt. Aso.**

□② この鉛筆はあの鉛筆よりも長いです。
（ longer / this / is / pencil ）**than that one.**

_____ **than that one.**

□③ 氷は水よりも冷たいです。
（ is / ice / colder ）**than water.**

_____ **than water.**

□④ 栃木は東京より大きいですか。
（ larger / Tochigi / is ）**than Tokyo?**

_____ **than Tokyo?**

□⑤ ヒロシはアキよりも若いですか。
（ is / younger / Hiroshi ）**than Aki?**

_____ **than Aki?**

CHECK!　　特殊な比較級

good（良い）　→ better（より良い）
bad（悪い）　→ worse（より悪い）
many（多い）→ more（より多い）　数えられる名詞につけます。
much（多い）→ more（より多い）　数えられない名詞につけます。

形容詞・副詞に **-er** をつけた比較級を使うことによって、
「〜より…」と他と比較することが可能です。
比較するものの前には **than** をつけます。

---

1 日本文に合うように、次の語を並べかえましょう。

high [ハイ]	高い
ice [アイス]	氷
before [ビフォーァ]	以前

□① この問題はあの問題よりやさしいです。
This question (than / easier / is / that / one).

This question _____ .

□② 韓国語は英語よりも簡単ですか。
Is (easier / English / than / Korean)**?**

Is _____ **?**

□③ この犬はあの犬より小さいです。
This dog (than / smaller / is / one / that).

This dog _____ .

□④ 私の姉は母より背が高いです。
My sister (mother / is / than / taller / my).

My sister _____ .

2 形容詞を適当な形に直して、日本文に合うように、語を並べかえましょう。

□① あなたは以前よりも幸せですか。
(you / than / happy / are)**before?**

_____ **before?**

□② 今日は昨日より暑いです。
(hot / is / today / than)**yesterday.**

_____ **yesterday.**

□③ 私の車は彼のよりも新しいです。
(new / my / than / is / car)**his.**

_____ **his.**

□④ 彼女はトムより年上ですか。
(Tom / is / than / old / she / ?)

_____

LESSON 83

the tallest / the biggest など
「一番…」の表現

- **Tom is tall.** 　　　　　　　　　　トムは背が高いです。
- **Tom is the tallest of all.** 　　　トムは全員の中で一番背が高いです。
- **That cat is big.** 　　　　　　　　あのねこは大きいです。
- **That cat is the biggest of the three.**
　　　　　　　　　　　　　　　　　あのねこは3匹の中で一番大きいです。

TRY! 　　日本文に合うように、次の語句を並べかえましょう。

□① 数学は私の息子にとってすべての教科の中で一番簡単です。
Math (easiest / the / is / of **) all the subjects for my son.**

Math ＿＿＿＿＿＿＿＿＿＿＿＿＿＿＿＿ **all the subjects for my son.**

□② 富士山は日本で一番高い山です。
Mt. Fuji is (highest / mountain / the **) in Japan.**

Mt. Fuji is ＿＿＿＿＿＿＿＿＿＿＿＿ **in Japan.**

□③ あなたの家族の中で一番背が高いのは誰ですか。
Who is (your / in / the / family / tallest **)?**

Who is ＿＿＿＿＿＿＿＿＿＿＿＿＿＿＿ **?**

□④ ケンタは4人の中で一番強いです。
(the / Kenta / strongest / of / is **) the four.**

＿＿＿＿＿＿＿＿＿＿＿＿＿＿＿ **the four.**

□⑤ 高橋さんはすべての私の友達の中で、一番親切です。
(is / Mr. Takahashi / kindest / all / the / of **) my friends.**

＿＿＿＿＿＿＿＿＿＿＿＿＿＿ **my friends.**

CHECK! 　　副詞の最上級

He swims fast. （彼は速く泳ぎます）
He swims (the) fastest in this class. （彼はこのクラスの中で一番速く泳ぎます）
副詞の場合、**the**は省略可能です。

POINT!

「一番…」「最も…」という表現は 形容詞・副詞に -est をつけた最上級で表します。
文末には、in the class (クラスの中で)、of the four (4つの中で、4人の中で)、
of all (すべての中で)など、in ~ や of ~ の語句がよく使われます。

---

1 日本文に合うように、次の語句を並べかえましょう。

WORD BOX

subject　　教科、科目
[サブヂェクト]

cheap　　安い
[チープ]

□① ケイトは3人の中で、一番年が上です。
（ the / of / Kate / oldest / is ）the three.

_____ the three.

□② 私の母は家族の中で一番忙しいです。
（ my / busiest / is / in / mother / the ）my family.

_____ my family.

□③ 6月は1年で最も雨が多い月です。
June（ of / the / rainiest / is / month / the ）year.

June _____ year.

□④ この店で一番安いものは何ですか。
（ shop / the / cheapest thing / what / in / is / this / ? ）

_____

---

2 日本文に合うように、次の語を並べかえましょう。

□① 東京は日本で一番大きい都市です。
Tokyo is（ city / biggest / the / Japan / in ）.

Tokyo is _____ .

□② ジムは5人の中で一番若いですか。
（ youngest / is / the / of / Jim ）the five?

_____ the five?

□③ ケイトは家族の中で一番早く起きます。
（ earliest / up / Kate / in / gets / the ）her family.

_____ her family.

□④ トムはそのチームの中で一番速く走ります。
（ team / Tom / fastest / the / runs / that / in / . ）

_____

LESSON 84

more interesting / most beautiful など 「より…」「一番…」の表現

- **This movie is interesting.** この映画はおもしろいです。
- **This movie is more interesting than that one.**
  この映画はあの映画よりもおもしろいです。
- **This movie is the most interesting of all.**
  この映画はすべての中で一番おもしろいです。

TRY! 日本文に合うように、次の語を並べかえましょう。

□① トムはジムよりも人気があります。
　Tom is (popular / than / more) Jim.

　Tom is _____ Jim.

□② 私にとって自転車は車よりも役に立ちます。
　Bikes are (useful / more / than) cars to me.

　Bikes are _____ cars to me.

□③ サッカーは野球よりもわくわくします。
　Soccer is (more / than / exciting) baseball.

　Soccer is _____ baseball.

□④ この映画は世界で一番有名です。
　This movie is (most / the / famous) in the world.

　This movie is _____ in the world.

□⑤ これは全部の中で一番難しい問題です。
　This is (the / difficult / most) question of all.

　This is _____ question of all.

CHECK! more, most を用いる形容詞

interesting 興味深い / difficult 難しい / famous 有名な / popular 人気のある /
careful 注意深い / beautiful 美しい / exciting わくわくする / useful 役に立つ /
wonderful すばらしい / important 大切な / delicious おいしい /
convenient 便利な / dangerous 危険な

POINT! interesting のような、比較的長い単語を、比較級、最上級にするには、形容詞に -er, -est を語尾につけるのではなく、more, the most を前につけて表します。

1 ①②は more と than を、③④は the most を適当な位置に補って、日本文に合うように、全文を書きましょう。

WORD BOX

world 世界
［ワールド］

restaurant レストラン
［レストラント］

□① 時間はお金よりも大切です。
Time is important money.

_____

□② あなたは以前よりももっと注意深くしなければなりません。
You have to be careful before.

_____

□③ この本はこの図書館で一番おもしろいです。
This book is interesting in this library.

_____

□④ このレストランは私たちの町では一番有名です。
This restaurant is famous in our town.

_____

2 日本文に合うように、次の語を並べかえましょう。

□① 彼が日本で一番人気のある歌手ですか。
(the / he / most / popular / is / singer) in Japan?

_____ in Japan?

□② 私の家族では、ラグビーはテニスより人気があります。
(rugby / popular / is / than / tennis / more) in my family.

_____ in my family.

□③ 若者に一番人気のあるスポーツは何ですか。
(is / what / most / sport / the / popular) with young people?

_____ with young people?

□④ これはこのレストランで一番おいしい食べ物です。
(most / food / this / delicious / is / the) in this restaurant.

_____ in this restaurant.

LESSON 85

better / best
「〜よりもよい」「一番よい」の表現

⬇

❶ **This shop is good.**　　　　この店はよいです。

　This shop is better than that shop.　この店はあの店よりよいです。

　This shop is the best in Tokyo.　この店は東京で一番よいです。

❷ **I play soccer well.**　　　　私は上手にサッカーをします。

　I play soccer better than Tom.　私はトムよりも上手にサッカーをします。

　I play soccer the best.　　私は一番上手にサッカーをします。

❸ **I like oranges very much.**　私はオレンジがとても好きです。

　I like oranges better than apples.　私はリンゴよりオレンジが好きです。

　I like oranges the best of all.　私はすべての中でオレンジが一番好きです。

TRY!　　日本文に合うように、次の語を並べかえましょう。

☐① 彼の絵は私のよりもよいです。
　His picture is (than / mine / better).

　His picture is _____ .

☐② 彼女はトムよりも泳ぐのが上手です。
　She swims (Tom / than / better).

　She swims _____ .

☐③ 私はブドウよりもリンゴのほうが好きです。
　I like apples (than / grapes / better).

　I like apples _____ .

☐④ この食べ物はすべての中で一番おいしいです。
　This food is (all / best / the / of).

　This food is _____ .

☐⑤ 私はすべてのフルーツの中でブドウが一番好きです。
　I like grapes (best / the / all / of) **fruits.**

　I like grapes _____ **fruits.**

POINT!

better, best は❶❷を見てもわかるように、good と well の比較級、最上級です。
❶の good は形容詞、❷の well は副詞です。
good – better – best / well – better – best
また、動詞 like, love などと一緒に使うときは、better, best は❸のように very much の
比較級、最上級にもなります。

---

1 better than か the best を適当な位置に補って、日本文に
合うように、全文を書きましょう。

WORD BOX

very much　とても
[ヴェリィ マッチ]

jacket　ジャケット、上着
[ヂャケット]

□① 私はこの自転車よりもあの自転車のほうが好きです。
I like that bike this one.

_____

□② ユウコはみんなの中で一番上手にコンピュータを使います。
Yuko uses a computer of all.

_____

□③ この辞書はあの辞書よりもよいです。
This dictionary is that one.

_____

□④ 私はすべての動物の中でねこが一番好きです。
I like cats of all animals.

_____

2 日本文に合うように、次の語を並べかえましょう。

□① 彼は本を読むよりも、テレビを見るほうが好きです。
(watching / than / he / TV / likes / better) **reading books.**

_____ **reading books.**

□② 私はすべてのスポーツの中でラグビーが一番好きです。
(best / rugby / like / the / of / I) **all sports.**

_____ **all sports.**

□③ あなたのジャケットは私のよりもよいです。
(than / your / is / jacket / better / mine / .)

_____

□④ 私の父は私よりも上手に料理をします。
(cooks / than / I / father / better / my / .)

_____

as ... as ～ / not as ... as ～
「～と同じくらい…」
「～ほど…でない」の表現

⌄

- **You are　　　　tall.** あなたは背が高いです。
- **You are　　　as tall as Ken.** あなたはケンと同じくらい背が高いです。
- **You are not as tall as John.** あなたはジョンほど背が高くないです。

TRY!　日本文に合うように、次の語を並べかえましょう。

□① この花はあの花と同じくらいきれいです。
　This flower (beautiful / is / as / as) **that one.**

　This flower ＿＿＿＿＿＿＿＿＿＿＿＿＿ **that one.**

□② この橋はあの橋と同じくらい長いです。
　This bridge (as / as / long / is) **that one.**

　This bridge ＿＿＿＿＿＿＿＿＿＿＿＿＿ **that one.**

□③ このリンゴとあのリンゴは同じくらい大きいです。
　This apple (big / as / is / as) **that one.**

　This apple ＿＿＿＿＿＿＿＿＿＿＿＿＿ **that one.**

□④ あなたの車は私の車と同じくらい新しいです。
　Your car (as / is / new / as) **mine.**

　Your car ＿＿＿＿＿＿＿＿＿＿＿＿＿ **mine.**

□⑤ 彼女にとってフランス語は英語と同じくらい簡単です。
　French (easy / as / is / as) **English for her.**

　French ＿＿＿＿＿＿＿＿＿＿＿＿＿ **English for her.**

CHECK!　**it** と **one** の使い方

itは「ずばりそのもの」を指し、**one**は「同種のもの」を表します。
You have a nice cap. I want it.
　　　よい帽子だね。　それ(話し相手が持っている帽子そのもの)がほしいな。
You have a nice camera. I want to buy one.
　　　よいカメラだね。それ(同じ種類のカメラ)を買いたいな。

「～と同じくらい…」の表現は、**as ... as ～** で表します。
また、**not as[so] ... as ～** は、「～ほど…でない」の意味になります。

1 日本文に合うように、次の語を並べかえましょう。

□① 私は彼ほど若くありません。
（ I / as / not / young / am / as ）**he.**

_____ **he.**

□② この帽子はあの帽子と同じくらいかっこいいです。
（ cool / as / as / cap / this / is ）**that one.**

_____ **that one.**

□③ このうで時計は、あのうで時計と同じくらい古いです。
（ old / is / as / this / as / watch ）**that one.**

_____ **that one.**

□④ このバッグはあのバッグほど重くありません。
（ as / bag / not / is / this / heavy / as ）**that one.**

_____ **that one.**

2 次の文に **as, as** を補い、（　　）と「同じくらい～」という文にして全文を書きましょう。

□① **My bike is new.**　（ your bike ）

_____

□② **Yoko swims fast.**　（ her sister ）

_____

□③ **I get up early.**　（ my mother ）

_____

□④ **This movie is interesting.**　（ that one ）

_____

受け身の肯定文
「〜される」「〜された」などの表現

- *The Nose* **was written** by Ryunosuke Akutagawa.

  『鼻』は芥川龍之介によって書かれました。

- **Kinkaku-ji was built** by Yoshimitsu Ashikaga.

  金閣寺は足利義満によって建てられました。

TRY! 　　日本文に合うように、次の語を並べかえましょう。

□① この家は私の父によって建てられました。
　　This house（ built / was / by ）**my father.**

　　This house ＿＿＿＿＿＿＿＿＿＿＿＿＿＿ **my father.**

□② この本は英語で書かれています。
　　This book（ in / written / is ）**English.**

　　This book ＿＿＿＿＿＿＿＿＿＿＿＿＿＿ **English.**

□③ この公園はたくさんの人に愛されています。
　　This park（ loved / by / is ）**many people.**

　　This park ＿＿＿＿＿＿＿＿＿＿＿＿＿＿ **many people.**

□④ このケーキは私の妹によってつくられました。
　　This cake（ by / made / was ）**my sister.**

　　This cake ＿＿＿＿＿＿＿＿＿＿＿＿＿＿ **my sister.**

□⑤ この漫画はたくさんの子供たちに読まれています。
　　This comic（ is / by / read ）**many children.**

　　This comic ＿＿＿＿＿＿＿＿＿＿＿＿＿＿ **many children.**

□⑥ このいすはお年寄りのために使われています。
　　This chair（ used / is / for ）**elderly people.**

　　This chair ＿＿＿＿＿＿＿＿＿＿＿＿＿＿ **elderly people.**

CHECK! 　　規則動詞と不規則動詞

　　動詞の形には、原形、過去形、過去分詞があります。規則動詞の場合、過去形、過去分詞は原則
　　として語尾に**-ed**がつきます。不規則動詞の変化は1つずつ覚えていきましょう。

「～される」は、〈be 動詞＋過去分詞〉で表すことができます。（受け身形）
by ～ は「～によって」という意味です。by ～ が使われない受け身もあります。

1 下線部の動詞を適する形に直して、日本文に合うように、語句を並べかえましょう。

□① 朝食は毎朝私の母によってつくられます。
(is / by / <u>cook</u> / breakfast / my mother) every morning.

_____ every morning.

□② このピアノはコンサートで使われました。
(<u>use</u> / piano / was / this / in) the concert.

_____ the concert.

□③ この国では英語が話されています。
(English / in / is / <u>speak</u>) this country.

_____ this country.

□④ 英語はたくさんの国で教えられています。
(<u>teach</u> / in / English / is) many countries.

_____ many countries.

WORD BOX

love　　　　　　愛する
[ラヴ]

comic　　　　　　漫画
[カミック]

country　　　　　国
[カントゥリィ]

all over the world
[オール オウヴァ ザ ワールド]
　　　　　　　　世界中で

2 be 動詞を補い、日本文に合うように、語を並べかえましょう。

□① カナダではフランス語も話されています。
(spoken / French / in) Canada, too.

_____ Canada, too.

□② この映画は世界中で見られました。
(movie / seen / this) all over the world.

_____ all over the world.

□③ これらのビルは去年建てられました。
(built / buildings / these) last year.

_____ last year.

□④ これらの歌はたくさんの子供たちに歌われています。
(songs / these / sung / by) many children.

_____ many children.

受け身の疑問文、否定文
「～されましたか」などの表現

月　日

≫

- **This book was written by Soseki.**　この本は漱石によって書かれました。

- **Was this book written by Soseki?**　この本は漱石によって書かれましたか。

- **This book was not written by Soseki.**　この本は漱石によって書かれませんでした。

TRY!　日本文に合うように、次の語を並べかえましょう。

□① 英語はカナダで話されていますか。
（ English / spoken / is ）**in Canada?**

_____ **in Canada?**

□② 彼はみんなから愛されていますか。
（ he / loved / is ）**by everyone?**

_____ **by everyone?**

□③ このコンピュータは彼らに使われていません。
（ isn't / computer / used / this ）**by them.**

_____ **by them.**

□④ このいすはケンジによってつくられましたか。
（ chair / was / this / made ）**by Kenji?**

_____ **by Kenji?**

□⑤ この映画は世界の人々に楽しまれていますか。
（ is / movie / this / enjoyed ）**by people all over the world?**

_____ **by people all over the world?**

□⑥ この手紙は英語で書かれていません。
（ letter / written / this / isn't ）**in English.**

_____ **in English.**

CHECK!　〈自動詞 + 前置詞〉の受け身

〈自動詞 + 前置詞〉が他動詞の働きをする場合、受け身にするときは〈自動詞 + 前置詞〉の形をくずしません。
The woman spoke to him.　　（その女性は彼に話しかけました）
He was spoken to by the woman.　（彼はその女性に話しかけられました）

POINT! 受け身の疑問文は be 動詞を文頭に出してつくります。また、否定文は be 動詞の後に not を置いてつくります。これは be 動詞を使った英文の規則と同じです。

〈be 動詞の規則〉

・疑問文は be 動詞を文頭に置く。

・否定文は be 動詞のあとに not を置く。（isn't などの短縮形もあります）

---

1 下線部の動詞を適する形に直して、日本文に合うように、語を並べかえましょう。

□① この音楽はたくさんの人に聞かれていますか。

(music / is / by / this / <u>listen</u> / to) many people?

_____ many people?

□② フランス語はその人々によって話されていません。

(<u>speak</u> / French / by / isn't) the people.

_____ the people.

□③ あの窓はタカシによって壊されましたか。

(that / was / <u>break</u> / window / by) Takashi?

_____ Takashi?

□④ この本はたくさんの人には読まれていません。

(isn't / book / by / <u>read</u> / this) many people.

_____ many people.

2 be 動詞を 1 語補い、日本文に合うように、語句を並べかえましょう。

□① そこでたくさんのお金が費やされましたか。

(a lot of / spent / there / money / ?)

_____

□② そこではたくさんの水が必要とされていますか。

(water / there / much / needed / ?)

_____

□③ その店では、食べ物は売られていません。

(sold / the shop / food / at / not / .)

_____

□④ これらの話は、当時信じられていませんでした。

(these stories / believed / that time / at / not / .)

_____

> **WORD BOX**
>
> **break** 壊す
> ［ブレイク］
>
> **spent** **spend**（費やす、
> ［スペント］ 使う、過ごす）の
> 過去分詞
>
> **sold** **sell**（売る）の
> ［ソウルド］ 過去分詞

▶▶ 答えは別冊 p. 38

by を使わない受け身
「からつくられる」などの表現

月　日

- **Cheese is made <u>from</u> milk.** チーズは牛乳からつくられます。
- **Mt. Fuji is covered <u>with</u> snow.** 富士山は雪でおおわれています。

TRY! 　日本文に合うように、次の語句を並べかえましょう。

□① この机は木でつくられています。
　　(made / this desk / is / of) wood.

　　_____ **wood.**

□② 私はそのニュースに驚きました。
　　(at / was / surprised / I) the news.

　　_____ **the news.**

□③ 彼は歴史に興味があります。
　　(interested / is / in / he) history.

　　_____ **history.**

□④ その物語はこの国のみんなに知られています。
　　(is / that story / to / known) everyone in this country.

　　_____ **everyone in this country.**

□⑤ 英語はオーストラリアで話されています。
　　(spoken / English / in / is) Australia.

　　_____ **Australia.**

□⑥ そのカップは水で満たされています。
　　(with / the cup / filled / is) water.

　　_____ **water.**

CHECK! 　注意したい受け身

Cheese is made <u>from</u> milk.（チーズは牛乳からつくられます） ➡原材料が見た目でわからない。
This desk is made <u>of</u> wood.（この机は木でつくられています） ➡原材料が見た目でわかる。

POINT!

by を使わない受け身として、次のようなものがあります。

be known to 〜：〜に知られている　　be covered with 〜：〜でおおわれている
be surprised at 〜：〜に驚く　　　　　be interested in 〜：〜に興味がある
be filled with 〜：〜で満たされている　be satisfied with 〜：〜に満足している

---

1 適する前置詞を補って、日本文に合うように、語句を並べかえましょう。

□① その事実はみんなに知られています。
　(known / the fact / is / everyone / .)

_____

□② ケンは英語に興味がありますか。
　(is / interested / English / Ken / ?)

_____

□③ トムは自分の生活に満足しています。
　(satisfied / Tom / life / is / his / .)

_____

□④ この車は日本製です。
　(made / is / this / car / Japan / .)

_____

2 適する過去分詞を補って、日本文に合うように、
語句を並べかえましょう。

□① その山は雪でおおわれていました。
　(with / was / mountain / the / snow / .)

_____

□② その容器は砂糖で満たされています。
　(sugar / with / container / is / the / .)

_____

□③ あなたは日常生活に満足していますか。
　(everyday life / you / are / with / your / ?)

_____

□④ そのカップはプラスチック製です。
　(of / is / plastic / cup / the / .)

_____

> **WORD BOX**
>
> **cheese** チーズ
> [チーズ]
>
> **cover** おおう
> [カヴァ]
>
> **snow** 雪
> [スノウ]
>
> **wood** 木
> [ウッド]
>
> **fill** 満たす
> [フィル]
>
> **fact** 事実
> [ファクト]
>
> **satisfy** 満足させる
> [サティスファイ]
>
> **life** 生活
> [ライフ]
>
> **sugar** 砂糖
> [シュガァ]
>
> **container** 容器
> [コンテイナァ]
>
> **everyday** 毎日の
> [エヴリデイ]
>
> **plastic** プラスチック
> [プラスティック]

▶▶ 答えは別冊 p. 38

LESSON 90

現在完了形〈継続〉の肯定文「ずっと～しています」の表現

- **I have lived in this town for ten years.**
  私はこの町に10年間住んでいます。

- **I have lived in this town since 2000.**
  私はこの町に2000年からずっと住んでいます。

TRY!　日本文に合うように、次の語句を並べかえましょう。

☐① 私は英語を3年間勉強しています。

(studied / for / have / I / English) three years.

_____ three years.

☐② 彼はここで去年からずっと働いています。

(he / here / worked / has / since) last year.

_____ last year.

☐③ 私たちは彼を長い間ずっと知っています。

(have / him / a / we / known / for) long time.

_____ long time.

☐④ ジョンはこの車を1年間ずっとほしがっています。

(car / for / has / John / this / wanted) a year.

_____ a year.

☐⑤ その子供たちは、今朝からとてもおなかがすいています。

(have / children / since / very hungry / been / the) this morning.

_____ this morning.

CHECK!　現在完了形〈継続〉の意味

過去に始まったことが、今でも継続していることを表すときに、現在完了形を用います。英語で表せば、
Jane started living in Tokyo three years ago.　（ジェーンは3年前に東京に住み始めました）
She still lives in Tokyo.　（彼女は今でも東京に住んでいます）
という状況のときに、**Jane has lived in Tokyo for three years.**　ということになります。

過去に始まったことが、今でも続いていることを表すには、動詞の部分を〈have + 過去分詞〉の形にして表します。 **for ～** はそれをどのくらいの間継続しているかの「期間」を表し、**since ～** はそれがいつ始まったかの「始点」を表します。

```
                ┌─────── for（期間）───────┐
            2000                          now（今）
    ●━━━━━●━━━━━━━━━━━━━━━━━━━●━━━━●▶
            since（始点）
```

WORD BOX

since ［スィンス］	～以来
for a long time ［フォア ア ローング タイム］	長い間
still ［スティル］	まだ
headache ［ヘデイク］	頭痛

1 下線部の動詞を適する形に直して、日本文に合うように、語句を並べかえましょう。

□① 彼は1990年以来ずっとここに住んでいます。
（ since / has / here / <u>live</u> / he ）1990.

_____ 1990.

□② トムは昨日からずっと頭が痛いです。
（ <u>have</u> / Tom / since / has / a headache ）yesterday.

_____ yesterday.

□③ ブラウン先生は、去年から英語を教えています。
（ has / Mr. Brown / since / <u>teach</u> / English ）last year.

_____ last year.

2 不要な1語を除いて、日本文に合うように、語句を並べかえましょう。

□① 彼女は今朝からずっと忙しいです。
（ since / she / busy / been / for / has ）this morning.

_____ this morning.

□② 彼らは2週間ロンドンに滞在しています。
（ in London / stayed / have / for / they / since ）two weeks.

_____ two weeks.

□③ 私は、去年の夏から彼を知っています。
（ since / known / I / has / him / have ）last summer.

_____ last summer.

□④ トムは2010年からピアノを弾いています。
（ played / has / since / have / Tom / the piano ）2010.

_____ 2010.

LESSON 91

現在完了形〈継続〉の疑問文、否定文
「ずっと〜していますか」などの表現

肯定文	**I have lived here for ten years.**	私はここに10年間住んでいます。

疑問文	**Have you lived here for ten years?**	あなたはここに10年間住んでいますか。
期間をたずねる疑問文	**How long have you lived here?**	あなたはここにどのくらい住んでいますか。

TRY! 　　日本文に合うように、次の語を並べかえましょう。

□① あなたは2年間英語を勉強しているのですか。
（ English / you / studied / have ）**for two years?**

_____ **for two years?**

□② 彼は長年この病院で働いているのですか。
（ he / has / worked ）**in this hospital for many years?**

_____ **in this hospital for many years?**

□③ あなたはこのコンピュータをどのくらい使っているのですか。
（ have / long / used / you / how ）**this computer?**

_____ **this computer?**

□④ ③に答えて、「5年間使っています」
（ years / for / five / . ）

_____

□⑤ 私は昨夜から父に会っていません。
（ haven't / I / my / seen / father ）**since last night.**

_____ **since last night.**

□⑥ 彼らは今朝から何も食べていません。
（ haven't / they / eaten ）**anything since this morning.**

_____ **anything since this morning.**

CHECK! 　　現在完了形の疑問文の答え方

現在完了形の疑問文には、**Yes, I have.** / **No, she has not.** のように**have[has]**を使って答えます。
短縮形は、**have not = haven't, has not = hasn't** 。
How long 〜? で期間を問われたら、**For〜.**「〜の間」、**Since〜.**「〜から〔以来〕」などと答えます。

POINT!

・現在完了形の疑問文は〈Have[Has] ＋ 主語 ＋ 過去分詞 ～?〉の形になります。
・期間をたずねる疑問文は〈How long have[has] ＋ 主語 ＋ 過去分詞 ～?〉の形。
・現在完了形の否定文は have[has] のあとに not を入れます。

1 下線部の動詞を適する形に直して、日本文に合うように、語を並べかえましょう。

□① あなたは去年から彼と知り合いですか。
（ <u>know</u> / him / since / have / you ）last year?

_____ last year?

□② 彼女はどのくらいの間、ギターを練習しているのですか。
（ has / long / she / <u>practice</u> / how ）the guitar?

_____ the guitar?

□③ 私たちは1年間この部屋を使っていません。
（ <u>use</u> / haven't / we / room / this / for ）a year.

_____ a year.

□④ ジャックは先週から東京に滞在しているのですか。
（ since / Jack / has / Tokyo / in / <u>stay</u> ）last week?

_____ last week?

2 必要な1語を補って、日本文に合うように、語を並べかえましょう。

□① あなたのお子さんたちは今朝からずっと図書館にいるのですか。
（ children / in / been / your ）the library since this morning?

_____ the library since this morning?

□② ①に答えて、「いいえ、違います」
（ no / they / , / . ）

_____

□③ 先週からずっと晴れていません。
（ sunny / been / since / it / has ）last week.

_____ last week.

□④ あなたのお父さんはどのくらいこの学校で教えているのですか。
（ has / father / taught / how / your ）at this school?

_____ at this school?

現在完了形〈経験〉の肯定文
「〜したことがあります」の表現

月　日

- **I have visited London once.**　　私は1度ロンドンを訪れたことがあります。
- **He has read the book twice.**　　彼は2度その本を読んだことがあります。

TRY!　　日本文に合うように、次の語句を並べかえましょう。

□① 私は1度その男性と話したことがあります。
　　(talked / with / I / have) **the man once.**

　　_____ **the man once.**

□② 私たちは以前にその歌手に会ったことがあります。
　　(met / the singer / have / we) **before.**

　　_____ **before.**

□③ 彼女は1度富士山に登ったことがあります。
　　(climbed / Mt. Fuji / she / has) **once.**

　　_____ **once.**

□④ 彼女たちは私の家に何度か来たことがあります。
　　(have / my house / they / come / to) **several times.**

　　_____ **several times.**

□⑤ ジョンは彼女に何度も手紙を書いたことがあります。
　　(written / her / has / John / to / many / a letter) **times.**

　　_____ **times.**

□⑥ 私はその博物館に2度行ったことがあります。
　　(have / to / the museum / been / I) **twice.**

　　_____ **twice.**

CHECK!　　**have[has] been to 〜の文**

「〜に行ったことがあります」は、**have[has] been to〜** を使って表します。
I have been to Okinawa before.　（私は以前に沖縄に行ったことがあります）
My father has been to China three times.　（私の父は中国に3度行ったことがあります）

「今までに〜したことがあります」と経験を表すには、〈have[has] + 過去分詞〉の現在完了形を用います。この場合、once「1度」、twice「2度」、three times「3度」、many times「何度も」、often「しばしば、よく」、before「以前に」、several times「何度か」などの語句がよく用いられます。

1 下線部の動詞を適する形に直して、日本文に合うように、語句を並べかえましょう。

☐① 私は以前にこの歌を聞いたことがあります。

I (have / <u>hear</u> / song / this) before.

I ＿＿＿＿＿＿＿＿＿＿＿＿＿＿＿＿＿ before.

☐② トムは1度日本食を食べてみたことがあります。

Tom (<u>try</u> / food / has / Japanese) once.

Tom ＿＿＿＿＿＿＿＿＿＿＿＿＿＿＿ once.

☐③ 彼らは何度か海で泳いだことがあります。

They have (several times / <u>swim</u> / the sea / in).

They have ＿＿＿＿＿＿＿＿＿＿＿＿＿＿＿ .

☐④ ブラウンさんは4度大阪に行ったことがあります。

Mr. Brown has (four times / <u>be</u> / Osaka / to).

Mr. Brown has ＿＿＿＿＿＿＿＿＿＿＿＿＿ .

2 必要な1語を補って、日本文に合うように、語句を並べかえましょう。

☐① 私はこの物語を3度読んだことがあります。

(story / this / I / read / three) times.

＿＿＿＿＿＿＿＿＿＿＿＿＿＿＿ times.

☐② 彼女は何度も彼の家を訪ねたことがあります。

(she / house / his / visited / many) times.

＿＿＿＿＿＿＿＿＿＿＿＿＿＿＿ times.

☐③ 私の友人はその映画を2度見たことがあります。

(has / friend / the movie / seen / my / .)

＿＿＿＿＿＿＿＿＿＿＿＿＿＿＿

☐④ 私の母は何度かパリに行ったことがあります。

(has / been / my mother / Paris / several / to / .)

> **WORD BOX**
>
> once   1度
> [ワンス]
>
> twice   2度
> [トゥワイス]
>
> several   いくつかの
> [セヴラル]
>
> time   〜回
> [タイム]
>
> sea   海
> [スィー]

現在完了形〈経験〉の
疑問文、否定文
「〜したことがありますか」などの表現

月　日

肯定文	I have visited Kyoto once.	私は京都に1度行ったことがあります。
疑問文	Have you ever visited Kyoto?	あなたは今までに京都を訪れたことがありますか。
否定文	I have never visited Kyoto.	私は1度も京都に行ったことがありません。

TRY!　日本文に合うように、次の語を並べかえましょう。

□① あなたは今までにパンダを見たことがありますか。
（ ever / you / have / seen ）a panda?

_____ a panda?

□② ①に答えて、「いいえ、ありません」
（ not / have / I / no / , / . ）

_____

□③ 私は一度も将棋をしたことがありません。
（ played / I / have / never ）*shogi*.

_____ *shogi*.

□④ アンは今までに新幹線に乗ったことがありますか。
（ has / taken / ever / Ann ）the Shinkansen?

_____ the Shinkansen?

□⑤ ④に答えて、「はい、あります」
（ has / she / yes / , / . ）

_____

□⑥ 彼女は一度もその国に行ったことがありません。
（ has / she / been / never ）to the country.

_____ to the country.

CHECK!　How many times 〜?の文と答え方

「何度〜したことがありますか」をたずねるには、**How many times[How often]**を使って、
How many times have you visited Kyoto?（あなたは何度京都を訪れたことがありますか）とします。
この疑問文に対しては、**Five times.**（5度（あります））のように答えます。

・「〜したことがありますか」という疑問文〈Have[Has] ＋ 主語 ＋ 過去分詞〜 ?〉では、過去分詞の前に ever「今までに」が入ることが多いです。
・「〜したことがありません」という否定文は、have[has] の後に not を入れ、「一度も〜したことがない」と強く否定するときは、not の代わりに never を使います。

---

1 下線部の動詞を適する形に直して、日本文に合うように、語句を並べかえましょう。

□① あなたは今までにスキーをしたことがありますか。
（ ever / have / you / <u>ski</u> / ? ）

_____

□② 私たちは一度もその動物園に行ったことがありません。
（ never / <u>be</u> / have / to / we ）the zoo.

_____ the zoo.

□③ あなたのお子さんは今までに自転車に乗ったことがありますか。
（ <u>ride</u> / child / has / ever / your ）a bike?

_____ a bike?

□④ 彼女は英語で電子メールを書いたことがありません。
（ has / <u>write</u> / not / she / an email ）in English.

_____ in English.

> **WORD BOX**
>
> | ever [エヴァ] | 今までに |
> | never [ネヴァ] | 一度も〜ない |
> | panda [パンダ] | パンダ |
> | zoo [ズー] | 動物園 |
> | island [アイランド] | 島 |

---

2 不要な1語を除いて、日本文に合うように、語を並べかえましょう。

□① あなたは今までにその島に行ったことがありますか。
（ you / have / did / been / ever ）to the island?

_____ to the island?

□② 彼女は一度もこの歌を歌ったことがありません。
（ has / ever / never / she / sung ）this song.

_____ this song.

□③ あなたはジムと何度テニスをしたことがありますか。
（ tennis / you / how / long / times / many / played / have ）with Jim?

_____ with Jim?

□④ ③に答えて、「3度（あります）」
（ times / several / three / . ）

_____

LESSON 94

現在完了形〈完了〉の肯定文
「ちょうど〜したところです」
「もう〜してしまいました」の表現

⌄⌄

- **My father has just washed his car.**　父はちょうど車を洗ったところです。
- **I have already finished dinner.**　　私はもう夕食を終えてしまいました。

TRY!　　日本文に合うように、次の語を並べかえましょう。

☐① 私はもう家事をすませてしまいました。
　　I (finished / already / have) **my housework.**

　　I ＿＿＿＿＿＿＿＿＿＿＿＿＿＿＿＿ **my housework.**

☐② 彼女はちょうど自分の部屋を掃除したところです。
　　She (cleaned / just / has) **her room.**

　　She ＿＿＿＿＿＿＿＿＿＿＿＿＿ **her room.**

☐③ 彼らはちょうどバスに乗ったところです。
　　They (just / got / have) **on the bus.**

　　They ＿＿＿＿＿＿＿＿＿＿＿＿ **on the bus.**

☐④ 私たちはもう昼食をとり終えました。
　　We (have / already / had) **lunch.**

　　We ＿＿＿＿＿＿＿＿＿＿＿＿ **lunch.**

☐⑤ ジョンはちょうどそこに着いたところです。
　　John (arrived / has / just) **there.**

　　John ＿＿＿＿＿＿＿＿＿＿＿＿ **there.**

☐⑥ 私は自分の傘を失くしてしまいました。
　　(have / lost / I) **my umbrella.**

　　＿＿＿＿＿＿＿＿＿＿＿＿ **my umbrella.**

CHECK!　　結果を表す現在完了形

　　I have lost my key.（私はかぎを失くしてしまいました）は「失くした結果、今持っていません」と、「過去
の動作の結果が現在に残っている」ことを表しています。
現在完了形は、〈結果〉を表すこともあります。

〈have[has] + 過去分詞〉の現在完了形で「〜したところです」「〜してしまいました」と〈完了〉を表す場合、肯定文では just「ちょうど」、already「すでに、もう」などの語句がよく用いられます。これらはふつう have[has]と過去分詞の間に置きます。

1 必要に応じて下線部の動詞を適する形に直して、日本文に合うように、語を並べかえましょう。

□① 彼らは今日の仕事をもうしてしまいました。

They (have / <u>do</u> / already) today's work.

They _____ today's work.

□② 彼はいくつかチャンスを逃してしまいました。

He (<u>miss</u> / has / some) chances.

He _____ chances.

□③ ジムはこの本をもう読んでしまいました。

Jim (has / <u>read</u> / already) this book.

Jim _____ this book.

□④ 彼女はちょうどカナダに向けて出発したところです。

She (for / just / has / <u>leave</u>) Canada.

She _____ Canada.

2 just か already を補って、日本文に合うように、語句を並べかえましょう。

□① トムはそのレポートをすでに書いてしまいました。

Tom (the report / written / has).

Tom _____.

□② 私はちょうどそのニュースを聞いたところです。

I (the news / heard / have).

I _____.

□③ 私の両親はちょうど帰宅したところです。

(have / my parents / home / come / .)

_____

□④ 私のおじはもう駅に着きました。

(has / got / the station / to / my uncle / .)

> **WORD BOX**
>
> **already** すでに、もう
> [オールレディ]
>
> **just** ちょうど
> [ヂャスト]
>
> **arrive** 着く
> [アライヴ]
>
> **lost** **lose** (失う)
> [ロースト] の過去分詞
>
> **chance** チャンス
> [チャンス]
>
> **report** レポート
> [リポート]

現在完了形〈完了〉の疑問文、否定文
「(もう)〜しましたか」
「(まだ)〜していません」の表現

月　日

肯定文	I have <u>already</u> finished lunch.	私は<u>もう</u>昼食を食べ終えました。
疑問文	Have you finished lunch <u>yet</u>?	あなたは<u>もう</u>昼食を食べ終えましたか。
否定文	I have not finished lunch <u>yet</u>.	私は<u>まだ</u>昼食を食べ終えていません。

TRY!　日本文に合うように、次の語句を並べかえましょう。

☐① あなたたちはもうその映画を見ましたか。
（ you / seen / have ）that movie yet?

＿＿＿＿＿＿＿＿＿＿＿＿＿ that movie yet?

☐② ①に答えて、「はい、見ました」
Yes, (have / we).

Yes, ＿＿＿＿＿＿＿＿＿＿＿.

☐③ あなたのお兄さんはもう仕事に行ってしまいましたか。
（ gone / has / your brother ）to work yet?

＿＿＿＿＿＿＿＿＿＿＿＿＿ to work yet?

☐④ ③に答えて、「いいえ、まだです」。
No, (not / has / he).

No, ＿＿＿＿＿＿＿＿＿＿＿.

☐⑤ 私はまだ彼のメッセージを受け取っていません。
I (not / have / received) his message yet.

I ＿＿＿＿＿＿＿＿＿＿＿ his message yet.

☐⑥ トムはまだここに来ていません。
Tom (has / come / not) here yet.

Tom ＿＿＿＿＿＿＿＿＿ here yet.

CHECK!　alreadyとyetの違い

yetは、疑問文では「もう」を表し、否定文では、**not 〜 yet**の形で「まだ〜ない」を表します。
また、肯定文での「もう、すでに」は**already**を用います。
Has he gone to bed yet?（彼はもう寝ましたか）― **No, not yet.**（いいえ、まだです）

・「もう～しましたか」の疑問文は、
　〈Have[Has] + 主語 + 過去分詞 ～（yet)?〉の形になります。
・「まだ～していません」という否定文は、have[has] の後に not を入れ、
　文末には通常 yet を置きます。

1 下線部の動詞を適する形に直して、日本文に合うように、語句を並べかえましょう。

□① あなたはもう切符を買いましたか。
（ have / <u>get</u> / you / a ticket ）yet?

_____ yet?

□② 彼女たちはまだその仕事をしていません。
They（ <u>do</u> / have / that work / not ）yet.

They _____ yet.

□③ その試合はまだ始まっていません。
（ hasn't / the game / yet / <u>begin</u> / . ）

_____

□④ 彼女はもう買い物を終えましたか。
（ <u>finish</u> / the shopping / she / yet / has / ? ）

_____

WORD BOX

yet　　　　　（疑問文で）もう
[イェット]　　（否定文で）まだ

receive　　　受け取る
[リスィーヴ]

message　　　メッセージ
[メセッヂ]

paper　　　　新聞
[ペイパァ]

2 不要な1語を除いて、日本文に合うように、語句を並べかえましょう。

□① 私たちはまだ今日の新聞を読んでいません。
We（ already / today's paper / read / yet / haven't ）.

We _____ .

□② あなたはもうそのニュースを聞きましたか。
（ you / heard / just / have / yet / the news / ? ）

_____

□③ ②に答えて、「はい、もう聞きました」
Yes,（ yet / I / it / have / heard / already ）.

Yes, _____ .

□④ その電車はまだ出発していません。
（ has / the train / never / left / yet / not / . ）

_____

現在完了進行形の文
「ずっと〜し続けています」の表現

- I have been walking <u>for</u> two hours.

私は2時間ずっと歩き続けています。

- It has been raining <u>since</u> last night.

昨夜からずっと雨が降り続いています。

TRY!　　日本文に合うように、次の語句を並べかえましょう。

□① 私たちは3時間ずっと話し続けています。

We (talking / have / for / been) three hours.

We _____ three hours.

□② ジョーは一日中ずっと歩き続けています。

Joe (for / been / has / walking) a day.

Joe _____ a day.

□③ おとといからずっと雨が降っています。

It (been / has / since / raining) the day before yesterday.

It _____ the day before yesterday.

□④ ケンとメグは今朝からずっとテニスをし続けています。

Ken and Meg (playing / been / tennis / have / since) this morning.

Ken and Meg _____ this morning.

□⑤ ホワイトさんは2日間ずっと絵を描き続けています。

Mr. White (has / a picture / painting / for / been) two days.

Mr. White _____ two days.

CHECK!　　どのくらい続いているかをたずねる表現

「どのくらい〜し続けているのですか」とたずねるには、**How long** を使って
How long have you been walking?（あなたはどのくらい歩き続けているのですか）とします。

POINT!

・「(今まで)ずっと～し続けています」と動作が継続していることを表すには、〈have[has] been + 動詞の ing 形〉を使います。現在完了形と進行形が組み合わさった形です。

1 不要な1語を除いて、日本文に合うように、語句を並べかえましょう。

□① 私は昨夜からずっとラジオを聞き続けています。
I (been / have / listening / since / to the radio / for) last night.

I ＿＿＿＿＿＿＿＿＿＿＿＿＿＿＿＿＿＿＿＿＿＿ last night.

□② ユキは1時間ずっと踊り続けています。
Yuki (for / have / dancing / been / has) an hour.

Yuki ＿＿＿＿＿＿＿＿＿＿＿＿＿＿＿ an hour.

□③ ヒロシは30分間ずっと歌い続けています。
Hiroshi (singing / for / since / been / has) thirty minutes.

Hiroshi ＿＿＿＿＿＿＿＿＿＿＿＿＿ thirty minutes.

□④ 姉と私は今日の午後からずっとテレビを見続けています。
My sister and I (has / have / since / watching / been / TV) this afternoon.

My sister and I ＿＿＿＿＿＿＿＿＿＿＿＿＿ this afternoon.

2 必要な1語を補い、日本文に合うように、語句を並べかえましょう。

□① 私たちは今朝からずっとパーティーの準備をし続けています。
We (been / for the party / have / preparing) this morning.

We ＿＿＿＿＿＿＿＿＿＿＿＿＿ this morning.

□② ロイとジムは2時間ずっとサッカーをし続けています。
Roy and Jim (playing / been / for / soccer) two hours.

Roy and Jim ＿＿＿＿＿＿＿＿＿＿＿＿ two hours.

□③ 昨日からずっと雪が降っています。
It (snowing / yesterday / since / been).

It ＿＿＿＿＿＿＿＿＿＿＿＿＿ .

□④ 私は1時間以上ずっとアンを待ち続けています。
I (for / for / been / have / Ann) more than an hour.

I ＿＿＿＿＿＿＿＿＿＿＿＿ more than an hour.

▶▶ 答えは別冊 p. 42

> **WORD BOX**
>
> **prepare** 準備する
> [プリペア]
>
> **snow** 雪が降る
> [スノウ]

後置修飾〈前置詞 + 語句〉

* the <u>new</u> dictionary　　　　　　新しい辞書

　　　　　　　形容詞が前から後ろの名詞を修飾

* the dictionary <u>on the desk</u>　　机の上の辞書

　　　　　　　　　　〈前置詞 + 語句〉が後ろから前の名詞を修飾

* Whose is the new dictionary on the desk?

　　　　　　　　机の上の新しい辞書は誰のものですか。

TRY!　　日本語(文)に合うように、次の語句を並べかえましょう。

☐① テーブルの上のバッグ
（ the table / on / a bag ）

_____

☐② いすの下のボール
（ the chair / a ball / under ）

_____

☐③ 川の近くの家
（ near / the river / a house ）

_____

☐④ 床の上のねこをごらんなさい。
Look at (on / the floor / the cat).

Look at _____.

☐⑤ ベッドのそばのギターは私のものです。
(by / the guitar / the bed) **is mine.**

_____ **is mine.**

☐⑥ 箱の中にあるカメラは新しいです。
(the camera / the box / in) **is new.**

_____ **is new.**

CHECK!　　いろいろな前置詞

about　〜についての / by　〜のそばの / for　〜のための /
from　〜から来た / under　〜の下の / with　〜と一緒に　など

POINT! 〈前置詞＋語句〉が後ろから前の名詞を修飾して形容詞の働きをすることがあります。
〈名詞＋前置詞＋語句〉を文中でひとまとまりとして考えます。

1 適する前置詞を１語補って、日本文に合うように、語句を並べかえましょう。

□① 犬と一緒の少女を知っていますか。

Do you know (the girl / the dog)**?**

Do you know _____ **?**

□② これは弟のための贈り物です。

This is (my brother / a present)**.**

This is _____ **.**

□③ その棚の上にある白い帽子を見せてください。

Please show me (white / the shelf / the / hat)**.**

Please show me _____ **.**

> **WORD BOX**
>
> white 白い
> [ホワイト]
>
> shelf 棚
> [シェルフ]
>
> basket かご
> [バスケット]

2 下の語群から必要な１語を補って、日本文に合うように、語句を並べかえましょう。

□① かごの中に卵を１つ入れてください。

Please put (egg / the basket / an)**.**

Please put _____ **.**

□② 彼女はアメリカの友人からの電子メールを読んでいました。

She was reading (an email / in America / her friend)**.**

She was reading _____ **.**

□③ 私は日本の歴史についてのよい本を探しています。

I'm looking for (a / Japanese history / book / good)**.**

I'm looking for _____ **.**

□④ 私たちは海のそばの小さな家に滞在しました。

We stayed at (small / the sea / a / house)**.**

We stayed at _____ **.**

> about / by
> from / in

LESSON 98 　後置修飾〈to + 動詞の原形〉

∨∨

- **an <u>interesting</u> book** 　　　　　おもしろい本
  　　　　　　　　　　　　　　　　形容詞が前から後ろの名詞を修飾
- **a book <u>to read</u>** 　　　　　　　読む(ための)本
  　　　　　　　　　　to 不定詞が後ろから前の名詞を修飾(形容詞の働き)
- **I bought a book to read on the train.**
  　　　　　　　　　　　　　私は電車で読む(ための)本を買いました。

TRY! 　　日本語(文)に合うように、次の語句を並べかえましょう。

☐① 書くべき手紙 　　　　　　　　　　☐② 何か飲むもの
　（ a letter / write / to ）　　　　　　（ to / something / drink ）

_____　　　　_____

☐③ 何か冷たい飲み物
　（ drink / cold / to / something ）

_____

☐④ 何か温かい食べ物がありますか。
　Do you have (hot / eat / something / to)**?**

　Do you have _____ **?**

☐⑤ 京都には訪れるべき場所がたくさんあります。
　Kyoto has (places / to / visit / many)**.**

　Kyoto has _____ **.**

☐⑥ あなたに見せる写真を何枚か持ってきましょう。
　I'll bring (photos / show / to / some)**you.**

　I'll bring _____ **you.**

CHECK! 　　**-thing**を修飾する形容詞

somethingなど-thingの形の代名詞を修飾する形容詞は-thingの後ろに置き、不定詞はさらにその後ろに
置きます。次の場合の語順に注意しましょう。
something to drink （何か飲むもの） 　　**something cold to drink** （何か冷たい飲み物）

・〈to ＋ 動詞の原形〉(＝ 不定詞) が後ろから前の名詞を修飾して形容詞の働きをすることがあります。
・前置詞を伴う不定詞は前置詞を落とさないように注意。
　a house to live in (住むための家)

---

1 **to を適当な位置に補って、日本文に合うように、語句を並べかえましょう。**

WORD BOX

plane [プレイン]　飛行機

stamp [スタンプ]　切手

☐ ① 彼らには学ぶべきたくさんの科目がありました。
They had (subjects / a lot of / study).

They had ＿＿＿＿＿＿＿＿＿＿＿＿＿＿＿＿＿.

☐ ② 私たちは昨日何もすることがありませんでした。
We (do / nothing / had) **yesterday.**

We ＿＿＿＿＿＿＿＿＿＿＿＿＿＿ **yesterday.**

☐ ③ 私は機内で読む本を何冊か買いました。
I bought (read / books / some) **on the plane.**

I bought ＿＿＿＿＿＿＿＿＿＿＿＿＿ **on the plane.**

☐ ④ アンには話をする友人が何人か必要です。
Ann needs (friends / with / talk / some).

Ann needs ＿＿＿＿＿＿＿＿＿＿＿＿＿.

2 **必要な1語を補って、日本文に合うように、語句を並べかえましょう。**

☐ ① 私は切手を買うためのお金がいくらか必要でした。
I needed (some money / stamps / to).

I needed ＿＿＿＿＿＿＿＿＿＿＿＿＿.

☐ ② 彼女に言うべき大切なことが何かありますか。
Do you have (anything / tell / to) **her?**

Do you have ＿＿＿＿＿＿＿＿＿＿＿ **her?**

☐ ③ 私に筆記用具〔何か書くもの〕を貸してください。
Please lend me (write / something / to).

Please lend me ＿＿＿＿＿＿＿＿＿＿＿＿.

☐ ④ 先週、彼にはサッカーをするための時間がありませんでした。
Last week he had (to / no / soccer / play).

Last week he had ＿＿＿＿＿＿＿＿＿＿＿＿.

後置修飾〈現在分詞〉

- **the boy under the tree**　　　　　　　木の下の少年
  〈前置詞 + 語句〉が後ろから前の名詞を修飾（形容詞の働き）
- **the boy sitting under the tree**　　　木の下に座っている少年
  〈現在分詞 + 語句〉が後ろから前の名詞を修飾（形容詞の働き）
- **The boy sitting under the tree is Jim.**　木の下に座っている少年は
  ジムです。

TRY!　　日本語（文）に合うように、次の語句を並べかえましょう。

☐① 木の下に立っている少年
　（ under / the boy / the tree / standing ）

_____

☐② 自転車に乗っている少年　　　☐③ あそこで泣いている赤ちゃん
　（ a bike / the boy / riding ）　　（ there / the baby / crying ）

_____　　_____

☐④ テニスをしている少女はジェーンです。
　（ tennis / the girl / playing ）is Jane.

_____ is Jane.

☐⑤ 白いドレスを着ている女性が私の母です。
　（ a white dress / wearing / the woman ）is my mother.

_____ is my mother.

☐⑥ 山の上空を飛んでいる飛行機をごらんなさい。
　Look at (the mountain / the plane / above / flying).

　Look at _____ .

CHECK!　　1語だけで名詞を修飾するとき

現在分詞1語だけで「～している（名詞）」と説明するときは、〈現在分詞 + 名詞〉の語順です。
the dancing girls　　⇔　　the girls dancing in the park
　（踊っている少女たち）　　　　　（公園で踊っている少女たち）

POINT!
・「〜している(名詞)」と人や物の状態を2語以上で説明するときは〈名詞 + 現在分詞 + 語句〉とします。
・〈名詞 + 現在分詞 + 語句〉のまとまりで、主語、目的語、補語の役割をします。

1 下線部の動詞を適する形に直して、日本文に合うように、語句を並べかえましょう。

□① パイを焼いている女性を知っていますか。

Do you know（ a woman / a pie / <u>bake</u> ）**?**

Do you know ＿＿＿＿＿＿＿＿＿＿＿＿＿＿＿ **?**

□② コンピュータを使っている男性は私の弟です。

（ the man / the computer / <u>use</u> ）**is my brother.**

＿＿＿＿＿＿＿＿＿＿＿＿＿＿＿ **is my brother.**

□③ 通りを渡っているあの少年をごらんなさい。

Look at（ boy / <u>cross</u> / that / the street ）**.**

Look at ＿＿＿＿＿＿＿＿＿＿＿＿＿＿＿ **.**

□④ 庭で走っている犬は私のです。

（ in / the garden / the dog / <u>run</u> ）**is mine.**

＿＿＿＿＿＿＿＿＿＿＿＿＿＿＿ **is mine.**

2 必要な1語を補って、日本文に合うように、語句を並べかえましょう。

□① 向こうで働いている女性は私のおばです。

（ the woman / is / over there ）**my aunt.**

＿＿＿＿＿＿＿＿＿＿＿＿＿＿＿ **my aunt.**

□② スピーチをしている男性はスミスさんです。

（ a speech / the man / is ）**Mr. Smith.**

＿＿＿＿＿＿＿＿＿＿＿＿＿＿＿ **Mr. Smith.**

□③ ステージで歌っている学生たちをごらんなさい。

Look at（ the stage / the students / on ）**.**

Look at ＿＿＿＿＿＿＿＿＿＿＿＿＿＿＿ **.**

□④ 川で泳いでいる子供たちを知っていますか。

Do you（ know / the river / the children / in ）**?**

Do you ＿＿＿＿＿＿＿＿＿＿＿＿＿＿＿ **?**

WORD BOX

cry [クライ]	泣く
above [アバヴ]	〜の上に
pie [パイ]	パイ
bake [ベイク]	(パンや菓子などを) 焼く
cross [クロース]	渡る、横切る
street [ストゥリート]	通り
aunt [アント]	おば
speech [スピーチ]	スピーチ
stage [ステイジ]	ステージ

▶▶ 答えは別冊 p. 44

後置修飾〈過去分詞〉

- **the boy baking cookies**　　　　　　　　　クッキーを焼いている少年

　　　　　　　　　　　　　　〈現在分詞 + 語句〉が後ろから前の名詞を修飾（形容詞の働き）

- **the cookies baked by Ken**　　　　　　ケンによって焼かれたクッキー

　　　　　　　　　　　　　〈過去分詞 + 語句〉が後ろから前の名詞を修飾（形容詞の働き）

- **The cookies baked by Ken are good.**　ケンによって焼かれた
　　　　　　　　　　　　　　　　　　　　　　　クッキーはおいしいです。

TRY!　　　日本語（文）に合うように、次の語句を並べかえましょう。

□① 彼女によって焼かれたパイ
　　（ her / baked / a pie / by ）

　　_____

□② 私の父によってつくられた夕食
　　（ by / my father / dinner / cooked ）

　　_____

□③ 彼はイタリアでつくられたバッグを買いました。
　　He bought (in / made / Italy / a bag).

　　He bought _____.

□④ ここに英語で書かれた本が何冊かあります。
　　Here are (some / written / books) **in English.**

　　Here are _____ **in English.**

□⑤ これがトムに割られたカップです。
　　This is (the cup / broken / Tom / by).

　　This is _____.

CHECK!　　　1語だけで名詞を修飾するとき

　　過去分詞1語だけで「～された(名詞)」と説明するときは、〈過去分詞 + 名詞〉の語順です。
　　the painted wall　　　⇔　　　the wall painted by Tom
　　　　（ペンキを塗られた壁）　　　　　　（トムによってペンキを塗られた壁）

POINT!

・「〜された (されている) (名詞)」と人や物の状態を2語以上で説明するときは
　〈名詞 + 過去分詞 + 語句〉とします。
・「〜している (名詞)」を表す〈名詞 + 現在分詞 + 語句〉との意味の違いに注意
　しましょう。

1 下線部のどちらかの語を使って、日本文に合うように、語句を並べかえましょう。

☐ ① 辞書を使っている女性はナンシーです。
（ a dictionary / <u>using</u>, <u>used</u> / the woman ）is Nancy.

＿＿＿＿＿＿＿＿＿＿＿＿＿＿＿＿＿＿＿ is Nancy.

☐ ② 彼女が使っている(＝彼女に使われている)辞書は私のものではありません。
（ the dictionary / <u>using</u>, <u>used</u> / her / by ）isn't mine.

＿＿＿＿＿＿＿＿＿＿＿＿＿＿＿＿＿＿＿ isn't mine.

☐ ③ サッカーは世界中で行われているスポーツです。
Soccer is （ all over the world / a sport / <u>playing</u>, <u>played</u> ）.

Soccer is ＿＿＿＿＿＿＿＿＿＿＿＿＿＿＿＿＿＿＿.

☐ ④ サッカーをしている少年たちは中学生です。
（ soccer / <u>playing</u>, <u>played</u> / the boys ）**are junior high school students.**

＿＿＿＿＿＿＿＿＿＿＿＿＿＿＿ **are junior high school students.**

2 下線部の動詞を適する形に直して、日本文に合うように、語句を並べかえましょう。

☐ ① これはドイツから持ってこられたカメラですか。
Is this （ <u>bring</u> / from / Germany / a camera ）?

Is this ＿＿＿＿＿＿＿＿＿＿＿＿＿＿＿＿＿＿＿?

☐ ② カナダで話されている言語は何ですか。
What （ in / the language / <u>speak</u> / is / Canada ）?

What ＿＿＿＿＿＿＿＿＿＿＿＿＿＿＿＿＿＿＿?

☐ ③ これは私の祖父が建てた(＝祖父によって建てられた)家です。
This is （ my / the house / grandfather / <u>build</u> / by ）.

This is ＿＿＿＿＿＿＿＿＿＿＿＿＿＿＿＿＿＿＿.

☐ ④ ホテルの窓から撮った(＝ホテルの窓から撮られた)写真は美しかったです。
（ <u>take</u> / the hotel window / from / the pictures / were ）**beautiful.**

＿＿＿＿＿＿＿＿＿＿＿＿＿＿＿＿ **beautiful.**

LESSON 101　関係代名詞 who

| a friend | who lives in London | ロンドンに住んでいる友達 |

I have | a friend | who lives in London. | 私にはロンドンに住んでいる友達がいます。

〈関係代名詞 who 〜〉が後ろから前の名詞（先行詞）を修飾

TRY!　日本語に合うように、次の語句を並べかえましょう。

□① この町に住んでいた友達
（ lived / who / a friend ）in this town

_____ in this town

□② 公園で遊んでいる子供たち
（ playing / the children / who / are ）in the park

_____ in the park

□③ その病院で働いている医師
（ works / a doctor / who ）at that hospital

_____ at that hospital

□④ サムと話している少年
（ talking / who / the boy / is ）with Sam

_____ with Sam

□⑤ 数学を教えているおじ
（ teaches / math / who / an uncle ）

_____

CHECK!　先行詞の人称に注意

関係代名詞whoに続く動詞の形は、先行詞の人称・数に合わせます。
a boy who is walking in the park　　　（公園を散歩している少年）
　　　└──── 先行詞が単数
some boys who are walking in the park　（公園を散歩している少年たち）
　　　　　　└──── 先行詞が複数

関係代名詞 who 以下は、前にある「人を表す名詞」(先行詞) を説明する働きをします。

---

1 日本語 (文) に合うように、次の語句を並べかえましょう。

WORD BOX

novel [ナヴル]	小説
writer [ライタァ]	作家

□① カナダ出身の先生
(from / a teacher / Canada / who / comes)

_____

□② スミスさんはカナダ出身の先生です。
Mr. Smith (Canada / from / a teacher / is / who / comes).

Mr. Smith _____ .

□③ 中国語を理解できる何人かの人々
(who / Chinese / people / understand / some / can)

_____

□④ 私たちは中国語を理解できる何人かの人々が必要です。
We (need / Chinese / people / who / understand / some / can).

We _____ .

2 who を適当な位置に補って、日本文に合うように、語句を並べかえましょう。

□① アンには日本語を学んでいる友人がいます。
Ann has (is / a friend / Japanese / learning).

Ann has _____ .

□② 昨日ここに来た男の人はスミスさんです。
(here / the man / came / yesterday) **is Mr. Smith.**

_____ **is Mr. Smith.**

□③ あなたは湖で釣りをしている男の人たちが見えますか。
Can you see (in the lake / the men / are / fishing)?

Can you see _____ ?

□④ 私はこの小説を書いた作家に会いたいです。
I want to (this novel / wrote / the writer / see).

I want to _____ .

関係代名詞 which[that]〈主格〉

⌄

the bus	which[that] goes to Osaka Station

大阪駅へ行くバス

This is the bus which[that] goes to Osaka Station .

これは大阪駅へ行くバスです。

〈関係代名詞 which[that] ～〉が後ろから前の名詞（先行詞）を修飾

TRY! 日本語に合うように、次の語句を並べかえましょう。

□① 京都駅へ行くバス

（ goes / which / the bus / to ）**Kyoto Station**

_____ **Kyoto Station**

□② 広島駅から出発する電車

（ starts / from / that / the train ）**Hiroshima Station**

_____ **Hiroshima Station**

□③ 10時に始まる試合

（ begins / at ten / which / the game ）

_____

□④ 大きな庭がある家

（ which / has / a house ）**a large garden**

_____ **a large garden**

□⑤ 世界中で有名な本

（ is / a book / which / famous ）**all over the world**

_____ **all over the world**

CHECK! 関係代名詞〈主格〉

先行詞が「人」のときはwho[that]、「人以外」のときはwhich[that]を使います。

<u>a teacher</u> who[that] is popular among the students　　　　（生徒間で人気がある先生）
　「人」

<u>a class</u> which[that] is popular among the students　　　　（生徒間で人気がある授業）
　「物」

POINT! 関係代名詞は、前にある「人や人以外のものなどを表す名詞」(先行詞) を説明する働きをします。

WORD BOX

among [アマング]	〜の中で
January [ヂャニュエリィ]	1月
artist [アーティスト]	芸術家

1 日本語(文)に合うように、次の語句を並べかえましょう。

□① 私を幸せにしてくれる本
(makes / a book / which / happy / me)

_____

□② 私は私を幸せにしてくれる本をさがしています。
I am (a book / me / looking / which / for / happy / makes).

I am _____.

□③ 2000年に建てられた寺
(built / 2000 / the temple / which / in / was)

_____

□④ 私は2000年に建てられた寺を知っています。
I (2000 / the temple / know / built / which / was / in).

I _____.

2 不要な1語を除いて、日本文に合うように、語句を並べかえましょう。

□① 1月は12月のあとに来る月です。
January is (comes / which / who / after / the month) December.

January is _____ December.

□② 太陽は私たちに光をもたらす星です。
The sun is (light / the star / give / gives / that / us).

The sun is _____.

□③ 向こうを走っている少年は私の息子です。
(is / which / who / the boy / over there / running) is my son.

_____ is my son.

□④ 私はその芸術家によって描かれた絵を数枚持っています。
I have some pictures (was / were / which / the artist / by / drawn).

I have some pictures _____.

関係代名詞 which[that]〈目的格〉

the camera | which[that] I bought yesterday

私が昨日買ったカメラ

This is the camera | which[that] I bought yesterday .

これは私が昨日買ったカメラです。

〈関係代名詞 which[that] ～〉が後ろから前の名詞（先行詞）を修飾

TRY!　日本語（文）に合うように、次の語句を並べかえましょう。

☐ ① 彼が昨日買った本
（ bought / which / the book / he ）**yesterday**

_____ **yesterday**

☐ ② 彼女が昨日受け取った手紙
（ received / she / which / the letter ）**yesterday**

_____ **yesterday**

☐ ③ これが私があの店で買ったバッグです。
This is (bought / that / the bag / I) **at that store.**

This is _____ **at that store.**

☐ ④ 私が昨晩見た映画はとてもわくわくするものでした。
(which / saw / I / the movie) **last night was very exciting.**

_____ **last night was very exciting.**

☐ ⑤ これが彼が家で使っている辞書です。
This is (uses / which / the dictionary / he) **at home.**

This is _____ **at home.**

CHECK!　関係代名詞〈目的格〉

先行詞が「人」のときはwho[that]、「人以外」のときはwhich[that]を使います。
<u>a singer</u> who[that] Jim likes　　（ジムが好きな歌手）
「人」
<u>a song</u> which[that] Jim likes　　（ジムが好きな歌）
「人以外」

POINT!

・目的格の関係代名詞の後ろには〈主語＋動詞〉が続きます。
・後ろに〈主語＋動詞〉をともなう目的格の関係代名詞は省略されることが多いです。
（LESSON 104参照）

1 （　　）の語句を文中の正しい位置に補って、全文を書きましょう。

□① The novel is famous.　（ that he wrote ）

_____

□② The picture is very beautiful.　（ that Ken drew ）

_____

□③ The dog was white.　（ that I saw yesterday ）

_____

□④ I wore the jacket.　（ that my aunt bought for me ）

_____

> **WORD BOX**
>
> **remember** 覚えている
> ［リメンバァ］

2 that 以外の適切な関係代名詞を補って、日本文に合うように、語句を並べかえましょう。

□① これは多くの若者が見るテレビ番組です。

This is （ many young people / watch / the TV program ）.

This is _____.

□② 私は父が私にくれたラケットを使います。

I use （ my father / me / gave / a racket ）.

I use _____.

□③ ケンは私に京都で撮った写真を見せてくれました。

Ken showed me （ he / took / the pictures / in Kyoto ）.

Ken showed me _____.

□④ あなたは私たちが駅で会った女性を覚えていますか。

Do you remember （ at the station / we / saw / the woman ）?

Do you remember _____?

関係代名詞の省略

the bike | I bought last week

私が先週買った自転車

This is the bike | I bought last week .

これは私が先週買った自転車です。

〈目的格の関係代名詞 which[that]〉が省略されている

TRY! 日本語（文）に合うように、次の語句を並べかえましょう。

□① 私が昨日買った本
　　(bought / the book / I) yesterday

　　_____ yesterday

□② 彼が毎日使っているコンピュータ
　　(uses / he / the computer) every day

　　_____ every day

□③ 彼女が飼っている犬はかわいいです。
　　(the dog / has / she) is cute.

　　_____ is cute.

□④ 沖縄は私が先月訪れた場所です。
　　Okinawa is (visited / I / the place) last month.

　　Okinawa is _____ last month.

□⑤ アンはジムがパーティーに連れて来た女性です。
　　Ann is (brought / the woman / Jim) to the party.

　　Ann is _____ to the party.

CHECK! 関係代名詞の省略…省略できるのは〈目的格〉の場合だけです。

・The book (that) I read yesterday was interesting.　　　（私が昨日読んだ本は興味深い。）
　　　　　　　　〈目的格〉⇒省略できる。

・The book that was written by Tom was interesting.　　　（トムによって書かれた本は興味深い。）
　　　　　　　　〈主格〉⇒省略できない。

POINT!

目的格の関係代名詞は省略されることが多いです。この場合、〈名詞＋主語＋動詞〉の語順となり、「主語が〜する名詞」と後ろから前の名詞を説明します。

---

1 次の英文で関係代名詞が省略できる場合は、省略して書き写し、省略できない場合はその英文の意味を書きましょう。

☐① This is the toy which my father made.

_____

☐② The toy which was made by my father is beautiful.

_____

☐③ The flowers which my friend gave me made me happy.

_____

☐④ The flower which makes me happy is the tulip.

_____

> **WORD BOX**
>
> toy おもちゃ
> ［トイ］
>
> musician 音楽家
> ［ミューズィシャン］

2 必要な場合のみ関係代名詞を補い、日本文に合うように、語句を並べかえましょう。

☐① 父が使っているペンはドイツ製です。
　（ my father / the pen / uses ）is made in Germany.

　_____ is made in Germany.

☐② あなたがそこで会った女性は有名な音楽家です。
　（ you / met / the woman / there ）is a famous musician.

　_____ is a famous musician.

☐③ 私は仕事に役立つ本を読んでいます。
　I'm reading (is / useful / a book / for my work).

　I'm reading _____ .

☐④ 私が訪れたい国はオーストラリアです。
　（ want / to / I / visit / the country ）is Australia.

　_____ is Australia.

▶▶ 答えは別冊 p. 46

間接疑問〈疑問詞 + 主語 + be動詞〉

When <u>is</u> <u>Ann's birthday?</u>　アンの誕生日はいつですか。

I know **when** <u>Ann's birthday</u> <u>is</u>.　私はアンの誕生日がいつか知っています。

〈疑問詞 + 主語 + **be** 動詞〉

TRY!　日本文に合うように、次の語句を並べかえましょう。

□① 彼の誕生日はいつですか。

（ his birthday / when / is / ? ）

_____

□② 私は彼の誕生日がいつか知りません。

I don't know （ his birthday / is / when ）.

I don't know _____.

□③ あの男性は誰ですか。

（ that man / who / is / ? ）

_____

□④ あなたはあの女性が誰か知っていますか。

Do you know （ that woman / is / who ）?

Do you know _____?

□⑤ あなたはなぜ彼女が悲しいのかわかりますか。

Do you know （ sad / is / she / why ）?

Do you know _____?

CHECK!　間接疑問が含まれる疑問文への答え方

疑問詞で始まる疑問文には、その内容を具体的に答えますが、間接疑問が含まれた次のような疑問文には
yes / **no**で答えます。
Do you know **where he is now?**　（あなたは彼が今どこにいるか知っていますか）
— **Yes, I do.** (はい、知っています)　／　**No, I don't.** (いいえ、知りません)

POINT!

疑問詞（what, when, where, who, which, why, how など）で始まる **be** 動詞の疑問文は、他の文の中に入ると、〈疑問詞 + 主語 + **be** 動詞〉の語順になります。これを間接疑問といい、**know** や **ask** などの動詞の目的語になることが多いです。

---

1 次の疑問文を書き出しに続けて、日本文に合う英文を書きましょう。

● ● ● ● ● ● ● ● ● ● ● **WORD BOX**

be late for ～
［ビ　レイト　フォア］
　　　　　　～に遅れる

□① 私はあの男性が誰か知りません。

Who is that man?

I don't know _____.

□② あなたは彼女の家がどこにあるか知っていますか。

Where is her house?

Do you know _____?

□③ このバッグが誰のものか私は知りません。

Whose bag is this?

I don't know _____.

□④ どれが彼の自転車かあなたはわかりますか。

Which is his bike?

Do you know _____?

2 必要な1語を補って、日本文に合うように、語句を並べかえましょう。

□① 次の会議がいつか彼にたずねてみましょう。

I'll ask him (is / the next meeting).

I'll ask him _____.

□② 私は彼女がなぜその会議に遅刻したかたずねました。

I asked (late / why / she) **for that meeting.**

I asked _____ **for that meeting.**

□③ その子供たちがどこにいるか私に教えてください。

Please tell me (the children / where).

Please tell me _____.

□④ あなたのお兄さんが何歳か私は知りません。

I don't know (is / your brother / how).

I don't know _____.

▶▶ 答えは別冊 p. 47

間接疑問
〈疑問詞 + 主語 +（助動詞 + ）一般動詞〉

Where <u>**did he go**</u> **last night?**　彼は昨夜どこへ行きましたか。

I know **where** <u>**he went**</u> **last night.**　私は彼が昨夜どこへ行ったか知っています。

〈疑問詞 + 主語 + 一般動詞〉

TRY!　　日本文に合うように、次の語句を並べかえましょう。

☐① 彼女はどこに住んでいますか。
　　(she / where / live / does / ?)

　　_____

☐② 私は彼女がどこに住んでいるか知っています。
　　I know (she / where / lives).

　　I know _____ .

☐③ いつ映画が始まりますか。
　　(the movie / start / when / will / ?)

　　_____

☐④ 私はいつ映画が始まるか知りません。
　　I don't know (the movie / start / when / will).

　　I don't know _____ .

☐⑤ あなたはなぜ私がここに来たかわかりますか。
　　Do you know (came / why / I) **here?**

　　Do you know _____ **here?**

CHECK!　　**疑問詞で始まる疑問文に助動詞がある場合**

疑問詞で始まる疑問文に助動詞がある場合、間接疑問になると〈疑問詞 + 主語 + <u>助動詞</u> + 一般動詞〉の
語順になります。
　　　　　　　When <u>will</u> he come?　　（彼はいつ来るでしょうか）
Do you know when he <u>will</u> come?　　（あなたは彼がいつ来るか知っていますか）

POINT! 疑問詞で始まる一般動詞の疑問文は、他の文の中に入って間接疑問になると〈疑問詞＋主語＋（助動詞＋）一般動詞〉の語順になります。do[does, did] は使わず、ふつうの文の語順になることに注意しましょう。

1 次の疑問文を書き出しに続けて、日本文に合う英文を書きましょう。

☐① 私は父がいつ家を出たか覚えています。
When did my father leave home?

I remember _____.

☐② 私は、今日あなたが学校で何を学んだか知りたいです。
What did you study at school today?

I want to know _____.

☐③ この前の夏、彼らがどこへ行ったか知っていますか。
Where did they go last summer?

Do you know _____?

☐④ どうすれば彼を助けられるのか、私にはわかりません。
How can I help him?

I don't know _____.

2 不要な1語を除いて、日本文に合うように、語句を並べかえましょう。

☐① 何時にその会議が始まるか、あなたは知っていますか。
Do you know (does / begins / what time / the meeting)**?**

Do you know _____?

☐② 彼らはどこでサッカーを練習したのか、私は知りたいです。
I want to know (practiced / did / they / where / soccer)**.**

I want to know _____.

☐③ 彼女はどの色が好きなのか私に教えてください。
Please tell me (which / like / likes / she / color)**.**

Please tell me _____.

☐④ 私は彼に何を言うべきなのかわかりません。
I don't know (what / to / do / him / say / I / should)**.**

I don't know _____.

LESSON
107

間接疑問〈**who**が主語になるとき〉

- **Who** **broke the window?**　誰が窓を割ったのですか。
  〈疑問詞（＝主語）＋ 一般動詞〉

- **I know** **who** **broke the window.**　私は誰が窓を割ったか知っています。
  〈疑問詞（＝主語）＋ 一般動詞〉

TRY!　日本文に合うように、次の語句を並べかえましょう。

□ ① 誰が私のコンピュータを使ったのか、私にはわかりません。
　I don't know (**used** / **my computer** / **who**).

　I don't know ＿＿＿＿＿＿＿＿＿＿＿＿＿＿＿＿＿＿ .

□ ② あなたは誰がこの部屋を掃除したか知っていますか。
　Do you know (**this room** / **cleaned** / **who**)**?**

　Do you know ＿＿＿＿＿＿＿＿＿＿＿＿＿＿＿＿＿ **?**

□ ③ 私は誰がこの問題を解決できるのか知りたいです。
　I want to know (**can** / **solve** / **who**)**this problem.**

　I want to know ＿＿＿＿＿＿＿＿＿＿＿＿＿ **this problem.**

□ ④ 誰がそこに行くべきなのか、私にはわかりません。
　I don't know (**should** / **who** / **go**)**there.**

　I don't know ＿＿＿＿＿＿＿＿＿＿＿＿＿＿ **there.**

□ ⑤ 誰がこの本を書いたのか、私に教えてください。
　Please tell me (**wrote** / **who** / **this book**).

　Please tell me ＿＿＿＿＿＿＿＿＿＿＿＿＿＿ .

CHECK!　2つ目の目的語になる場合

間接疑問は、次のように2つ目の目的語になることがあります（これまでの間接疑問も同様です）。
I asked her who entered my room.　（私は彼女に 誰が私の部屋に入ったかたずねました）
　　　　「〜に」　「…を」
　　　目的語①　目的語②

216

POINT! Who broke the window? (誰が窓を割ったのですか) のように、主語 who が疑問詞になっている疑問文は、もともと〈主語＋動詞〉の語順なので、間接疑問になってもこのままの語順となります。

---

1 次の疑問文を書き出しに続けて、日本文に合う英文を書きましょう。

•••••••••• **WORD BOX**

enter   入る
［エンタァ］

truth   真実
［トゥルース］

□① 誰が真実を言ったか、あなたはわかりますか。

Who told the truth?

Do you know ＿＿＿＿＿＿＿＿＿＿＿＿＿＿＿＿ ?

□② 誰がこのかぎを見つけたか、私は知りたいです。

Who found this key?

I want to know ＿＿＿＿＿＿＿＿＿＿＿＿＿＿＿＿ .

□③ 誰が最初にそれを終えることができるか、みんな知っていました。

Who could finish it the fastest?

Everybody knew ＿＿＿＿＿＿＿＿＿＿＿＿＿＿＿ .

□④ 誰が夕食をつくる予定なのか、母にたずねてみます。

Who is going to cook dinner?

I'll ask my mother ＿＿＿＿＿＿＿＿＿＿＿＿＿＿ .

2 不要な1語を除いて、日本文に合うように、語句を並べかえましょう。

□① 誰がこの写真を撮ったか、私は知りたいです。

I want to know (who / did / this picture / took).

I want to know ＿＿＿＿＿＿＿＿＿＿＿＿＿＿＿ .

□② あの男性が誰なのか、あなたは知っていますか。

Do you know (who / is / that man / does)?

Do you know ＿＿＿＿＿＿＿＿＿＿＿＿＿＿＿ ?

□③ 誰があなたと一緒にパーティーに行ったのか、私に教えてください。

Please tell me (to the party / who / goes / went) with you.

Please tell me ＿＿＿＿＿＿＿＿＿＿＿＿＿ with you.

□④ 誰が彼を助けられるのか、私にはわかりません。

I don't know (help / him / who / is / can).

I don't know ＿＿＿＿＿＿＿＿＿＿＿＿＿＿＿ .

仮定法① wish
「〜だったらなあ、〜ならいいのに」
の表現

月　日

- **I wish I were a bird.**　私が鳥だったらいいのになあ。
- **I wish I could fly.**　飛べたらいいのになあ。

TRY!　日本文に合うように、次の語を並べかえましょう。

☐① お金持ちだったらなあ。
I (rich / wish / were / I).

I _____.

☐② 彼女のメールアドレスを知っていればなあ。
I (knew / wish / her / I) email address.

I _____ email address.

☐③ 彼が今ここにいればいいのになあ。
I (were / wish / here / he) now.

I _____ now.

☐④ 雨がやめばいいのになあ。
I (would / raining / it / stop / wish).

I _____.

☐⑤ 私に姉妹がいればなあ。
I (had / wish / sisters / I).

I _____.

☐⑥ 私がフランス語を話せたらなあ。
I (could / wish / speak / I) French.

I _____ French.

CHECK!　**I hope〜と I wish〜の違い**

I hope I <u>can</u> talk with him.（彼と話せることを願っています）→ 単なる願望
I wish I <u>could</u> talk with my cat.（自分のねこと話せたらいいのになあ）→ 非現実的な願望

「〜だったらなあ」「〜ならいいのになあ」と、ありそうもないことの願望や、現在の事実とは違うことを表すときには wish を使います。wish の後ろに現在の事実とは違うことを〈主語＋(助)動詞の過去形〜〉で表します。これを仮定法過去と言います。〈 〉内で使う be 動詞は were が基本です。現在形ではないことに注意しましょう。

1 不要な1語を除いて、日本文に合うように、語句を並べかえましょう。

☐① 彼のように速く泳げたらいいのになあ。
I (swim / were / wish / could / fast / I), like him.

I _____, like him.

☐② 彼女が私のお姉さんだったらなあ。
I (my sister / she / wish / were / had).

I _____.

☐③ 自動車を運転することができたらいいのになあ。
I (wish / would / a car / drive / could / I).

I _____.

☐④ 世界に戦争がなければいいのになあ。
(were / I / there / no war / wish / are) in the world.

_____ in the world.

> **WORD BOX**
>
> war 戦争
> [ウォーァ]
>
> vacation home 別荘
> [ヴェイケイション ホウム]

2 必要な1語を補って、日本文に合うように、語句を並べかえましょう。

☐① 私たちが別荘を持っていたらなあ。
(I / we / a vacation home / had / .)

_____

☐② 私が映画スターだったらなあ。
(I / I / a movie star / wish / .)

_____

☐③ ギターが弾けたらいいのになあ。
(play / I / I / wish / the guitar / .)

_____

☐④ そこに行かなくてもよければなあ。
(I / go / didn't / there / I / have to / .)

_____

仮定法② if
「もし～なら、…するだろうに」
の表現

- **If I were rich, I would buy it.**　もし私がお金持ちなら、それを買うでしょうに。
- **If I had my car, I could drive you home.**

もし自分の車を持っていれば、あなたを家まで送ってあげられるのに。

TRY!　日本文に合うように、次の語を並べかえましょう。

□① もし私があなたなら、ひとりでそこへ行かないでしょう。
（ you / if / were / I ）**, I wouldn't go there alone.**

_____, **I wouldn't go there alone.**

□② もし時間があれば、その場所を訪れることができるのに。
（ I / had / if / time ）**, I could visit that place.**

_____, **I could visit that place.**

□③ もし晴れていれば、ハイキングに行けるのに。
（ it / sunny / if / were ）**, I could go hiking.**

_____, **I could go hiking.**

□④ もし英語がよくわかれば、海外旅行を楽しむのに。
（ if / I / English / understood ）**well, I would enjoy traveling abroad.**

_____ **well, I would enjoy traveling abroad.**

□⑤ もし犬を飼っていれば、それのために服を作るのに。
If I had a dog,（ make / I / clothes / would ）**for it.**

If I had a dog, _____ **for it.**

CHECK!　仮定法過去の考え方

| 現在の現実 | 私は自分の車を持っていないので、あなたを家まで送ってあげられない。 |

I don't have my car, so I can't drive you home.　（現在形で表す）

| 現在の仮定 | もし自分の車を持っていれば、あなたを家まで送ってあげられるのに。 |

If I had my car, I could drive you home.　（過去形で表す仮定法過去）

「もし～なら、…するだろうに」と、現在の事実とは違うことを仮定したり、事実とは違う強い願望や要求を述べたりするには「仮定法過去」〈if＋主語＋動詞の過去形～、主語＋助動詞 (would, could など)＋動詞の原形…〉を使って表します。

1 不要な1語を除いて、日本文に合うように、語句を並べかえましょう。

☐① もし彼女の電話番号を知っていれば、彼女に電話できるのに。
（ I / know / if / her phone number / knew ）, **I could call her.**

_____, **I could call her.**

☐② もし私たちがその場所に住んでいれば、そこに自分たちのカフェを開くのに。
（ live / that place / if / lived / we / in ）, **we would open our own café there.**

_____, **we would open our own café there.**

☐③ もしそのレストランが私の家の近くにあったら、毎日そこに行くのに。
（ that restaurant / is / near / if / were / my house）, **I would go there every day.**

_____, **I would go there every day.**

☐④ もしあなたが今たくさんのお金を持っていたら、何をしますか。
（ money / if / have / you / a lot of / had ）**now, what would you do?**

_____ **now, what would you do?**

2 必要な1語を補って、日本文に合うように、次の語句を並べかえましょう。

☐① もし私があなたなら、まず彼女に会いに行くでしょう。
（ you / I / if / , ）**I would meet her first.**

_____ **I would meet her first.**

☐② もしかぜをひいていなければ、海で泳げるのに。
If I didn't have a cold, （ swim / the sea / I / in ）.

If I didn't have a cold, _____

☐③ もしもっと時間があれば、もう2、3品料理ができるのに。
（ time / if / more / I / , ）**I could cook a few more dishes.**

_____ **I could cook a few more dishes.**

☐④ もし私がたくさんお金を持っていれば、彼らのために学校を建てるのに。
If I had a lot of money, （ build / for / a school / them / I ）.

If I had a lot of money, _____ .

▶▶ 答えは別冊 p. 49

> **WORD BOX**
>
> **alone** ひとりで
> [アロウン]
>
> **go hiking** ハイキングに
> [ゴウ ハイキング] 行く
>
> **phone number** 電話
> [フォウン ナンバァ] 番号
>
> **cold** かぜ
> [コウルド]
>
> **dish** 料理
> [ディッシュ]

実力チェック❶

1 日本文に合うように、次の語句を並べかえましょう。
文中や文末の記号・符号は必要に応じてつけましょう。

☐① ここでサッカーをしてはいけません。(⇒ P.90)
　(here / play / don't / soccer)

_____

☐② ボブはよくハワイに行きます。(⇒ P.28)
　(goes / to / often / Bob / Hawaii)

_____

☐③ 彼らはどんな音楽を聴きますか。(⇒ P.54)
　(music / listen / to / what / do / they)

_____

☐④ そのねこはなんてかわいいんでしょう！(⇒ P.62)
　(how / is / that cat / cute)

_____

☐⑤ ユミはそのときピアノを弾いていたのですか。(⇒ P.98)
　(was / the piano / Yumi / playing) **then?**

_____ **then?**

☐⑥ トムは今年、北海道を訪れる予定はありません。(⇒ P.106)
　(isn't / Tom / visit / to / Hokkaido / going) **this year.**

_____ **this year.**

☐⑦ 私たちはお互いに助け合うべきです。(⇒ P.114)
　(help / should / each / we / other)

_____

☐⑧ あなたは、今日はこの部屋を掃除する必要はありません。(⇒ P.112)
　(have / clean / to / you / this / don't) **room today.**

_____ **room today.**

☐⑨ 英語を話すことは、それほど簡単ではありません。(⇒ P.138)
　(is / English / not / easy / speaking / so)

_____

2 不要な1語を除いて、日本文に合うように、次の語句を並べかえましょう。
文末の記号・符号は必要に応じてつけましょう。

□① あなたは海外へ行ったことがありますか。(⇒ P.188)
(you / to / been / have / abroad / ever)

_____

□② ①に答えて、「はい、私はカナダに2度行ったことがあります」(⇒ P.186)
Yes. (times / to / Canada / have / I / been / twice)

Yes. _____

□③ その国では何語が話されていますか。(⇒ P.178)
(that country / speaks / spoken / language / is / what / in)

_____

□④ ③に答えて、「そこでは英語とフランス語が話されています」(⇒ P.176)
(is / are / spoken / and / English / French) **there.**

_____ **there.**

3 必要な1語を補い、日本文に合うように、次の語句を並べかえましょう。
文末の記号・符号は必要に応じてつけましょう。

□① 私は彼女にそこへ行ってもらいたかったです。(⇒ P.134)
(there / go / her / I / to)

_____

□② どこでくつを脱げばよいか私に教えてください。(⇒ P.132)
Please (my shoes / take off / me / tell / to)

Please _____

□③ 私は彼にスマートフォンの使い方をたずねました。(⇒ P.130)
(him / asked / a smartphone / to / I / use)

_____

□④ 私の兄は忙し過ぎて私を手伝えませんでした。(⇒ P.136)
(too / help / my brother / busy / was / me)

_____

□⑤ 私の娘はこの事実を理解するのに十分な年齢です。(⇒ P.136)
(old / is / this fact / understand / my daughter / to)

_____

実力チェック❷

1 日本文に合うように、次の語句を並べかえましょう。
文中や文末の記号・符号は必要に応じてつけましょう。

□① これらのおもちゃは紙でつくられていません。(⇒ P.178)

（ of / made / not / these / paper / are / toys ）

_____

□② あなたにお会いできてとてもうれしいです。(⇒ P.128)

（ you / to / I / glad / very / am / see ）

_____

□③ 私の妹は疲れたようで、何も言いませんでした。(⇒ P.72，78)

（ nothing / said / tired / looked / and / my sister ）

_____

□④ 彼は一日中ずっと歩き続けています。(⇒ P.194)

（ for / been / he / has / a day / walking ）

_____

□⑤ 私はリンゴよりもオレンジのほうが好きです。(⇒ P.172)

（ like / I / oranges / than / apples / better ）

_____

□⑥ 彼はいつもお母さんが皿を洗うのを手伝います。(⇒ P.142)

（ the dishes / always / his mother / wash / helps / he ）

_____

□⑦ もし私があなたなら、そこへ行かないでしょう。(⇒ P.220)

（ you / if / I / I / were /go / wouldn't ）**there.**

_____ **there.**

□⑧ 彼は私たちにこのあたりの地図を見せてくれました。(⇒ P.74，80，196)

（ around / the map / us / showed / he / here ）

_____

□⑨ 彼女が一番好きな歌手が今歌っています。(⇒ P.210)

（ is / best / likes / the singer / singing / she ）**now.**

_____ **now.**

2 必要なら下線の語を適する形にかえ、日本文に合うように、次の語句を並べかえましょう。文末の記号・符号は必要に応じてつけましょう。

☐① ベッドで眠っている赤ちゃんを起こさないでください。(⇒ P.200)
(in / wake up / the bed / the baby / <u>sleep</u> / don't)

_____

☐② 私は彼によって書かれた小説を見つけました。(⇒ P.202)
(him / found / I / by / <u>write</u> / a novel)

_____

☐③ この絵を描いたのは誰か彼女にたずねましょう。(⇒ P.216)
(her / ask / this picture / <u>draw</u> / who / let's)

_____

☐④ 私にはシドニーに住んでいるおじがいます。(⇒ P.204)
(in Sydney / an uncle / have / I / who / <u>live</u>)

_____

3 日本文に合うように、次の語句を並べかえましょう。
文末の記号・符号は必要に応じてつけましょう。

☐① おいしい食べ物はみんなを幸せにしてくれます。(⇒ P.82)
(happy / food / everyone / makes / delicious)

_____

☐② 私の兄は電気で動く自動車を買うつもりです。(⇒ P.206)
My brother will (a car / get / on electricity / runs / which)

My brother will _____

☐③ あなたに話すべき重要なお話があります。(⇒ P.198)
(have / you / important / I / tell / something / to)

_____

☐④ これは私が今まで聞いた中で最もわくわくする曲です。(⇒ P.186, 208)
This is (music / heard / that / the most / I've / exciting / ever)

This is _____.

☐⑤ ひとりで旅をすることは私には難しいです。(⇒ P.136)
(alone / is / to / it / travel / me / for / difficult)

_____.

仕上げ問題

1 次の①〜③の対話文について、（　）内の語を意味が通るように並べかえて、答えの欄に正しい英文を完成させましょう。
ただし、文頭にくる語も小文字で示してあります。

□① **A:** （ to / how / I / can / get ）the station?

　　B: Go straight and turn right at the second corner.

　　答え _____ the station?

□② **A: Do you** （ his / where / know / house / is ）?

　　B: No, I don't.

　　答え **Do you** _____ ?

□③ **A: How was your walk around here?**

　　B: It was nice. The （ snow / was / covered / garden / with ）beautiful.

　　答え **It was nice. The** _____ **beautiful.**

2 次の①〜④の対話文について、（　）内の語句を意味が通るように並べかえて、答えの欄に正しい英文を完成させましょう。

□① **A: Our favorite baseball team won the game.**

　　B: Yes, they did. That （ made / happy / us / very / news ）.

　　答え **Yes, they did. That** _____ .

□② **A: Have you ever been to Lake Towada?**

　　B: Yes. I think it is （ place / nice / a / go / to ）camping.

　　答え **Yes. I think it is** _____ **camping.**

□③ **A: I'll be late this evening.**

　　B: That's OK, Mom. Why （ we / out / don't / go / for ）dinner?

　　答え **That's OK, Mom. Why** _____ **dinner?**

□④ **A: I** （ mother / bought / like / the watch / my ）for me last year.

　　B: It looks very nice.

　　答え **I** _____ **for me last year.**

3 次の①、②の対話文について、(　　　)内の語句を意味が通るように並べかえて、答えの欄に正しい英文を完成させましょう。

☐① **Emi's Mother: I'm sorry but Emi is out now. May I take a message?**

Laura: Thank you. (me / her / you / back / tell / could / to call)?

答え **Thank you.** _____?

☐② **Mari: I heard you like this video camera very much, right?**

Alex: Yes. (easy / it / it is / like / because / to / I) use.

答え **Yes.** _____ use.

4 次の①〜③の対話文について、(　　　)内の語を意味が通るように並べかえて、答えの欄に正しい英文を完成させましょう。

☐① **A: I** (what / don't / know / do / to) first.

B: OK. Go to the library and find some books about fine arts.

答え **I** _____ first.

☐② **A: Are you sure** (this / you / book / is / the) left on the train?

B: Of course I am. It's mine.

答え **Are you sure** _____ left on the train?

☐③ **A: Look. There are many people in that shop.**

B: It is famous (in / bikes / for / made / selling) France.

答え **It is famous** _____ France.

解きながら思い出す
中学英文法

2023年 3月2日　初版第1刷発行
2024年12月2日　初版第5刷発行

カバー・本文デザイン	南 彩乃 (細山田デザイン事務所)
カバー・本文イラスト	角 裕美
監修	明石 達彦 (江戸川区立西葛西中学校教諭)
編集協力	日本アイアール株式会社
組版	株式会社エヌ・オフィス
英文校正	Kathryn Oghigian
発行人	泉田 義則
発行所	株式会社くもん出版
	〒141-8488
	東京都品川区東五反田2-10-2
	東五反田スクエア11F
電話	代表 03-6836-0301
	編集 03-6836-0317
	営業 03-6836-0305
ホームページ	https://www.kumonshuppan.com/
印刷・製本	三美印刷株式会社

解きながら
思い出す

中学
英文法

別冊解答

01
pp. 4-5　a, an をつける名詞とつけない名詞

TRY!
① a box
② an orange
③ a dog
④ an ant
⑤ a piano
⑥ an animal

1
① a pen
② an octopus
③ × water
④ × music

2
① an umbrella
② air
③ a bus
④ an egg

考え方
aやanは「1つの」という意味だが、文の中で訳すときは、「1つの」を省略してもよい。
母音で始まる単語の前はaではなく、anがつくことに注意。

02
pp. 6-7　2つ以上のものの表現

TRY!
① two dogs
② a letter
③ three oranges
④ many friends
⑤ an umbrella
⑥ some computers

1
① two eggs
② ten pencils
③ ten dishes

2
① four watches
② many books
③ some cities
④ five boxes

考え方
① watchをwatchesにかえる。
② manyは「たくさんの」と複数を表すときに使うので、bookをbooksにかえる。
③ cityのように、語尾が〈子音字(a, i, u, e, o以外)＋y〉のような場合は、yをiにかえてから、-esをつける。
④ boxは-esをつけて、boxesとする。

【変化しない名詞】
・fish（魚）→ fish
・sheep（羊）→ sheep

【不規則に変化する名詞】
・child（子供）→ children
・man（男性）→ men
・woman（女性）→ women
・foot（足）→ feet

【複数形にしない（数えられない）名詞】
・地名、人名など… Japan / Tokyo / Ken
・言語、教科、スポーツ名など…Japanese English / music / baseball / tennis
・液体など… water / milk / juice / tea coffee
・その他… money / time / paper

03
pp. 8-9　「私の〜」「あなたの〜」の表現

TRY!
① my notebook
② your car
③ his ball
④ my hand
⑤ her cat

⑥ our room

1
① my father
② your mother
③ our friend
④ his brother

2
① your bag
不要な1語は**a**
② her book
不要な1語は**my**
③ my apple
不要な1語は**an**
④ his hand
不要な1語は**our**

【人称代名詞の所有格】

	単数	複数
1人称	my	our
2人称	your	your
3人称	his / her / its / Ken's	their

04
pp. 10-11　形容詞+名詞

TRY!
① a camera
② an old camera
③ a tall boy
④ a new bike
⑤ an interesting movie
⑥ a big house

1
① a picture
② a nice picture
③ a big tree
④ a small cat

2
① an old book
不要な1語は**a**
② a long pencil

不要な1語は**short**（短い）
③ a blue car
不要な1語は**red**（赤）
④ an interesting book
不要な1語は**a**

考え方
① 形容詞の**old**が母音で始まるので、**an**を使う。
④ 形容詞の**interesting**が母音で始まるので、**an**を使う。

05
pp. 12-13　代名詞+形容詞+名詞

TRY!
① my food
② my favorite food
③ Ken's book
④ Ken's new book
⑤ our car
⑥ our cool car

1
① a baseball player
② a famous baseball player
③ a new English teacher
④ their new English teacher

2
① my new English book
② our good baseball coach
③ my new Japanese friend
④ Keiko's old English notebook

06
pp. 14-15　「私は〜です」
「あなたは〜です」の表現

TRY!
① I am Takeshi.
② I am Kate.
③ You are Sakura.
④ You are Tom.
⑤ We are sisters.
⑥ Jun and I are brothers.

1

① I am Ken.
② You are Yuko.
③ I am a nurse.
④ You are from **Kyoto**.

2

① We are doctors.
不要な1語は **am**
② I am a doctor.
不要な1語は **are**
③ Tom and I are from **Okinawa**.
不要な1語は **am**
④ You and I are friends.
不要な1語は **am**

考え方

Tom and I や **You and I** のように、**I** があると、続く語は **am** ではと思ってしまうかもしれないが、「トムと私」「あなたと私」は複数なので、続く語は **are** となることに注意。
I am は **I'm**、**You are** は **You're** という短縮形がよく使われる。

07
pp. 16-17 「これは〜です」「あれは〜です」の表現

TRY!
① That **is your bike**.
② This **is a big apple**.
③ This **is a very tall building**.
④ That **is my red car**.
⑤ That **is our big dog**.
⑥ This **is Ken's new book**.

1

① This is my old camera.
② That is Yoko's big dog.

2

① This is Mr. Green.
② That is my old piano.
③ That is his long umbrella.
④ This is my father's new watch.

考え方

this には「この」、**that** には「あの」という意味もあり、**this desk**（この机）、**that desk**（あの机）のようにも使う。

08
pp. 18-19 「彼は〜です」「彼女は〜です」の表現

TRY!
① She **is very kind**.
② He **is 35**.
③ He **is always busy**.
④ She **is tall**.
⑤ She **is a good cook**.
⑥ He **is a rock singer**.

考え方

② 年齢を表している 35 は **thirty-five** と読む。
各文の日本語訳は以下の通り。
① こちらは私の母のキョウコです。
　彼女はとてもやさしいです。
② あちらは私の兄〔弟〕のヨシオです。
　彼は35歳です。
③ こちらは私の父のジュンイチです。
　彼はいつも忙しいです。
④ あちらは私の娘のミカです。
　彼女は背が高いです。
⑤ こちらは私の祖母のフネです。
　彼女は料理が上手です。
⑥ あちらは私の息子のケンです。
　彼はロックシンガーです。

1

① She is eighteen.
② He is very cool.
③ He is a soccer player.
④ She is my old friend.

2

① He is very kind.
② She is Mika's friend.
③ He is busy every day.
④ She is our good teacher.

Mr. は男性の姓の前につけて、「～さん」を表す。

Ms. は女性の姓の前につけて、「～さん」を表す。

Mrs. の場合は結婚している女性の姓の前につけて、「～さん、～夫人」を表す。

He is は He's、She is は She's という短縮形もよく使われる。

各文の日本語訳は以下の通り。

① こちらはトムです。
　彼はとてもやさしいです。

② こちらはヨウコです。
　彼女はミカの友達です。

③ こちらはグリーンさんです。
　彼は毎日忙しいです。

④ こちらはヨシダさんです。
　彼女は私たちのよい先生です。

09 「～します」などの表現
pp. 20-21

TRY!

① I walk.

② You sing.

③ I study French.

④ You like table tennis.

⑤ I go to that supermarket every day.

⑥ I know that woman.

1

① I play the piano.

② You play the guitar every day.

③ I watch TV every day.

2

① I sing a song in the park.

② You speak English very well.

③ You go to the park every morning.

④ I read books every day.

考え方

be動詞以外のすべての動詞は一般動詞。

1つの文には動詞は1つ。be動詞と一般動詞のどちらかを使う。

10 「(I, you 以外が)～します」というときの表現
pp. 22-23

TRY!

① Mary watches TV every morning.

② She likes music.

③ You play the violin well.

④ Tom goes to the park every day.

⑤ He uses a computer.

⑥ Akira studies every day.

1

① She watches a movie with Tom.

② The dog plays with me.

③ Jim and I play table tennis together.

④ Jane likes cars very much.

2

① Yuko speaks French.

② They play soccer.

③ Takashi studies English hard.

④ The desk has four legs.

考え方

① speak に -s をつける。

② they は複数なので、動詞に -s, - es はつけない。

③ study の y を i にかえ、-es をつける。

④ the desk は単数の主語なので、have をかえる。have は語尾に -s がつくのではなく、has になる。

【3人称単数とは】

	単数	複数
1人称	I	we
2人称	you	you
3人称	自分と相手以外 he / she / Ken / it / this book	自分と相手以外 they / Ken and Yuji / these books

3人称単数のときは、動詞に -s, -es をつける。

11 kind や interesting を使う文
pp. 24-25

TRY!

① Japanese is easy.
② English is difficult.
③ Tom is kind.
④ It is cloudy **today**.
⑤ This movie is interesting.
⑥ The wind is strong **today**.

1

① It is fine **today**.
② Yumi is kind.
③ English is easy **for him**.
④ The book is interesting **to me**.

2

① It is rainy **today**.
② This game is interesting.
③ Cooking is easy for her.
④ This English book is difficult.

考え方

形容詞は、主語＋**be**動詞の後ろでも使う。
形容詞だけなら、**a**や**an**はつかないので注意。
× **Tom is a kind.**

【be動詞のまとめ】
・**be**動詞の使い分け
I → **am**
youと複数 → **are**
それ以外 → **is**
・**be**動詞の文のルール
肯定文……主語＋**be**動詞 〜.
疑問文……**be**動詞＋主語 〜?
否定文……主語＋**be**動詞＋**not** 〜.

12 副詞
pp. 26-27

TRY!

① He eats well.
② They work hard.

③ The cat is very cute.
④ The dog is really small.
⑤ Yoko gets up early.
⑥ My mother walks fast.

考え方

① 副詞**well**は「上手に、うまく」のほかに、「よく、十分に」という意味でも使われる。

1

① He sings well.
② I play table tennis hard.
③ Tom is very kind.
④ This movie is very interesting.

2

① I go <u>there</u>.
② She is <u>really</u> beautiful.
③ Emi speaks English <u>well</u>.
④ He does it <u>easily</u>.

13 頻度を表す副詞の位置
pp. 28-29

TRY!

① Ann sometimes works.
② They are always busy.
③ You are always beautiful.
④ I usually get up at seven.
⑤ She often cleans **her room**.
⑥ My husband usually makes breakfast **on Sundays**.

【頻度を表す副詞】
always（いつも）、**usually**（たいてい）、
often（よく、しばしば）**sometimes**（ときどき）

1

① He is <u>always</u> busy.
② Mary <u>sometimes</u> plays the piano.
③ Bob <u>often</u> goes to Hawaii.
④ I <u>usually</u> go to bed at eleven.

2

① I <u>usually</u> get up at eight.

② My father <u>often</u> visits Kyoto.

③ He is <u>always</u> free on Tuesdays.

④ John <u>sometimes</u> goes to the river.

考え方

副詞は、動詞や形容詞などを修飾する語のこと。

I work <u>hard</u>.（私は<u>一生懸命</u>働く）

I'm busy <u>now</u>.（私は<u>今</u>忙しい）

この回で学習したような頻度を表す副詞は、ふつう一般動詞の前、**be**動詞の後ろに置かれる。

14 pp. 30-31 まとめ be動詞と一般動詞

TRY!

① My daughter is a student.

② She likes math.

③ Mike is famous.

④ He reads many books.

⑤ I know his son.

⑥ He is very cool.

1

① My sister makes lunch **every day**.

　不要な1語は **is**

② I use this notebook.

　不要な1語は **am**

③ I am John's sister.

　不要な1語は **like**

④ This umbrella is yours.

　不要な1語は **have**

考え方

①「～をつくる」なので、一般動詞**makes**を使う。

②「～を使う」なので、一般動詞**use**を使う。

③「私は～です」なので、Iに続くのは**be**動詞の**am**。

④「この傘は～です」なので、**This umbrella**に続くのは**be**動詞の**is**。

2

① You <u>clean</u> your room **every week**.

② He <u>is</u> a famous swimmer.

③ He <u>plays</u> *shogi* very well.

④ They <u>are</u> popular basketball players.

15 pp. 32-33 「あなたは～ですか」の表現

TRY!

① Are you Yumi?

② Are you a teacher?

③ Are you from **China**?

④ Yes, I am.

⑤ Are you a doctor?

⑥ No, I'm not.

1

① Are you a baseball **fan**?

② Are you an English **teacher**?

③ Yes, I am.

④ Are you from Korea?

2

① Are you from **New York**?

　不要な1語は **a**

② Are you a tennis fan?

　不要な1語は **am**

③ Are you a Japanese teacher?

　不要な1語は **an**

④ No, I'm not.

　不要な1語は **am**

考え方

疑問文の最後には必ずクエスチョンマーク「**?**」をつけることを忘れないように。

また、疑問文に答えるとき、**No, I'm not.** と短縮形を使って答えることができるが、**Yes, I'm.** とは言わず、**Yes, I am.** と答えることに注意。

16 pp. 34-35 「～ではありません」の表現

TRY!

① I am not Yoko.

② We are not **friends**.

③ You are not **a** doctor.

④ **They** are not from **Australia.**

⑤ **I** am not a teacher.

⑥ **You** are not a baseball fan.

1

① **You** are not Yuji.

② **I** am not a singer.

③ **We** are not brothers.

④ **They** are not from Canada.

2

① I am <u>not</u> twenty.

② We are <u>not</u> singers.

③ They are <u>not</u> sisters.

④ You are <u>not</u> from Japan.

付け加える１語はすべて **not**

考え方

I am not 〜. は短縮形を使い、
I'm not 〜. とすることもできる。
You are not 〜. の短縮形には２通りある。
You're not 〜. You aren't 〜. のどちらの形
を使ってもよい。

17
pp. 36-37 ｜ 「これは（あれは）〜ですか」の表現

TRY!

① Is this **your notebook?**

② Is that **a hospital?**

③ Is that **your favorite book?**

④ Yes, it is.

⑤ Is this **his bike?**

⑥ No, it isn't.

1

① Is this Emiko's bag?

② Is that your cat?

③ Is this her computer?

④ Is that a big park?

2

① Is that a station?

② Yes, it is.

③ Is this your pencil?

④ No, it isn't. [No, it is not.]

考え方

Is this 〜? の答え方で、**this**を使って**Yes,**
this is. と答えてしまうまちがいが多い。**this**や
thatを**it**にして答えること。

18
pp. 38-39 ｜ 「彼は（彼女は）〜ですか」の表現

TRY!

① Is she a nurse?

② Is he kind?

③ Is she tall?

④ Is he a baseball player?

⑤ Is she a famous pianist?

⑥ Is he fifty years old?

1

① Is she from Canada?

② Yes, she is.

③ Is he a famous cartoonist?

④ No, he is not.

2

① Is he happy **now?**

② Is she hungry **now?**

③ Is she an English teacher?

④ Is he a famous cook?

考え方

いずれも答えの文に**be**動詞が使われているの
で、疑問文は**be**動詞を文頭に置き、それに
主語を続ける形にする。
問答文の日本語訳は以下の通り。

① 彼は今幸せですか?
　　―はい。彼は今とても幸せです。

② 彼女は今おなかがすいていますか。
　　―いいえ。彼女は今おなかがいっぱいで
す。

③ 彼女は英語の先生ですか。
　　―いいえ。彼女は数学の先生です。

④ 彼は有名な料理人ですか。
　　―はい。彼は有名な料理人です。

19
pp. 40-41
「これは(彼・彼女は)～では
ありません」などの表現

TRY!

① This is not **my computer**.

② She is not **Tom's sister**.

③ That is not **my mother's apron**.

④ He is not **my uncle**.

⑤ He is not **in Tokyo**.

⑥ Jane is not **in the kitchen**.

1

① He is <u>not</u> a doctor.

② Mary is <u>not</u> from America.

③ She is <u>not</u> in the park.

④ Koji is <u>not</u> a Junior high school teacher.

2

① I'm not a cook.

② He isn't from Tokyo.

　別解　He's not from Tokyo.

③ She isn't a doctor.

　別解　She's not a doctor.

④ This isn't a Japanese book.

考え方

① I am を I'm に短縮する。

②③④ is not を isn't に短縮する。

【短縮形のまとめ】

・I am　→　I'm

・he is　→　he's

・she is　→　she's

・that is　→　that's

・it is　→　it's

・you are　→　you're

・we are　→　we're

・they are　→　they're

・is not　→　isn't

・are not　→　aren't

20
pp. 42-43
「あなたは～しますか」の表現

TRY!

① Do you like oranges?

② Do you play **the piano**?

③ Do you have **a bike**?

④ Yes, I do.

⑤ Do you read a book **every day**?

⑥ No, I don't.

1

① Do you have a computer?

② Yes, I do.

③ Do you use this pen?

④ No, I don't.

2

① Do you usually sing a song **in the park**?

② Yes, I do.

③ Do you sometimes eat sushi?

④ Do you study English every day?

考え方

一般動詞の疑問文 **Do you ～?** を be 動詞の
疑問文 **Are you ～?** と混同しないように注意。
usually, sometimes などの副詞は、ふつう一
般動詞の前に置かれる。

21
pp. 44-45
「～しません」
「～ではありません」の表現

TRY!

① I don't play **the piano**.

② You don't eat **meat**.

③ We don't have **a car**.

④ They don't clean **the living room**.

⑤ You don't read **newspapers**.

1

① I don't drive.

② You don't eat lunch **today**.

③ We don't speak French.

④ They don't go to the park **today**.

2

① I **don't** have an umbrella.

② We **don't** want books.

③ You **don't** ride a bike.

④ They **don't** play tennis after lunch.

考え方

don't は **do not** の短縮形。

【一般動詞のまとめ】

・一般動詞の文のルール

肯定文……主語＋一般動詞 〜.

否定文……主語＋**do not[don't]** ＋

一般動詞（原形）〜.

疑問文……**Do** ＋主語＋

一般動詞（原形）〜**?**

22
pp. 46-47　「彼は（彼女は）〜しますか」の表現

TRY!

① **Does** your son like baseball?

② **Does** your cat eat fish?

③ **Yes,** it does.

④ **Do** they go to the library?

⑤ **Does** Eri use a computer?

⑥ **No, she** doesn't.

⑦ **Eri** doesn't **use a computer.**

1

① **Does** Emi speak English?

② **Does** Ken live in Tokyo?

③ **No, he** does not.

④ **Mr. Jones** does not speak Japanese.

2

① **Does** Yuta enjoy shopping?

不要な1語は **enjoys**

② They **don't** take a walk.

不要な1語は **doesn't**

③ **Does** Kimiko want a new racket?

不要な1語は **wants**

④ **Yes, she** does.

不要な1語は **not**

【主語が3人称単数のとき】

・一般動詞の文のルール

肯定文……主語＋**-s** をつけた一般動詞 〜.

疑問文……**Does** ＋主語＋

一般動詞（原形）〜**?**

否定文……主語＋**does not[doesn't]** ＋

一般動詞（原形）〜.

23
pp. 48-49　「いくつありますか」とたずねる表現

TRY!

① **How many books** do you have?

② **How many birds** do you have?

③ **How many boxes** do you need?

④ **How many English songs** do you know?

⑤ **How many TV dramas** do you watch?

1

① **How many** oranges do you eat?

② **How many** desks do they use?

③ **How many** stars do you know?

④ **How many** notebooks do you have?

2

① **How many** coins do you have?

② **How many** children do they have?

③ **How many** fish do you buy?

④ **How many** books do they read a month?

考え方

③ **fish** は、単数形も複数形も同じ形。

名詞は **How many** のすぐ後ろに置く。

water や **money** などの数えられない名詞には

How much 〜? を使う。このときは数えられない名詞なので、複数形にはならない。

24
pp. 50-51　「誰ですか」「どんな人ですか」とたずねる表現

TRY!

① **Who is he?**

② **Who are you?**

③ **Who is Tsutomu?**

④ **Who are they?**

⑤ Who am I?

⑥ Who plays **baseball?**

考え方

「誰ですか」「どんな人ですか」と人についてた
ずねるときは、**who**を使う。

1

① Who is that woman?

② Who is the man over **there?**

③ Who is your coach?

④ Who is that tall boy?

2

① Who likes him?

② Who wants the bag?

③ Who talks to you?

④ Who goes shopping with you?

25
pp. 52-53　「あなたは何を〜しますか」の表現

TRY!

① What do you **do in the morning?**

② What does Jim **eat for lunch?**

③ What do they **study in the afternoon?**

④ What does she **have in her hand?**

⑤ What do you **read on the train?**

1

① What do you eat for **breakfast?**

② What do you do on Sunday?

③ What does he do in the park?

④ What does your mother cook for **lunch?**

考え方

②の後ろの**do**と③の**do**は、「する」という意味
の動詞。

2

① What do you <u>want</u> for **your birthday?**

② What do you <u>think</u> about **it?**

③ What does he <u>need?</u>

④ What does Mary <u>have?</u>

26
pp. 54-55　「あなたは何の（どんな）〜が好きで
すか」などの表現

TRY!

① What fruit **does he like?**

② What book **do you read?**

③ What food **do you eat?**

④ What TV program **does she watch?**

⑤ What music **do they listen to?**

⑥ What color **do you like?**

1

① What <u>songs</u> does he sing?

② What <u>animals</u> do you know?

③ What <u>picture</u> does she paint?

④ What <u>fruit</u> does Mary want?

2

① What magazine do you read?

② What shop does he know?

③ What movies does she watch?

④ What languages do they study?

考え方

× **What do you like sports?** や

× **What's sports do you like?** などのミスを
　しやすいので注意。

〈**What**＋名詞〉で文を始め、そのあとに**do**
[**does**]＋主語＋動詞 〜**?** の疑問文を続ける。

27
pp. 56-57　「AとBではどちらが〜ですか」の表現

TRY!

① Which do you **use, a pen or a pencil?**

② I use a pencil.

③ Which is your **favorite, oranges or apples?**

④ Apples are.

⑤ Which does Aki **learn, English or Korean?**

⑥ She learns English.

1

① **Which is** your sister, Yoko or Sayoko?

② Sayoko is.

③ **Which** do you want, water or juice?

④ I want water.

2

① Which <u>do</u> you like, soccer or baseball?
② Which <u>is</u> your favorite team, the Giants or the Tigers?
③ Which do you need, a car <u>or</u> a bike?
④ I <u>need</u> a car.

考え方

A or Bがない文もある。
Which is your car?（どちらがあなたの車ですか）
答え方で**The red one is.**（赤いのです）のように、前に出た**car**の繰り返しを避けるために**one**を使うこともよくある。

28
pp. 58-59 「どこで～ですか」「いつ～ですか」の表現

TRY!

① Where do you go **every day**?
② Where does she come **from**?
③ Where is your house?
④ When does he go **there**?
⑤ When does Yuji come **here**?
⑥ When is the meeting?

1

① <u>When</u> does Yuji wash his car?
② <u>Where</u> does he read books?
③ <u>Where</u> do they have lunch?
④ <u>When</u> do you go to work?

2

① <u>Where</u> is your office?
② <u>When</u> is the summer festival in your **town**?
③ <u>When</u> do you come to Japan?

考え方

「どこ」をたずねるときは**Where**、「いつ」をたずねるときは**When**を使う。どちらもその後ろは、疑問文の語順を続ける。
各文の日本語訳は以下の通り。
①あなたの会社はどこですか。

②あなたの町の夏祭りはいつですか。
③あなたはいつ日本へ来ますか。

29
pp. 60-61 「誰のものか」をたずねる表現

TRY!

① Whose **bag** is this?
② It is Ken's.
③ Whose **bike** is that?
④ It is mine.
⑤ Whose **shoes** are they?
⑥ They are Kumi's.

1

① Whose caps are those?
② They are mine.
③ Whose notebooks are these?
④ They are Yumi's.

2

① <u>Whose</u> shoes are those?
② They are <u>Yoko's</u>.
③ <u>Whose</u> ticket is this?
④ <u>It</u> is Takeshi's.

考え方

各文の日本語訳は以下の通り。
① あれらは誰のくつですか。
② それらはヨウコのものです。
③ これは誰の切符ですか。
④ それはタケシのものです。
「私のもの」「彼のもの」などを1語で表す代名詞（所有代名詞）は**Whose ～?** の文への答えでよく使われる。
・**mine**（私のもの）
・**ours**（私たちのもの）
・**yours**（あなたのもの、あなたたちのもの）
・**his**（彼のもの）
・**hers**（彼女のもの）
・**theirs**（彼らのもの、彼女らのもの）
・**John's**（ジョンのもの）

30
pp. 62-63
「なぜ～ですか」「～はどんな状態ですか」「なんて～でしょう！」などの表現

TRY!
① Why are you sad?
② How do you go **there?**
③ How is your family?
④ What a cute cat that is!
⑤ How cute that cat is!
⑥ How early Mr. Smith gets up!

1
① <u>How</u> is Ms. White?
② <u>Why</u> do you drink it **every day?**
③ <u>How</u> does Mary cook that fish?
④ <u>Why</u> are they so angry?

2
① <u>How</u> big your cat is!
② <u>How</u> fast Bob swims!
③ <u>What</u> a large house they live in!
④ <u>How</u> tall those buildings are!

考え方
感嘆文
① 「なんて大きいんでしょう」なので、形容詞の「大きい」を表す**big**の前に**how**を置き、**How big ～!** とする。
② 「なんて速く～」なので副詞の「速く」を表す**fast**の前には**how**を置き、**How fast ～!** とする。
③ 「なんて広い家～」なので**a large house**の前に**what**を置く。**house**の後ろには「彼らは～に住んでいる」**they live in**を続ける。
④ 「なんて高い～」なので、形容詞の「高い」を表す**tall**の前に**how**を置き、**How tall ～!** とする。

31
pp. 64-65
「～でした」の表現

TRY!
① I was **busy last year.**
② He was **free yesterday.**
③ It was **rainy yesterday.**
④ They were **famous two years ago.**
⑤ Tom was **a police officer three years ago.**
⑥ Ken and I were **popular a few years ago.**
⑦ My cats were **in the garden this morning.**

1
① They <u>were</u> sad then.
② You and I <u>were</u> tired **yesterday.**
③ It <u>was</u> cloudy this **morning.**
④ My mother <u>was</u> a doctor three years **ago.**

2
① The shoes were very old.
　不要な1語は **was**
② My parents were young **then.**
　不要な1語は **was**
③ It was 2000 yen last week.
　不要な1語は **were**
④ The game was very exciting.
　不要な1語は **were**

考え方
be動詞の過去形は、**was**と**were**の2種類。**am**と**is**の過去形はどちらも**was**となる。**were**は**are**の過去形なので、**were**を使うのは、主語が**you**や複数のときである。

32
pp. 66-67
「～でしたか」の表現

TRY!
① Were **you a student last year?**
② Yes, I was.
③ Was **she tired yesterday?**
④ No, she wasn't.
⑤ It wasn't **cold in Tokyo last week.**
⑥ These rooms **weren't clean yesterday.**

考え方
be動詞の現在の疑問文では**be**動詞で文を始めるのと同じように、過去の疑問文でも**was**や**were**で文を始める。
Was ～? や **Were ～?** の文には、**Yes / No**とともに、**was**や**were**を使って答える。

be動詞の過去の否定文は**was**か**were**の後ろに**not**を入れる。

1
① Was he rich five **years ago**?
② Were you hungry this **morning**?
③ Yes, I **was**.
④ They weren't students last **year**.

2
① <u>Was</u> it cool in Kyoto last week?
② No, it <u>wasn't</u>.
③ <u>Were</u> you sick last month?
④ Those stories <u>weren't</u> interesting to me.

> **考え方**
> ②④ 1語で表す必要があるので、それぞれ短縮形の**wasn't**と**weren't**という形を追加の1語とする。

33
pp.68-69 「～しました」の表現

▶ **TRY!** ▶
① I listened to music **last night**.
② She helped her mother **this morning**.
③ My father went to Osaka **last month**.
④ Ann came to my house **yesterday**.

1
① I helped **my father yesterday**.
② **Yoko** used this computer **this morning**.
③ **Takeshi** enjoyed the game **last night**.

2
① Sakura <u>studied</u> English **last night**.
② You <u>read</u> many books **last month**.
③ I <u>had</u> a nice day **yesterday**.
④ I <u>met</u> Yoko **last month**.

【過去を表す語句】
・**yesterday**（昨日）
・**then**（そのとき）
・**last night**（昨夜）
・**last week**（先週）
・**last month**（先月）
・**last year**（去年）
・**last Monday**（この前の月曜日に）
・**an hour ago**（1時間前に）
・**two days ago**（2日前に）
・**a week ago**（1週間前に）
・**ten years ago**（10年前に）

【**-d**だけをつける動詞】
・**live**（住む）→ **lived**
・**use**（使う）→ **used**

【**y**を**i**にかえて**-ed**をつける動詞】
・**study**（勉強する）→ **studied**
・**carry**（運ぶ）→ **carried**

【最後の文字を重ねて**-ed**をつける動詞】
・**stop**（止める）→ **stopped**
・**drop**（落とす）→ **dropped**

【不規則動詞】
・**go**（行く）→ **went**
・**take**（取る）→ **took**
・**come**（来る）→ **came**
・**see**（見える）→ **saw**
・**hear**（聞こえる）→ **heard**
・**put**（置く）→ **put**
・**say**（言う）→ **said**
・**read**（読む）→ **read**
・**get**（得る）→ **got**
・**write**（書く）→ **wrote**
・**have**（持つ）→ **had**
・**eat**（食べる）→ **ate**
・**make**（つくる）→ **made**
・**do**（する）→ **did**
・**know**（知っている）→ **knew**
・**meet**（会う）→ **met**

34 pp. 70-71 「～しましたか」「～しませんでした」 の表現

TRY!

① Did you eat *natto* this morning?

② Did you call me **yesterday?**

③ Yes, I did.

④ No, I didn't.

⑤ My son didn't walk to school **yesterday.**

⑥ He didn't know that.

1

① <u>Did</u> you listen to music **last night?**

② Did he <u>live</u> in Tokyo **last year?**

③ No, he <u>didn't</u>.

④ I <u>didn't</u> go to bed early **yesterday.**

2

① Did you talk with **Kenji yesterday?**
不要な1語は **do**

② Did Lucy clean her house **last week?**
不要な1語は **cleaned**

③ No, she didn't.
不要な1語は **doesn't**

④ I didn't go shopping **last Sunday.**
不要な1語は **went**

考え方

過去の疑問文・否定文では動詞は原形にする。

× **Did you played ～?**

現在の文では、主語によって**Do**と**Does**を使い分けたが、過去の文では、主語が何であっても**Did**を使う。

$$\text{Did} + \left\{ \begin{array}{l} \textbf{you} \\ \textbf{he / she / it } など \\ \textbf{they } など \end{array} \right\} + 動詞の原形 ～?$$

35 pp. 72-73 「～に見える」「～になる」の表現

TRY!

① Yoko looks tired.

② Kenji looks **happy.**

③ He became **famous.**

④ Do I look **young?**

⑤ Does Tom look **busy?**

⑥ Did your son become **a nurse?**

1

① Does Kate look young?

② Jim does not look sad.

③ The soccer players became excited.

④ When did he become a doctor?

2

① The cake <u>looks</u> delicious.

② Did the room <u>become</u> clean?

③ The book doesn't <u>look</u> interesting.

④ That man <u>became</u> very rich.

考え方

A look B は「**A**は**B**に見える、～のようだ」で、**B**には形容詞がくる。

A become B は「**A**は**B**になる」で、**B**には名詞がくることも形容詞がくることもある。

36 pp. 74-75 「～に…を与える」などの表現

TRY!

① I sent her **a letter.**

② He bought me **some cookies.**

③ **Mr. Bell** asked me **some questions.**

④ I teach Tom **Japanese.**

⑤ I showed him **my passport.**

⑥ She didn't tell me **her name.**

1

① He wrote Mary a letter.

② I told him my age.

③ I sent my parents some food.

④ My father showed me some pictures.

2

① I <u>gave</u> him my business card.

② Ann <u>taught</u> us English **yesterday.**

③ She didn't <u>ask</u> me that question.

④ My father <u>bought</u> my son a hat.

①⑥は 〈**S＋V**〉 の第1文型。
②③④⑤は 〈**S＋V＋C**〉 の第2文型。
③「～そうだ → ～に見える」で **look**。
⑤ **became[become]**「～になった〔なる〕」は、第2文型でよく使われる一般動詞。

1
① She <u>looked</u> tired **then.**
② My brother <u>lives</u> in Nagoya.
③ He <u>came</u> an hour ago.
④ My brother <u>became</u> a scientist.

考え方
① 第2文型。「～の状態に見える」は 〈**look**＋形容詞〉で表す。
② 第1文型で一般動詞の現在形を補う。
③ 第1文型で一般動詞の過去形を補う。
④ 第2文型。「～（の職業など）になる」は 〈**become**＋名詞〉で表す。

2
① He got very angry **yesterday.**
　不要な語は **looked**
② She didn't look sad.
　不要な語は **sadly**
③ This soup tastes good.
　不要な語は **smells**
④ The story sounds very interesting.
　不要な語は **is**

考え方
① 第2文型で「～（の状態に）なる」は 〈**get**＋形容詞〉で表す。ここでは **get** を **got** と過去形にする。
② **sadly** は副詞で「悲しそうに」の意味。第2文型で「～のように見える」は 〈**look**＋形容詞〉で表す。
③ **smell** は第2文型で「～のにおいがする」を表すときに使う。（ ）内の語句から、「おいしいです」は「よい味がします」と考え、「～の味がする」の意味を表す動詞 **taste** を使い、〈**taste**＋形容詞〉で **tastes good** とす

考え方
① 「**A** に **B** をあげる」は **give A B**。「あげた」なので過去形 **gave** とする。
② 「**A** に **B** を教える」は **teach A B**。「教えてくれた」なので過去形 **taught** とする。つづりに注意。
③ 「～しませんでした」なので **didn't** を動詞の前に置く。「私にその質問をする」の部分は **ask me that question** となり、**ask** を選ぶ。
④ 「**A** に **B** を買う」は **buy A B**。「買った」なので過去形の **bought** にする。つづりに注意。

37 「～を…と呼ぶ」などの表現
pp. 76-77

TRY!
① I call him **Taro.**
② We named the cat **Tama.**
③ He found it **difficult.**
④ Do you call him **Takeshi?**
⑤ I found the test **easy.**
⑥ Do you keep your room **clean?**

1
① We call this temple **Kinkaku-ji.**
② We named the robot **May.**
③ Did you keep the park **beautiful?**
④ Did you find the question **difficult?**

2
① I <u>call</u> my sister Nao-chan.
② What do you <u>call</u> her?
③ Did you <u>find</u> him hungry?
④ How do you <u>keep</u> these vegetables fresh?

38 5文型
pp. 78-79 〈**S＋V**〉 〈**S＋V＋C**〉

TRY!
① Everyone laughed **then.**
② They are **busy.**
③ They look **busy.**
④ The singer was **famous.**
⑤ The singer became **famous.**

る。

④ 第2文型で、「～のようだ」は〈sound＋
形容詞〉で表す。

39 5文型
pp. 80-81 〈S＋V＋O〉 〈S＋V＋O＋O〉

TRY!

① **My mother grows flowers.**
② **Mr. Smith teaches us music.**
③ **Mr. Smith teaches music to us.**
④ **He cooked his brother breakfast.**
⑤ **He cooked breakfast for his brother.**

考え方

①③⑤は〈S＋V＋O〉の第3文型。
②④は〈S＋V＋O＋O〉の第4文型。
②と③、④と⑤はほぼ同意の文だが、書きか
えるときの前置詞は**to, for**と異なることに注
意。

1

① **Ken** watches **TV every night.**
② **My father** bought[got] **two tickets.**
③ **My father** bought[got] **us two tickets.**
④ **My mother** gave **him some flowers.**

考え方

① 第3文型で、一般動詞の3人称単数・現
在形「～を見る」の**watches**を補う。
② 第3文型で、一般動詞の過去形「～を買っ
た」の**bought**または**got**を補う。
③ 第4文型で、ここも一般動詞の過去形
boughtまたは**got**を補う。2つの目的語が
〈人＋物〉の順番になることに注意。
④ 第4文型で、一般動詞の過去形「～をあ
げた」の**gave**を補う。ここも2つの目的語
が〈人＋物〉の順番になる。

2

① **Did he ask you a question?**
② **He showed me some photos.**
③ **I told them an interesting story.**
④ **He sent a present to her.**

考え方

① 「彼は～しましたか」は**Did he ～?**で、
「あなたに質問する」⇒「人に物をたずねる」
は第4文型〈**ask**＋人＋物〉で表す。
② 「人に物を見せる」は第4文型〈**show** ＋
人＋物〉で表す。「～を見せた」なので
showedとなる。
③ 「人に物を話す」は第4文型〈**tell**＋人＋物〉
で表す。「～を話した」なので**told**となる。
④ 与えられた語に**to**があるので、「人に物を
送る」を第3文型の〈**send**＋物＋**to**＋人〉
で表す。**sent**は**send**の過去形。

40 5文型
pp. 82-83 〈S＋V＋O＋C〉

TRY!

① **We call the dog Shiro.**
② **They call the boy Ken.**
③ **We named our daughter Aya.**
④ **The book makes him happy.**
⑤ **The story made me sad.**
⑥ **The news made them glad.**

1

① **Her friends** call **her Aki.**
② **They** named **their first son Jim.**
③ **Her laugh always** makes **me surprised.**
④ **She** made **me a nice hat.**

考え方

① 第5文型で「～を…と呼ぶ」というときの動
詞は**call**を使う。
② 第5文型で「～を…と名づける」というとき
の動詞は**name**を使う。「名づけた」なの
で**named**とする。
③ 「私を驚かせる」は「私を驚いた状態にする」
と考える。第5文型で「～を…にする」とい
うときの動詞は**make**を使う。主語が**Her
laugh**と3人称単数なので、**makes**とする。
④ 「人に物をつくる」は第4文型〈**make**＋人
＋物〉で表す。「つくってくれた」なので
madeにする。第4文型と第5文型の見
分け方は、**Check!** を参照。

2

① **The movie** <u>made</u> **me very happy.**

② **They** <u>named</u> **their baby John.**

③ **My mother kept the kitchen** <u>clean</u>**.**

④ **What do you** <u>call</u> **this bird?**

考え方

① 「～は私を…の状態にする」は〈make＋O＋C〉で表せる。ここは過去形madeとする。

② 第5文型で「～を…と名づける」というときの動詞はnameを使う。ここは過去形namedとする。

③ 「OをC（の状態）にしておく」は第5文型〈keep＋O＋C〉で表す。ここはCに「きれいな」の意味を表す形容詞cleanを補う。

④ 「OをCと呼ぶ」〈call＋O＋C〉のCが疑問詞whatになっている文。

41 pp. 84-85 「～があります」の表現

TRY!

① **There is a library in my town.**
不要な1語は**are**

② **There are many people there.**
不要な1語は**is**

③ **There are some trees in my garden.**
不要な1語は**is**

④ **There is a coin in my hand.**
不要な1語は**are**

⑤ **There was a river here five years ago.**
不要な1語は**were**

⑥ **There were some houses here last year.**
不要な1語は**was**

1

① **There are some bridges in Sakura City.**

② **There is a library in this building.**

③ **There are twenty desks in the room.**

④ **There were many cars on the bridge then.**

2

① **There** <u>was</u> **a dog in the room.**

② **There** <u>are</u> **two tall towers in Tokyo.**

③ **There** <u>were</u> **many monkeys on the mountain.**

④ **There** <u>is</u> **a big supermarket in his town.**

42 pp. 86-87 「～がありますか」「～はありません」の表現

TRY!

① **Is there a computer in your room?**

② **There isn't a river in my town.**

③ **Are there any stars in the sky?**

④ **How many books are there in the library?**

⑤ **How many temples are there in your town?**

⑥ **There aren't any stations around here.**

1

① **There** <u>aren't</u> **many shops in this town.**

② **There** <u>isn't</u> **a bed in my room.**

③ **How many chairs** <u>are there</u> **in the gym?**

④ **How many rooms** <u>are there</u> **in your house?**

2

① <u>**How many**</u> **pens are there in your pencil case?**

② <u>**How many**</u> **trumpets are there in his room?**

③ <u>**How many**</u> **balls are there in the box?**

④ <u>**How many**</u> **bags are there on the floor?**

考え方

「いくつの～がありますか」をたずねるHow manyの後ろの名詞は複数形になるので注意。

× How many pen ～?

○ How many pens ～?

43 pp. 88-89 「～してください」の表現

TRY!

① **Come here, please.**

② **Speak English, please.**

③ **Read this book, please.**

④ **Listen to this music, please.**

⑤ **Look at that window, please.**

⑥ **Drive slowly, please.**

1

① Stop here.

② Clean your room.

③ Do it now.

④ Open the window, please.

2

① Stand up, please.

② Open that door, please.

③ Listen to me, please.

④ Turn off the TV, please.
   [Turn the TV off, please.]

考え方

動詞から始まる文は命令文で、語尾に〈, please〉がつくと、「～てください」と丁寧な表現になる。（文頭にPleaseを置く場合は後ろに「，」はつかないことに注意。各文の日本語訳は以下の通り。

① 立ってください。

② そのドアを開けてください。

③ 私の言うことを聞いてください。

④ テレビを消してください。

44 pp. 90-91 「～してはいけません」「～しましょう」の表現

TRY!

① Don't swim here.

② Don't watch TV today.

③ Don't read comic books.

④ Let's play baseball.

⑤ Let's sing together.

⑥ Let's learn English together.

1

① Let's go shopping today.

② Let's watch this movie together.

③ Don't get home late.

④ Don't use your smartphone here.

2

① Don't use this computer.

② Let's play the piano.

③ Don't play soccer here.

④ Let's talk on the phone.

考え方

①③はDon'tで始め、「～してはいけません」とする。

②④はLet'sで始め、「～しましょう」とする。

④の「電話で話す」はtalk on the phoneとなる。各文の日本語訳は以下の通り。

① このコンピュータを使ってはいけません。

② ピアノを弾きましょう。

③ ここでサッカーをしてはいけません。

④ 電話で話しましょう。

45 pp. 92-93 「今～しています」の表現

TRY!

① You are cooking.

② He is taking pictures.

③ They are watching a movie.

④ Yoko and I are riding bikes.

⑤ I am washing my clothes now.

⑥ Hiroshi and Takeshi are playing basketball now.

1

① Kenta is swimming now.

② Hiroshi is sleeping now.

③ She is writing a letter now.

④ My mother is making breakfast now.

2

① I am watching TV now.

② He is reading a newspaper now.

③ They are running in the park now.

④ My father is using a computer now.

考え方

今まで学んだ現在形と、この回で学んだ現在進行形の違いを日本語で考えると、現在形は「テニスをする」「手紙を書く」などのように、「ふだんどうするか」ということを表し、現在進行形は「（今ちょうど）テニスをしている」「（今ちょうど）手紙を書いている」のように、今ちょうど行っているところだということを表す。

【現在進行形の形】

主語	be動詞	
I	am	
You	are	+ 動詞のing形
He / She / It	is	
We / They	are	

【eをとってingをつける動詞】

- write（書く） → writing
- use（使う） → using
- make（つくる） → making
- drive（運転する） → driving
- have（食べる） → having

【語尾を重ねてingをつける動詞】

- run（走る） → running
- swim（泳ぐ） → swimming
- sit（座る） → sitting
- stop（止まる） → stopping

【進行形にしない動詞】

次の動詞は「状態」を表すため、特別な意味や状況を表す場合を除き、ふつう進行形にはしない。

- know（知っている）
- like（好きだ）
- love（愛している）
- want（ほしい）
- see（見える）
- hear（聞こえる）

46 pp. 94-95 「〜しているのですか」の表現

TRY!

① Are you cooking now?
② Is he sleeping now?
③ Is she listening to music now?
④ I am not watching TV now.
⑤ I am not thinking about it now.
⑥ What are you doing now?

1

① Is John talking with his friends?
② No, he is not.

---

③ Is he working hard?
④ She isn't enjoying this soccer game.

2

① Are you and Ryo talking now?
② Takashi is not using a computer now.
③ Is the dog running in the park?
④ They are not swimming in the pool.

考え方

現在進行形の疑問文・否定文ではdoやdoes，don'tやdoesn'tは使わない。be動詞の疑問文・否定文と同じ。Lesson 15 〜 19参照。

47 pp. 96-97 「（そのとき）〜していました」の表現

TRY!

① I was sleeping then.
② She was dancing in the park then.
③ Birds were flying at six this morning.
④ He was driving a car at that time.
⑤ Tom and I were talking then.
⑥ They were cleaning the park then.

1

① Students were singing then.
   sing → singing
② They were laughing then.
   laugh → laughing
③ My mother was cooking then.
   cook → cooking
④ Mary was writing a letter then.
   write → writing

2

① Jun was practicing judo then.
   不要な1語はwere
② I was listening to music at nine yesterday.
   不要な1語はam
③ Mike was walking in the park at that time.
   不要な1語はwalked
④ They were sitting on the bench then.
   不要な1語はstanding

〈**be**動詞の過去形＋動詞の**ing**形〉を「過去進行形」という。「そのときちょうど〜していた」「そのときは〜しているところでした」のように、過去のある時点である動作をしている最中だったことを表す。

48 pp. 98-99 「〜していましたか」「〜していませんでした」の表現

TRY!

① Was Yumi playing **the piano** then?
② No, she wasn't.
③ Were they talking **then**?
④ Yes, they were.
⑤ You weren't using **a computer then.**
⑥ Tom wasn't sleeping **at ten yesterday.**

1

① <u>Was</u> Yumi working **then?**
② Yes, she <u>was.</u>
③ <u>Were</u> Yuji and Kenji watching TV **then?**
④ No, they <u>weren't.</u>

2

① Toshio wasn't studying English **then.**
　不要な1語は **not**
② You weren't eating dinner **at eight last night.**
　不要な1語は **were**
③ Keiko wasn't thinking about it **then.**
　不要な1語は **weren't**
④ We weren't walking our dog **at six this morning.**
　不要な1語は **aren't**

考え方

過去進行形の疑問文では、**be**動詞で文を始める。
Did 〜? の文（一般動詞の過去の文）とまちがえないようにしよう。

49 pp. 100-101 「〜ができる」「〜ができない」の表現

TRY!

① I can run **fast.**
② That girl can ride **a bike well.**
③ Tom can't speak **Japanese.**
④ We can't see **stars tonight.**
⑤ My father can cook **well.**

1

① You <u>can</u> ski well.
② Taro <u>can</u> read English.
③ I <u>can't</u> play the guitar well.
④ Becky <u>can't</u> write a letter in Japanese.

考え方

「〜できる」は**can**、「〜できない」は**can't**で表す。
canの後ろは動詞の原形なので、②は**reads** → **read**、④は**writes** → **write**とする。

2

① You <u>can't</u> start **now.**
② He <u>can</u> teach English.
③ They <u>can</u> work hard.
④ You <u>can't</u> eat this food.

考え方

canは助動詞といって、動詞の働きを助けて意味をつけ加えるもの。
I play tennis.（私はテニスをします）を**can**を使った文にすると、**I can play tennis.**（私はテニスができます）という意味になる。

50 pp. 102-103 「あなたは〜できますか」の表現

TRY!

① Can you speak **Korean?**
② Can you use **a computer?**
③ Can Sari get up **early?**
④ Yes, she can.
⑤ Can Mike write *kanji*?
⑥ No, he can't.

1

① Can you ride a unicycle?

② Yes, I can.

③ Can Yuko drive a car?

④ No, she can't.

2

① Can you come to our house?

② Yes, I can.

③ Can you play *shogi* after lunch?

④ No, I can't.

考え方

「あなたは〜できますか」という質問は**Can you 〜?** とする。答え方は「はい」の場合は **Yes, I can.** とし、「いいえ」の場合は**No, I can't.** とする。各文の日本語訳は以下の通り。

① あなたは私たちの家に来ることができますか。

② はい、行けます。

③ あなたは昼食後に将棋ができますか。

④ いいえ、できません。

canを使った疑問文には、疑問詞で始まるものもある。

・ **What can you make?**
  (あなたは何がつくれますか)

・ **Who can speak English?**
  (誰が英語を話せますか)

・ **Where can we play baseball?**
  (私たちはどこで野球ができますか)

・ **When can I see you?**
  (私はいつあなたに会えますか)

51
pp. 104-105

「〜してもいいですか」
「〜してくれませんか」の表現

TRY!

① Can I use your eraser?

② Can you open the door?

③ Can you come to my house?

④ Sure.

⑤ Can I play the piano now?

⑥ No, you can't.

1

① Can I sing songs **here**?
  不要な1語は **you**

② Sorry, you can't.
  不要な1語は **can**

③ Can you help me?
  不要な1語は **I**

④ Can I clean this room?
  不要な1語は **you**

考え方

Can I 〜? は「〜してもいいですか」(許可)を表し、**Can you 〜?** は「〜してくれませんか」(依頼)を表す。

2

① Can I dance here?

② Can you read this book **to me**?

③ Can you wait for me?

④ Can I eat this cookie?

考え方

各文の日本語訳は以下の通り。

①ここで踊ってもいいですか。

②私にこの本を読んでくれませんか。

③私を待っていてくれますか。

④このクッキーを食べてもいいですか。

52
pp. 106-107

「〜するつもりです」の表現

TRY!

① I am going to study **English tomorrow**.

② Tom is going to see **Mary tomorrow**.

③ We aren't going to help **my mother next week**.

④ Are you going to clean **your room in the afternoon**?

⑤ Yes, I am.

1

① John is going to come back **to Tokyo next week**.

② Are you going to send an email **to Tom**?

③ Yes, I am.

④ They aren't going to see **a movie next Sunday.**

2

① <u>Are</u> you going to buy a ticket **for the concert?**

② Yes, I **am**.

③ Tom <u>is</u> not going to visit Hokkaido **this year.**

④ We <u>are</u> going to run in the park **after dinner.**

「〜するつもりです」を表すには、〈**be going to**＋動詞の原形〉を使う。
beは**be**動詞。主語の後ろに、主語に合う**be**動詞を置き、**going to**の順にする。**to**の後ろは動詞で、必ず原形にする。

【未来を表す語句】
・ **tomorrow**（明日）
・ **next Sunday**（次の日曜日）
・ **next week**（来週）
・ **next month**（来月）
・ **next year**（来年）
・ **someday**（いつか）
・ **in the future**（将来）

53
pp. 108-109
「〜でしょう、〜します」の表現

TRY!

① He will go **shopping tomorrow.**

② She will come to **my house this afternoon.**

③ Will they play video games **tonight?**

④ Yes, they will.

⑤ It will not be sunny **in Tokyo tomorrow.**

1

① Ken <u>will</u> clean his room **tonight.**

② <u>Will</u> you get up early **tomorrow morning?**

③ No, I <u>won't</u>.

④ I <u>won't</u> listen to the radio **tomorrow.**

2

① I will go to Yumi's house <u>tomorrow</u>.

② My husband will not[won't] read a

newspaper <u>tonight</u>.

③ Keiko will not[won't] travel abroad.

④ Will Hiroshi and Ann meet at the station today?

① 「昨日」を「明日」にするので、過去形**went**の部分を〈**will**＋動詞の原形〉という未来の表現にする。

② 「今朝」を「今夜」にするので、過去の否定を表す**didn't read**の部分を〈**will not**[**won't**]＋動詞の原形〉と未来の表現に直す。

各文の日本語訳は以下の通り。
① 私は明日ユミの家へ行くでしょう。
② 私の夫は今夜、新聞を読まないでしょう。
③ ケイコは海外旅行をしないでしょう。
④ ヒロシとアンは今日、駅で会うでしょうか。
主語が3人称単数のときも、**will**の後ろの動詞は**-s**などのつかない原形を使うことに注意。

54
pp. 110-111
「〜しなければならない」
「〜してはいけない」などの表現

TRY!

① I must work **hard.**

② Jane must clean **her room.**

③ You must read **this book.**

④ You mustn't swim **here.**

⑤ We mustn't forget **this.**

⑥ You mustn't talk **here.**

1

① You mustn't watch TV **after nine.**

② You mustn't use a smartphone **at that place.**

③ They must wear school uniforms **at school.**

④ Mary must go to school **by seven.**

2

① I <u>must</u> buy a new smartphone.

② I <u>must</u> finish my housework by nine.

③ They <u>mustn't</u> run here.

④ You <u>mustn't</u> smoke here.

「〜しなければならない」というときは、動詞の前に**must**を入れる。その後ろの動詞は原形となる。
mustn't[**must not**]は「〜してはいけない」という禁止の表現となる。

55
pp. 112-113 「〜しなければならない」の表現（have to 〜）

TRY!
① We have to read **books**.
② You have to run.
③ He has to wait **for an hour**.
④ Do we have to clean **our room now?**
⑤ **No.** You don't have to do it.
⑥ He doesn't have to call **me**.

1
① Tom <u>has to</u> finish that work **tonight**.
② You <u>have to</u> show your passport **at the airport.**
③ Do I <u>have to</u> start now?
④ We don't <u>have to</u> go to our office **tomorrow.**

2
① You have to decide it **now**.
　不要な1語は**has**
② Does she have to buy **a new bag?**
　不要な1語は**has**
③ He has to be a good **boy**.
　不要な1語は**have**
④ You don't have to say goodbye **now**.
　不要な1語は**not**

考え方
have toの疑問文は**Do**で文を始め、否定文では**have to**の前に**don't**を入れる。主語が3人称単数のときには、**has to**となり、疑問文では**Does**、否定文では**doesn't**とかわることに注意。

56
pp. 114-115 「〜すべきです」「〜すべきですか」の表現

TRY!
① You should see **a doctor**.
② We should help **each other**.
③ You should not say **anything to her**.
④ Should I go?
⑤ Yes, you should.

1
① You should visit her tomorrow **morning**.
② We should listen to our **parents' opinions**.
③ You should not stay there **so long**.
④ Should we lend him the pen?

2
① Should I say anything **to her?**
　不要な1語は**nothing**
② No! You shouldn't say anything **to her.**
　不要な1語は**should**
③ She should practice more.
　不要な1語は**would**
④ You should see the movie.
　不要な1語は**have**

考え方
shouldは「〜したほうがいい」と表されることも多い。
② **should not**は**shouldn't**と1語で表すことができる。

57
pp. 116-117 「〜してもいいですか」「〜しましょうか」の表現

TRY!
① May I open **the window?**
② May I listen to **the radio?**
③ May I go shopping **with her?**
④ Shall I carry **your bag?**
⑤ Yes, please.
⑥ Shall I show you **another bag?**

1
① <u>May</u> I stay here?

25

② <u>Shall</u> I open this box?

③ <u>May</u> I read this book?

④ <u>Shall</u> I give you some water?

考え方

④ **some** はふつう肯定文で使われるが、この文のように、疑問文でも、人に何かを勧めたり、頼んだりする場合には **some** が使われる。

2

① <u>May</u> I leave here?

② <u>Shall</u> I clean your room?

③ <u>May</u> I start this game?

④ <u>Shall</u> I carry your desk?

考え方

「〜してもいいですか」と許可を求めるときは **may** を、「〜しましょうか」と同意を求めるときは **shall** を使う。各文の日本語訳は以下の通り。

① 私はここを去ってもいいですか。

② あなたの部屋を掃除しましょうか。

③ このゲームを始めてもいいですか。

④ あなたの机を運びましょうか。

【May I 〜? に対し、許可するときの答え方】

・**Sure.**（もちろん）

・**Sure, go ahead.**（もちろん、どうぞ）

・**All right.**（はい）

・**No problem.**（いいですよ）

58
pp.118-119
「〜してくれませんか」の表現

TRY!

① Will you follow **me**?

② Would you show **me the way**?

③ Will you open **the window**?

④ Will you teach **me about the animal**?

⑤ Will you clean **this room**?

⑥ Would you show me **your passport**?

1

① Would you cut that apple?

② Will you give me some water?

③ Would you lend me your bike?

④ Will you show me your business card?

2

① <u>Will</u> you carry this bag **for me**?

② <u>Will</u> you open this box?

③ <u>Would</u> you write an English letter **for me**?

④ <u>Would</u> you tell me the way to **the station**?

59
pp.120-121
まとめ　助動詞

TRY!

① （ イ ）　May I close the door?

② （ ア ）　Will you lend me your **dictionary**?

③ （ ウ ）　Shall I carry this bag?

④ （ ア ）　Would you give me some **water**?

1

① You don't have to clean this **room today**.

② We must go to our office by **eight**.

③ They mustn't eat lunch here.

④ Could you show me the way **to the hospital**?

⑤ Will you come with me?

⑥ May I use your computer?

⑦ You have to finish this task by **ten**.

60
pp.122-123
「〜するために」の表現

TRY!

① **get up early** to watch TV

② **go to America** to study English

③ **I use the library** to read books.

④ **He listened carefully** to understand Japanese.

⑤ **Did you visit Kyoto** to see the gardens?

⑥ **Did he save money** to buy a camera?

1

① He stopped <u>to</u> drink some water.

② Mary ran <u>to</u> catch the first train.

③ Did he cook <u>to</u> welcome them?

④ Did you go to the post office <u>to</u> send a letter?

2

① I go to that café <u>to</u> talk with **my friends.**
② Did he practice hard <u>to</u> win **the game?**
③ She studied hard <u>to</u> be a doctor.
④ Do you use your smartphone <u>to</u> listen to music?

考え方
「〜するために」を表す〈**to**＋動詞の原形〉は、何かの動作の目的をつけ加えるときに使う。不定詞は副詞と同じような働きをする。

61
pp. 124-125　「〜すること」の表現

TRY!
① like to **study English**
② want to **play the piano**
③ Do you want to **eat Japanese food?**
④ She doesn't need to **speak Chinese.**
⑤ What do you want to **do?**
⑥ To help people is **important.**

1

① Do you want <u>to</u> read many books?
② I like <u>to</u> talk with my friends.
③ <u>To</u> cook is easy for her.
④ <u>To</u> write *kanji* is difficult for him.

考え方
①②〈**to**＋動詞の原形〉が動詞の目的語。
③④〈**to**＋動詞の原形〉が文の主語。

2

① I need <u>to</u> work hard.
② I hope <u>to</u> see you **again.**
③ Where does he want <u>to</u> go?
④ <u>To</u> swim fast is **easy for me.**

考え方
「〜すること」を表す〈**to**＋動詞の原形〉は名詞と同じような働きをしている。

【よく使う〈to＋動詞の原形〉】
・**hope to** 〜　〜することを<u>望</u>む
・**like to** 〜　〜することが好きだ
・**need to** 〜　〜することが必要だ
・**start to** 〜　〜し始める
・**try to** 〜　〜しようとする
・**want to** 〜　〜したい

62
pp. 126-127　「〜するための」の表現

TRY!
① a book to read
② a book to study
③ a book to enjoy
④ I need a book to read.
⑤ I want a book to study.
⑥ **Do you** have a book to enjoy?

1

① I have a lot of housework to do.
② **Do you** want something to eat?
③ **Does she** have many things to buy?
④ **She has** a TV program to watch.

考え方
② 疑問文や否定文のときは、ふつう **something** ではなく **anything** を使うが、相手に **yes** の答えを期待する場合は、**something** を用いる。

2

① I need a book to read **on the train.**
② Do you have something to write **with?**
③ They need a house to live **in.**
④ This is something to give **him.**

考え方
「〜するための」を表す〈**to**＋動詞の原形〉は、名詞のすぐ後ろに置き、名詞を後ろから修飾する。不定詞は形容詞と同じような働きをする。
water to drink　飲むための水
a book to read　読むための本
housework to do　するための（するべき）家事

27

63 まとめ　不定詞〈to +動詞の原形〉
pp. 128-129

TRY! ▶

① **She got up early** to do her housework.

② **He** likes to watch **baseball games.**

③ **The children need** something to eat.

④ **Jim was sad** to hear the news.

⑤ **Please lend me** some books to read.

考え方

① 副詞のはたらき。

② 名詞のはたらき。

③ 形容詞のはたらき。**to eat**「食べる（ための）」が後ろから**something**を修飾する。

④ 副詞のはたらき。「<u>聞いて</u>悲しかった」と感情の原因を表す。

⑤ 形容詞のはたらき。**to read**「読む（ための）」が後ろから**books**を修飾する。

1

① **Do you have** something cold <u>to</u> drink?

② **You need** <u>to</u> study hard **for the test.**

③ **He visited the lake** <u>to</u> take a lot of pictures.

④ **I was** happy <u>to</u> get an email **from Jim.**

考え方

① **something**を修飾する形容詞（**cold**）は後ろに置く。それに**to drink**「飲むための」〈**to**＋動詞の原形〉が続く。

④ 「<u>もらって</u>うれしかった」と感情の原因を表す。

2

① **He was surprised to** <u>hear</u> **the news.**

② **She wants to** <u>be[become]</u> **a doctor in the future.**

③ **To see soccer games** <u>is</u> **exciting.**

④ **The students need time** <u>to</u> **think.**

考え方

② 「なりたい」=「<u>なることを</u>望む」と考える。「～になる」は**be**動詞の原形**be**か**become**を使う。ただし、未来のことを言う場合は**be**を使うことが多い。

③ 不定詞が主語のときは単数として扱う。

④ 「考えるための時間」と考える。

64 〈how to +動詞の原形〉
pp. 130-131

TRY! ▶

① **how to play tennis**

② **how to swim**

③ **how to ride a bike**

④ **I know** how to play this game.

⑤ **My sister knows** how to drive a car.

⑥ **Does he know** how to make a cake?

考え方

④～⑥は**how to ～**「～の仕方」が動詞**know**の目的語になっている。

1

① **Ann is learning** how <u>to</u> cook Japanese food.

② **I don't know** how <u>to</u> open this box.

③ **Do you know** how <u>to</u> use this machine?

④ **I taught everybody** how <u>to</u> answer this question.

考え方

④は「～（人）に」「…（物）を」の2つの目的語がある文で、2つ目の目的語に**how to**～がくる。

2

① **My mother learned** <u>how</u> to send **an email.**

② **The woman showed us** <u>how</u> to get to **the airport.**

③ **That boy wants to** know how <u>to</u> write the alphabet.

④ **Please tell me how to** <u>read</u> this *kanji*.

考え方

②と④は「～（人）に」「…（物）を」の2つの目的語がある文で、2つ目の目的語に**how to ～** がくる。

how to get to ～ で「～への行き方」。

〈what to +動詞の原形〉、
〈where to +動詞の原形〉

TRY!

① what to do
② where to swim
③ when to leave
④ I don't know what to make for her.
⑤ Do you know when to get up?
⑥ Please tell me where to practice tennis.

考え方
⑥は「～（人）に」「…（物）を」の2つの
目的語がある文で、2つ目の目的語に**where**
to ～「どこで～すればいいか」がくる。

1
① I am thinking about what to cook for dinner.
② They talked about when to climb Mt. Fuji.
③ I will ask someone where to get the ticket.
④ Please show me what book to read.

考え方
①～③〈疑問詞＋**to**＋動詞の原形〉の順に
する。①②は前置詞の目的語になっている。
④「何の本」は**what book**。

2
① He didn't know what to bring to the party.
② Will you tell me where to take pictures?
③ She understands how to use this machine.
④ Jim asked her when to begin the meeting.

考え方
①「何を」なので補うのは**what**。
②④は「（人）に」を表す目的語の後ろに〈疑
問詞＋**to**＋動詞の原形～〉を置く。
②「どこで」なので**where**を補う。
③「使い方」は**how to use**とする。
補う語は**how**。
④「いつ」なので**when**を補う。

〈tell[want] ＋ … ＋ to ＋ 動詞の原形〉

TRY!

① I want her to come here.
② I told Ken to speak in English.
③ He asked his mother to close the window.
④ I want Mr. Brown to teach me English.
⑤ I told my daughter to do the housework.
⑥ Ann asked her brother to stay with her.

考え方
〈**tell**[want, ask]＋ … ＋ **to**＋動詞の原形〉の
語順になる。

1
① My boss told me to come on time.
② We wanted him to join our team.
③ I asked my father to come home early.
④ He helped the man to carry the bag.

考え方
①③は日本文に合わせて下線の動詞を過去
形にする。
②④は〈**to**＋動詞の原形〉の部分なので、
下線の動詞は原形のまま。

2
① I wanted her to tell the true story.
② Do you want me to help you with your
   work?
③ Let's ask them to be silent.
④ Please tell him to call me back.

考え方
①「してもらいたかった」なので**wanted**を補う。
②〈**help**＋人＋**with** ～〉で「人の～を手伝う」。
helpを補う。
③「人に～するように頼む」は〈**ask**＋人＋**to**
＋動詞の原形〉。**be silent**の前に**to**を補
う。
④「彼に」を表す目的語**him**を補う。

67 不定詞のいろいろな表現
pp. 136-137

TRY!

① **This bag is too heavy to carry.**
② **This problem is easy enough to solve.**
③ It is difficult to **answer the question.**
④ **I was too tired to walk.**
⑤ **She was kind enough to help me.**
⑥ It is important to help **each other.**

考え方

③⑥ **it** があるので、「〜すること」にあたる〈**to** +動詞の原形〉を後ろに回す。

1

① **It is too cold <u>to</u> go out.**
② **It is warm enough <u>to</u> go out.**
③ **It is interesting <u>to</u> study foreign languages.**
④ **This soup is too hot for me <u>to</u> eat.**

考え方

③ 意味の上での主語は **to study** 〜「〜を勉強することは」の部分。
④ 〈**for**＋人〉は〈**to**＋動詞の原形〉の前に入る。

2

① **Ken ran fast enough <u>to</u> catch the bus.**
② **That garden is large <u>enough</u> to play tennis.**
③ **He was <u>too</u> excited to sleep.**
④ <u>It</u> **is difficult for him to speak Japanese well.**

考え方

① **enough** の前には **fast**「速く」のような副詞がくることもある。
④ **It** は「それは」という意味ではなく、後ろの〈**to**＋動詞の原形〉を受ける、形の上での主語。

68 「〜すること」の表現（動名詞）
pp. 138-139

TRY!

① **reading books**
② **playing the piano**
③ **Is playing video games popular?**
④ **My hobby is listening to music.**
⑤ **Do you like watching movies?**
⑥ **My son doesn't like studying math.**

1

① **Using a computer is useful.**
② **Tom finished writing a letter.**
③ **I stopped using my smartphone.**
④ **Helping elderly people is important.**

2

① **My hobby is <u>playing</u> the drums.**
　 play → playing
② **Do you like <u>talking</u> with your friends?**
　 talk → talking
③ <u>Drawing</u> **pictures is not interesting for me.**
　 draw → drawing
④ <u>Playing</u> **video games is not difficult.**
　 play → playing

考え方

動詞の **ing** 形で、「〜すること」を表し、名詞と同じ働きをする。文の主語になることもあるので、文頭にくることもある。

69 不定詞と動名詞の使い分け
pp. 140-141

TRY!

① **She began to learn English.**
② **Ken began learning Chinese.**
③ **We continued to dance.**
④ **They continued playing video games.**
⑤ **She tried to write a story.**
⑥ **She tried writing a story.**

1

① **She decided to marry him.**

不要な1語は **marrying**

② I hope to see you **again.**
　不要な1語は **seeing**

③ We enjoyed taking a walk.
　不要な1語は **to**

④ Tom stopped talking with her.
　不要な1語は **talk**

2

① Stop <u>playing</u> video games.
② I hope <u>to study</u> history at college.
③ Did Kenji decide <u>to call</u> Yuka?
④ Did you finish <u>playing</u> the piano?

考え方

① **stop**は動名詞だけが目的語になるので、
　play → playingとする。
② **hope**は不定詞だけが目的語になるので、
　study → to studyとする。
③ **decide**は不定詞だけが目的語になるの
　で、**call → to call**とする。
④ **finish**は動名詞だけが目的語になるので、
　play → playingとする。

---

70 「…が〜するのを手伝う」「…に〜させる」の表現
pp. 142-143

TRY!

① help her cook
② make us laugh
③ **Emi** let me use her smartphone.
④ **I** help my brother wash his car **every week.**
⑤ **Please** let us go to that party.
⑥ **Mr. Green** made his children go to **the library.**

1

① **Susan** <u>let</u> us use her car.
② **They** helped her <u>move</u> that table.
③ **My sister** <u>made</u> me clean the kitchen.
④ **Please** <u>let</u> me introduce Mr. Smith.
⑤ **Tom** always <u>helps</u> his mother wash the
　dishes.

考え方

① 「私たちに〜を使わせてくれた」なので、〈**let**

＋…＋動詞の原形〉の形となる。

② 「彼女が〜するのを手伝った」なので、
　〈**help**＋…＋動詞の原形〉の形となる。
　helpを過去形**helped**にする。

③ 「(強制的に)私に〜させた」なので、〈**make**
　＋…＋動詞の原形〉の形となる。**make**を
　過去形**made**にする。

2

① I made <u>them</u> carry those books.
② Please <u>let</u> us stay here **tonight.**
③ Jim helped his grandfather <u>change</u>
　his clothes.

考え方

① 「彼らに」を表す人称代名詞の目的格
　themを補う。
② 「私たちを泊めてください」なので、
　Pleaseの次に**let**を補い、**Please let us
　stay**とする。
③ 「服を着替える」の部分は**change one's
　clothes**で表す。補う語は**change**。ここ
　はおじいさんの服なので、**one's**の部分は
　his「彼の」となる。

---

71 and / but
pp. 144-145

TRY!

① I like Yuji and Tomoko.
② He wrote a letter and sent it.
③ I listened to music and he watched TV.
④ My father plays golf, but he doesn't play
　tennis.
⑤ He fishes, but doesn't eat fish.

考え方

単語と単語、文と文などをつなげるのが**and**
や**but**などの接続詞である。

1

① I have a cat <u>and</u> a dog.
② Fishing <u>and</u> traveling are interesting.
③ I like reading books <u>and</u> she likes
　watching TV.

④ He plays tennis, <u>but</u> she doesn't.

2

① Both time <u>and</u> money are important.
② That man is rich <u>but</u> not happy.
③ Teaching sports <u>and</u> playing them are different.
④ He is not a police officer <u>but</u> a teacher.

④ **not A but B**で「**A**ではなくて**B**」という意味を表す。

TRY!

① I am so happy.
② I wanted to run, so I went to the park.
③ "You must exercise more." The doctor said so.
④ Hurry up, or you'll miss the bus.
⑤ You can choose *soba* or *udon*.
⑥ Speaking English is not so easy.

1

① （ウ）　数学は私の娘にとってそれほど難しくありません。
② （イ）　この辞書はとても重いです。
③ （エ）　私もそのように思います。
④ （ア）　彼は私に質問し、そこで私は答えました。

2

① Hurry to the library, <u>or</u> it will be closed.
② Which is your favorite car, this one <u>or</u> that one?
③ Please come by six, <u>or</u> I will call you.
④ Which will you choose, a big box <u>or</u> a small one?

考え方

①③ **or**を使って「さもないと」の意味を表すときは、命令文の後ろに置く。
②④ 「**A**か**B**のどちらか」は、**A**と**B**の間に**or**

を置いて表す。

TRY!

① If you have time, **please help me.**
② If you are free, **let's go shopping.**
③ If it is fine **this afternoon, let's go on a picnic.**
④ If you have two erasers, **please lend me one.**
⑤ If you have animals, **please show me them.**
⑥ If you know Tom, **please introduce him to us.**

1

① <u>If</u> you are happy, **I'm happy, too.**
② <u>If</u> you have a question, **please ask me.**
③ <u>If</u> you have a computer, **please do this job.**
④ <u>If</u> you go to that event, **please take me there.**

2

① もしあなたが理解していないなら、私に聞いてください。
② もし明日晴れなら、私は京都を訪れるつもりです。
③ もしあなたが空腹なら、私はあなたに食べ物をあげましょう。
④ もしあなたがひまなら、彼を手伝ってください。

考え方

「もし〜なら」を表す**if** 〜の部分は、文の後半に置いても、前半に置いてもよい。
「もし明日晴れなら」というように未来のことを言っていても、**if**のすぐ後ろの部分は現在形で表すことに注意。

TRY!

① When he was in Kyoto, **I was in Kobe.**
② When I come home, **my husband is always**

cooking.
③ When you play soccer, **it is always sunny.**
④ **My mother is always with me** when I drive a car.
⑤ **Kate is always sleeping** when I call her.
⑥ When you are free, **please call me.**

1
① I was shy <u>when</u> I was a child.
② <u>When</u> he reads books, he puts on glasses.
③ She was so busy <u>when</u> she was in Tokyo.
④ Tom was very poor <u>when</u> he was a student.

2
① <u>When</u> I see John, **he is always tired.**
② <u>When</u> she visited Osaka, **she met Mary.**
③ <u>When</u> they go to school, **they must wear school uniforms.**
④ **Please fasten your seat belt** <u>when</u> you drive a car.

考え方
when は疑問文で使うだけでなく、文の中で
接続詞の役目をすることもある。「**A**のときに**B**」
は、**B** when **A.** または **When A, B.** で表す。

75 because
pp. 152-153

TRY!
① **I didn't go shopping** because it was rainy yesterday.
② **He didn't play golf** because he was busy.
③ **John has many books** because he likes reading.
④ **Mary can't watch TV** because she has many **things to do.**
⑤ **She can't do the job** because she doesn't have a computer.
⑥ Because it is hot **today, I want to swim.**

1
① **He can't buy the car** <u>because</u> he is not rich.
② <u>Because</u> it is very hot today, I want to eat ice cream.

③ **I can't move the desk** <u>because</u> it is so heavy.
④ <u>Because</u> my watch is very old, I want to buy a new one.

考え方
〈because＋主語＋動詞〉は、文の前にも後
ろにも置くことができる。ただし、前に置くとき
はコンマが必要。

2
① <u>Because</u> I am free **tomorrow, let's go see a movie.**
② **We have to clean that room** <u>because</u> it is very dirty.
③ **We didn't play the game** <u>because</u> it was not interesting.
④ **I don't go out** <u>because</u> it is raining outside.

76 「～ということ」の表現
pp. 154-155

TRY!
① **I think** that this bike is old.
② **I hear** that Tom is sick.
③ **I don't think** that we can finish this.
④ **We believe** that you can do it.
⑤ **I believe** that Tom is right.
⑥ **I know** that Yoko doesn't live in **Tokyo.**

1
① 私はトムがゴルフを上手にできることを知っています。
② あなたはこれがすてきな歌だと思いますか。
③ 私は彼がいい人だと思います。
④ あなたはケンが仕事を終えたということを信じますか。

2
① **I think** that he is **a good teacher.**
② **Do you believe** that Kate saw **a ghost?**
③ **I know** that my father can **cook well.**
④ **Do you know** my husband made **this desk?**

that は「あれ、それ」という意味のほかに、接続詞として使うこともある。**I know.** という文と **Tom is rich.** の文をつないで、**I know that Tom is rich.** となる。この接続詞の **that** は省略することもできる。**I know Tom is rich.**

77 「〜してうれしい」などの表現
pp. 156-157

TRY!
① I'm sorry that I'm late.
② I'm sure that he will hit **a home run today.**
③ I'm afraid that I don't know it.
④ I'm sorry that I can't go there.
⑤ I'm glad that you like **my cooking.**

1
① I'm <u>afraid</u> that it will rain **tomorrow.**
② We're <u>glad</u> that you came to our house.
③ I'm <u>sure</u> that Jim will pass that exam.

① 「あいにく〜」とあるので、「〜を恐れて、心配して」という意味の **afraid** を補う。
② 「〜してうれしい」とあるので、**glad** を補う。
③ 「きっと〜でしょう」とあるので、「確信して」という意味を表す **sure** を補う。

2
① I'm <u>sorry</u> that I can't help you.
② I'm so <u>happy</u> that you invited me.
③ We're <u>sad</u> that we can't talk **to you.**
④ We were <u>surprised</u> that Bob came here **suddenly.**

① 「すみません」とあるので、**sorry** を補う。
② 「うれしい」とあるので、**happy** を補う。
③ 「悲しい」とあるので、**sad** を補う。
④ 「驚きました」とあるので、**We were** に続けて **surprised** を補う。

78 前置詞〈時間〉
pp. 158-159

TRY!
① I got up at six.
② I was born in July.
③ They have an English class on Mondays.
④ Tom swims every day in summer.
⑤ She usually listens to music at night.
⑥ Emi takes her dog for a walk in the morning.

1
①（in）私の母は7月に来るでしょう。
②（at）私は毎日11時に寝ます。
③（on）あなたは毎週月曜日にジムへ行きますか。
④（for）私は3日間東京に滞在しました。

2
① See you on Saturday.
② My father will come on September 2.
③ He is always sleepy in the afternoon.

79 前置詞〈場所〉
pp. 160-161

TRY!
① on the table
② Tama is under the desk.
③ My sister lives in America.
④ I will wait at the station.
⑤ My house is near the park.
⑥ There is a beautiful picture on the wall.

1
① A cat is sleeping by me.
② Your bag is by the window.
③ The library is between the park and the school.
④ Can we see koalas in Australia?

2
① Can you see the star <u>in</u> Japan?
② How many pictures are there <u>on</u> the wall?

80 前置詞〈手段など〉
pp. 162-163

TRY!

① write in red ink
② **We went to** the museum **by car.**
③ **He saw** the movie **on TV.**
④ **I bought it for 300 yen.**
⑤ **The name of** this flower **is "tulip".**
⑥ **He makes** lunch **for his brother.**

1

① **I can sing some of** these songs.
② **She is** famous **as a pianist.**
③ **What can I do for you?**
④ **Can you** read the book **without a** dictionary?

2

① I went to the museum <u>with</u> my mother.
② He knows nothing <u>about</u> the woman.
③ I want to live in a big house <u>like</u> that.

81 前置詞を含む熟語
pp. 164-165

TRY!

① **What are** you **looking at?**
② **Of course,** I'll **go with you.**
③ **Mary** takes **care of** the flowers.
④ **Susan is** waiting **for you at the gate.**

1

① **That cloud** looks **like a sheep.**
② **She is** proud **of her son.**
③ **She listened to the radio on the bed.**
④ **What time did you go to bed last night?**

2

① I'm looking <u>for</u> my key **to that door.**
② We got <u>to</u> Kyoto at eight **this morning.**
③ I have a lot <u>of</u> things to do **today.**
④ Bob is interested <u>in</u> collecting old coins.

考え方

① 「~をさがす」は**look for ~**。「そのドアの かぎ」は**a key to that door**。この文では 「私のかぎ」で**my key**となる。
② 「~に着く、到着する」は**get to ~**。
③ 「することがたくさん」→「たくさんのするこ と」と考える。「たくさんの~」は**a lot of ~**。
④ 「~に興味がある」は**be interested in ~**。

82 「~より…」の表現
pp. 166-167

TRY!

① **Mt. Fuji is higher than Mt. Aso.**
② **This pencil is longer than that one.**
③ **Ice is colder than water.**
④ **Is Tochigi larger than Tokyo?**
⑤ **Is Hiroshi younger than Aki?**

1

① **This question** is easier **than that one.**
② **Is Korean easier than English?**
③ **This dog** is smaller **than that one.**
④ **My sister** is taller **than my mother.**

2

① Are you <u>happier</u> than **before?**
② Today is <u>hotter</u> than **yesterday.**
③ My car is <u>newer</u> than **his.**
④ Is she <u>older</u> than Tom?

83 「一番…」の表現
pp. 168-169

TRY!

① **Math is the easiest of all the subjects for my son.**
② **Mt. Fuji is the highest mountain in Japan.**
③ **Who is the tallest in your family?**
④ **Kenta is the strongest of the four.**
⑤ **Mr. Takahashi is the kindest of all my friends.**

1

① **Kate is the oldest of the three.**

② My mother is the busiest in **my family.**

③ **June** is the rainiest month of the **year.**

④ What is the cheapest thing in this shop?

2

① **Tokyo is** the biggest city in Japan.

② Is Jim the youngest of **the five?**

③ Kate gets up the earliest in **her family.**

④ **Tom** runs the fastest in that team.

考え方

副詞についても形容詞と同じように、〈**the**＋副詞の最上級〉の形になる。副詞の最上級の文では、**the**が省略されることもある。

【比較級・最上級の基本的なつくり方】

・**long**（長い）－ **longer** － **longest**

・**old**（年取った）－ **older** － **oldest**

・**small**（小さい）－ **smaller** － **smallest**

・**high**（高い）－ **higher** － **highest**

・**fast**（速い、速く）－ **faster** － **fastest**

【-r だけ、-st だけをつける語】

・**large**（大きい）－ **larger** － **largest**

・**nice**（すてきな）－ **nicer** － **nicest**

【最後の1文字を重ねて-er, -estをつける語】

・**big**（大きい）－ **bigger** － **biggest**

・**hot**（暑い、熱い）－ **hotter** － **hottest**

【y → -ier, -iest にする語】

・**busy**（忙しい）－ **busier** － **busiest**

・**easy**（やさしい）－ **easier** － **easiest**

・**early**（早い、早く）－ **earlier** － **earliest**

84 pp. 170-171 「より…」「一番…」の表現

TRY!

① **Tom is more popular than Jim.**

② **Bikes are more useful than cars to me.**

③ **Soccer is more exciting than baseball.**

④ **This movie is the most famous in the world.**

⑤ **This is the most difficult question of all.**

1

① Time is <u>more</u> important <u>than</u> money.

② You have to be <u>more</u> careful <u>than</u> before.

③ This book is <u>the most</u> interesting in this library.

④ This restaurant is <u>the most</u> famous in our town.

2

① Is he the most popular singer **in Japan?**

② Rugby is more popular than tennis **in my family.**

③ What is the most popular sport **with young people?**

④ This is the most delicious food **in this restaurant.**

【more, most をつける語】

・**beautiful**（美しい）

・**difficult**（難しい）

・**popular**（人気のある）

・**interesting**（おもしろい）

・**famous**（有名な）

・**important**（重要な）

・**useful**（役に立つ）

85 pp. 172-173 「～よりもよい」「一番よい」の表現

TRY!

① His picture is better than mine.

② She swims better than Tom.

③ I like apples better than grapes.

④ This food is the best of all.

⑤ I like grapes the best of all **fruits.**

1

① I like that bike <u>better than</u> this one.

② Yuko uses a computer <u>the best</u> of all.

③ This dictionary is <u>better than</u> that one.

④ I like cats <u>the best</u> of all animals.

2

① He likes watching TV better than **reading books.**

② I like rugby the best of **all sports**.

③ **Your jacket** is better than **mine**.

④ **My father** cooks better than I.

【不規則に変化する語】
・**good**（良い）– **better** – **best**
・**well**（上手に）– **better** – **best**
・**many**（多数の）– **more** – **most**
・**much**（多量の）– **more** – **most**

86
pp. 174-175
「～と同じくらい…」
「～ほど…でない」の表現

TRY!

① **This flower** is as beautiful as **that one**.

② **This bridge** is as long as **that one**.

③ **This apple** is as big as **that one**.

④ **Your car** is as new as **mine**.

⑤ **French** is as easy as **English for her**.

1

① I am not as young as **he**.

② **This cap** is as cool as **that one**.

③ **This watch** is as old as **that one**.

④ **This bag** is not as heavy as **that one**.

2

① **My bike** is <u>as</u> new <u>as</u> your bike.

② **Yoko** swims <u>as</u> fast <u>as</u> her sister.

③ I get up <u>as</u> early <u>as</u> my mother.

④ **This movie** is <u>as</u> interesting <u>as</u> that one.

考え方

as ... as ～ の …には形容詞または副詞が入
る。各文の日本語訳は以下の通り。

① 私の自転車はあなたの自転車と同じくらい
　新しいです。

② ヨウコは彼女の姉〔妹〕と同じくらい速く泳ぎ
　ます。

③ 私は母と同じくらい早く起きます。

④ この映画はあの映画と同じくらいおもしろ
　いです。

87
pp. 176-177
受け身の肯定文

TRY!

① **This house** was built by **my father**.

② **This book** is written in **English**.

③ **This park** is loved by **many people**.

④ **This cake** was made by **my sister**.

⑤ **This comic** is read by **many children**.

⑥ **This chair** is used for **elderly people**.

【覚えておきたい不規則動詞】
give – **gave** – **given**（与える）
know – **knew** – **known**（知っている）
build – **built** – **built**（建てる）
make – **made** – **made**（つくる）
come – **came** – **come**（来る）
run – **ran** – **run**（走る）
cut – **cut** – **cut**（切る）
put – **put** – **put**（置く）

1

① **Breakfast** is <u>cooked</u> by **my mother**
　every morning.

② **This piano** was <u>used</u> in **the concert**.

③ **English** is <u>spoken</u> in **this country**.

④ **English** is <u>taught</u> in **many countries**.

考え方

動詞を過去分詞にする。③④の動詞は不規
則に変化するので、過去分詞の形に注意。

① **cook**は**cooked**と変化させる。

② **use**は**used**と変化させる。

③ **speak**は**spoken**と変化させる。
　（ **speak** – **spoke** – **spoken** ）

④ **teach**は**taught**と変化させる。
　（ **teach** – **taught** – **taught** ）

2

① **French** <u>is</u> spoken in **Canada, too**.

② **This movie** <u>was</u> seen all over **the world**.

③ **These buildings** <u>were</u> built **last year**.

④ **These songs** <u>are</u> sung by **many children**.

不規則動詞の変化を確認しましょう。

① **speak – spoke – spoken**
② **see – saw – seen**
③ **build – built – built**
④ **sing – sang – sung**

88 受け身の疑問文、否定文
pp. 178-179

TRY!
① Is English spoken **in Canada?**
② Is he loved **by everyone?**
③ This computer isn't used **by them.**
④ Was this chair made **by Kenji?**
⑤ Is this movie enjoyed **by people all over the world?**
⑥ This letter isn't written **in English.**

1
① Is this music <u>listened</u> to by **many people?**
② French isn't <u>spoken</u> by **the people.**
③ Was that window <u>broken</u> by **Takashi?**
④ This book isn't <u>read</u> by **many people.**

考え方
一般動詞を過去分詞にする。
① **listen**は**-ed**をつけて、**listened**と変化する。
② **speak – spoke – spoken**と変化する。
③ **break – broke – broken**と変化する。
④ **read**のつづりはかわらないが、発音は[リード]ではなく、[レッド]となることに注意。

2
① <u>Was</u> a lot of money spent there?
② <u>Is</u> much water needed there?
③ Food <u>is</u> not sold at the shop.
④ These stories <u>were</u> not believed at that time.

考え方
① **money**は数えられないので単数扱いとなる。過去の受け身の疑問文なので、**Was**を補う。

②③ **water、food**は数えられないので、単数扱いとなる。現在の受け身の疑問文なので、**Is**を補う。

89 by を使わない受け身
pp. 180-181

TRY!
① This desk is made of **wood.**
② I was surprised at **the news.**
③ He is interested in **history.**
④ That story is known to **everyone in this country.**
⑤ English is spoken in **Australia.**
⑥ The cup is filled with **water.**

1
① The fact is known <u>to</u> everyone.
② Is Ken interested <u>in</u> English?
③ Tom is satisfied <u>with</u> his life.
④ This car is made <u>in</u> Japan.

考え方
④ **be made in** 〜で、「〜製である」。**in**は場所を表している。

2
① The mountain was <u>covered</u> with snow.
② The container is <u>filled</u> with sugar.
③ Are you <u>satisfied</u> with your everyday life?
④ The cup is <u>made</u> of plastic.

考え方
① 補う1語は**cover**の過去分詞**covered**。
② 補う1語は**fill**の過去分詞**filled**。
③ 補う1語は**satisfy**の過去分詞**satisfied**。**satisfied**は形容詞とみなすこともできる。
④ 補う1語は**make**の過去分詞**made**。**be made of** 〜は「〜からつくられる」の意味で、原材料が見た目でわかる場合に使われる表現。

90 pp. 182-183 現在完了形〈継続〉の肯定文

TRY!

① I have studied English for three years.
② He has worked here since last year.
③ We have known him for a long time.
④ John has wanted this car for a year.
⑤ The children have been very hungry since this morning.

1

① He has <u>lived</u> here since 1990.
② Tom has <u>had</u> a headache since yesterday.
③ Mr. Brown has <u>taught</u> English since last year.

2

① She has been busy since this morning.
不要な1語は **for**
② They have stayed in London for two weeks.
不要な1語は **since**
③ I have known him since last summer.
不要な1語は **has**
④ Tom has played the piano since 2010.
不要な1語は **have**

④ 主語が **Tom** なので、それに続くのは **has** となる。

91 pp. 184-185 現在完了形〈継続〉の疑問文、否定文

TRY!

① Have you studied English for two years?
② Has he worked in this hospital for many years?
③ How long have you used this computer?
④ For five years.
⑤ I haven't seen my father since last night.
⑥ They haven't eaten anything since this morning.

1

① Have you <u>known</u> him since last year?
② How long has she <u>practiced</u> the guitar?
③ We haven't <u>used</u> this room for a year.
④ Has Jack <u>stayed</u> in Tokyo since last week?

2

① <u>Have</u> your children been in the library since this morning?
② No, they <u>haven't</u>.
③ It has <u>not</u> been sunny since last week.
④ How <u>long</u> has your father taught at this school?

heardと変化する。

② **try**の語尾の**y**を**i**にかえて**-ed**をつける。

③ **swim**は不規則動詞で、**swim** – **swam** – **swum**と変化する。

④「～に行ったことがある」は**have**[**has**] **been to** ～ で表す。

2

① I __have__ read this story three __times__.

② She __has__ visited his house many __times__.

③ My friend has seen the movie __twice__.

④ My mother has been to Paris several __times__.

考え方

①「～したことがある」は現在完了形〈**have** ＋過去分詞〉で表す。主語が**I**なので、過去分詞**read**との間に**have**を補う。

② 主語が**she**なので過去分詞**visited**との間に**has**を補う。

③「2度」を表す**twice**を文末に補う。

④「何度か」は**several times**なので、文末に**times**を補う。語尾の**-s**を忘れないように。

考え方

① 「ずっと～にいるのですか」という現在完了形の継続を表す疑問文で、主語が**your children**と複数なので、文頭に**Have**を補う。

② 1語なので、**they**の後ろに短縮形**haven't**を補う。

③「晴れていません」という否定文なので、**has**と**been**の間に**not**を補う。

④「どのくらい（長く）～教えているのですか」と期間を問う文なので、**How**の後ろに**long**を補う。

---

92 現在完了形〈経験〉の肯定文
pp. 186-187

TRY!

① I have talked with **the man once**.

② We have met the singer **before**.

③ She has climbed Mt. Fuji **once**.

④ They have come to my house **several times**.

⑤ John has written a letter to her many **times**.

⑥ I have been to the museum **twice**.

考え方

② **met**は**meet**の過去分詞。

④ 不規則動詞**come**は**come** – **came** – **come**と変化することに注意。この文の**come**は過去分詞。

⑤ **written**は**write**の過去分詞。

⑥「～に行ったことがある」は**have been to** ～ で表す。

1

① I have __heard__ this song before.

② Tom has __tried__ Japanese food once.

③ They have __swum__ in the sea several times.

④ Mr. Brown has __been__ to Osaka four times.

考え方

動詞を過去分詞にかえ、現在完了形の文にする。

① **hear**は不規則動詞で**hear** – **heard** –

---

93 現在完了形〈経験〉の疑問文、否定文
pp. 188-189

TRY!

① Have you ever seen **a panda**?

② No, I have not.

③ I have never played *shogi*.

④ Has Ann ever taken the Shinkansen?

⑤ Yes, she has.

⑥ She has never been to the country.

考え方

①④「今までに」を表す**ever**は過去分詞の前に置く。

③⑥「一度も～ない」を表す**never**は過去分詞の前に置く。

1

① Have you ever __skied__?

② We have never __been__ to the zoo.

③ Has your child ever __ridden__ a bike?

④ She has not <u>written</u> an email **in English.**

考え方

動詞を過去分詞にかえ、現在完了形の文にする。
① 動詞 **ski**「スキーをする」の過去分詞は **skied**。
② 「～に行ったことがある」は **have[has] been to ～** で表す。**be** を **been** にする。
③ **ride** は不規則動詞で、過去分詞は **ridden**。**ride – rode – ridden** と変化する。
④ **write** は不規則動詞で、過去分詞は **written**。**write – wrote – written** と変化する。

2

① **Have you ever been to the island?**
　不要な1語は **did**
② **She has never sung this song.**
　不要な1語は **ever**
③ **How many times have you played tennis with Jim?**
　不要な1語は **long**
④ **Three times.**
　不要な1語は **several**

考え方

① この文は、「今までに～したことがありますか」という現在完了形の疑問文で助動詞 **Have** で始める。
② 「一度も～ない」という強い否定は、**never** で表す。**ever** は疑問文で「今までに」を表す。
③ この文は「何度」と回数をたずねているので、**How many times** となる。**How long** は期間をたずねるときに使う。
④ 「3度」は **three times**。**several times** は「何度か」という意味を表す。

94 現在完了形〈完了〉の肯定文
pp. 190-191

TRY!

① **I have already finished my housework.**
② **She has just cleaned her room.**

---

③ **They have just got on the bus.**
④ **We have already had lunch.**
⑤ **John has just arrived there.**
⑥ **I have lost my umbrella.**

考え方

①～⑤ **just** や **already** はふつう、過去分詞の前に置く。

1

① **They have already <u>done</u> today's work.**
② **He has <u>missed</u> some chances.**
③ **Jim has already <u>read</u> this book.**
④ **She has just <u>left</u> for Canada.**

考え方

動詞を過去分詞にして現在完了形の文にする。
① **do** の過去分詞は **done**。**do – did – done** と不規則に変化する。
② **miss** の過去分詞は **missed**。
③ **read** の過去分詞は **read**。過去形・過去分詞も **read** で、つづりは変わらないが、過去形・過去分詞の発音は[リード]ではなく、[レッド]となるので注意が必要。
④ **leave** の過去分詞は **left**。**leave – left – left** と不規則に変化する。

2

① **Tom has <u>already</u> written the report.**
② **I have <u>just</u> heard the news.**
③ **My parents have <u>just</u> come home.**
④ **My uncle has <u>already</u> got to the station.**

考え方

肯定文では **just** は「ちょうど」、**already** は「すでに、もう」という意味を表す。
④ **got** の過去分詞は **got[gotten]**。**get – got – got[gotten]** と不規則に変化する。

95 現在完了形〈完了〉の疑問文、否定文
pp. 192-193

TRY!

① **Have you seen that movie yet?**

② **Yes**, we have.

③ **Has your brother gone to work yet?**

④ **No**, he has not.

⑤ **I have not received his message yet.**

⑥ **Tom has not come here yet.**

1

① **Have you got[gotten] a ticket yet?**

② **They have not done that work yet.**

③ **The game hasn't begun yet.**

④ **Has she finished the shopping yet?**

考え方

動詞を過去分詞にする。疑問文・否定文の
yetはふつう、文末に置く。

② 動詞 **do** は **do** − **did** − **done** と変化する不規則動詞。

③ 動詞 **begin** は **begin** − **began** − **begun** と不規則に変化する。つづりに注意。

2

① **We haven't read today's paper yet.**
不要な1語は **already**

② **Have you heard the news yet?**
不要な1語は **just**

③ **Yes, I have already heard it.**
不要な1語は **yet**

④ **The train has not left yet.**
不要な1語は **never**

考え方

① 「まだ〜（ない）」という否定を表すときには **yet** を使う。

② 疑問文での「もう」は **yet** を使う。

③ 肯定文での「もう」は **already** を使う。

④ **never** は「一度も〜ない」と〈経験〉用法で使われる。この文は「まだ〜（ない）」と否定を表すので、**yet** を使う。

96
pp. 194-195
現在完了進行形の文

TRY!

① **We have been talking for three hours.**

② **Joe has been walking for a day.**

③ **It has been raining since the day
before yesterday.**

④ **Ken and Meg have been playing tennis
since this morning.**

⑤ **Mr. White has been painting a picture for
two days.**

考え方

現在完了進行形の「ずっと〜し続ける」は
〈**have[has] been** ＋動詞の **ing** 形〉で表す。

1

① **I have been listening to the radio since
last night.**
不要な1語は **for**

② **Yuki has been dancing for an hour.**
不要な1語は **have**

③ **Hiroshi has been singing for thirty minutes.**
不要な1語は **since**

④ **My sister and I have been watching TV since
this afternoon.**
不要な1語は **has**

考え方

① 「昨夜から」には始点を表す **since** を使う。

② 主語が **Yuki** と3人称単数なので、「ずっと
踊り続けている」という現在完了進行形に
するには **has** を使い、**has been dancing**
となる。

③ 「30分間」には、期間を表す **for** を使う。

④ 主語が **My sister and I** と複数なので、
「ずっと〜を見続けている」は **have** を使
い、**have been watching** となる。

2

① **We have been preparing for the party since
this morning.**

② **Roy and Jim have been playing soccer for
two hours.**

③ **It has been snowing since yesterday.**

④ **I have been waiting for Ann for more than
an hour.**

考え方

① 「今朝から」なので、始点を表す **since** を

補う。

② 主語が **Roy and Jim** と複数なので、「ずっと〜し続けている」は **have** を使い、**have been playing** とする。

③ 主語が天候を表す **It**。3人称単数なので、「ずっと降っている」と現在完了進行形で表すには **has** を使い、**has been snowing** とする。

④ 「〜を待つ」は **wait for** 〜で表す。現在完了進行形の文なので、**waiting** を補う。

---

97 後置修飾〈前置詞＋語句〉
pp. 196-197

TRY!

① a bag on the table
② a ball under the chair
③ a house near the river
④ Look at the cat on the floor.
⑤ The guitar by the bed is mine.
⑥ The camera in the box is new.

考え方

⑤⑥〈名詞＋前置詞＋語句〉のまとまりが文の主語になっている。

1

① Do you know the girl <u>with</u> the dog?
② This is a present <u>for</u> my brother.
③ Please show me the white hat <u>on</u> the shelf.

考え方

① 「〜を連れた」は「〜と一緒に」と考え、**with** を使う。

2

① Please put an egg <u>in</u> the basket.
② She was reading an email <u>from</u> her friend in America.
③ I'm looking for a good book <u>about</u> Japanese history.
④ We stayed at a small house <u>by</u> the sea.

考え方

① 「〜の中に」を表す前置詞は **in**。

---

② 「〜からの」を表す前置詞は **from**。in America は、前の friend を修飾している。

③ 「〜についての」を表す前置詞は **about**。

④ 「〜のそばの」を表す前置詞は **by**。

---

98 後置修飾〈to＋動詞の原形〉
pp. 198-199

TRY!

① a letter to write
② something to drink
③ something cold to drink
④ Do you have something hot to eat?
⑤ Kyoto has many places to visit.
⑥ I'll bring some photos to show you.

考え方

③④〈**something** ＋形容詞＋ **to** ＋動詞の原形〉の語順になる。

⑥ **to show you** 「あなたに見せる（ための）」が後ろから **photos** を修飾している。

1

① They had a lot of subjects <u>to</u> study.
② We had nothing <u>to</u> do yesterday.
③ I bought some books <u>to</u> read on the plane.
④ Ann needs some friends <u>to</u> talk with.

考え方

④ **talk with**（人）「人と話をする」の **with** を文末に置くのを忘れないように。

2

① I needed some money to <u>buy[get]</u> stamps.
② Do you have anything <u>important</u> to tell her?
③ Please lend me something to write <u>with</u>.
④ Last week he had no <u>time</u> to play soccer.

考え方

① 「買うための」to buy[get] が後ろから **money** を修飾する。

② **anything** を修飾する形容詞の **important** は、その直後に置く。

③ 「〜を用いて書く」と手段を表す前置詞 **with** を文末に置く。

また、以下のような場合にも注意。
アンは何人かの友人と<u>一緒</u>に話します。
　　Ann talks <u>with</u> some friends.
<u>一緒</u>に話す友人
　　some friends to talk <u>with</u>
④ **to play soccer**「サッカーをするための」
　に後ろから修飾される名詞**time**「時間」
　を補う。

99 後置修飾〈現在分詞〉
pp. 200-201

TRY!

① the boy standing under the tree
② the boy riding a bike
③ the baby crying there
④ The girl playing tennis **is Jane.**
⑤ The woman wearing a white dress **is my mother.**
⑥ **Look at** the plane flying above the mountain.

1

① **Do you know** a woman <u>baking</u> a pie?
② The man <u>using</u> the computer **is my brother.**
③ **Look at** that boy <u>crossing</u> the street.
④ The dog <u>running</u> in the garden **is mine.**

考え方

下線の動詞をすべて現在分詞（動詞の**ing**形）
にする。
①②は**bake**と**use**の最後の**e**をとって**-ing**を
　つける。
④は**run**の最後の子音字**n**を重ねて**-ing**をつ
　ける。

2

① The woman <u>working</u> over there is **my aunt.**
② The man <u>making</u> a speech is **Mr. Smith.**
③ **Look at** the students <u>singing</u> on the stage.
④ **Do you** know the children <u>swimming</u> in the river?

考え方

①「向こうで働いている」**working over**

there が **the woman** を後ろから修飾する。
there までが文の主語で、次に動詞**is**がく
る。**working** を補う。
②「スピーチをしている」**making a speech**
　が**the man**を後ろから修飾する。**speech**
　までが文の主語で次に動詞**is**がくる。
　makingを補う。
③「ステージの上で歌っている」**singing on**
　the stageが**the students**を後ろから修
　飾する。**singing**を補う。
④「川で泳いでいる」**swimming in the**
　riverが**the children**を後ろから修飾す
　る。**the children**以下が**know**の目的語
　になる。**swimming**を補う。

100 後置修飾〈過去分詞〉
pp. 202-203

TRY!

① a pie baked by her
② dinner cooked by my father
③ **He bought** a bag made in Italy.
④ **Here are** some books written **in English.**
⑤ **This is** the cup broken by Tom.

1

① The woman <u>using</u> a dictionary **is Nancy.**
② The dictionary <u>used</u> by her **isn't mine.**
③ **Soccer is** a sport <u>played</u> all over the world.
④ The boys <u>playing</u> soccer **are junior high school students.**

考え方

修飾される名詞と動詞との関係を考える。
①「女性が<u>使っている</u>」ので現在分詞を選ぶ。
②「辞書は<u>使われている</u>」という受け身の表
　現なので、過去分詞を選ぶ。
③「サッカーは<u>行われている</u>」という受け身の
　表現なので、過去分詞を選ぶ。
④「少年たちが<u>している</u>」ので、現在分詞を
　選ぶ。

2

① **Is this** a camera <u>brought</u> from Germany?
② **What is** the language <u>spoken</u> in Canada?

44

③ **This is** the house <u>built</u> by my grandfather.

④ **The pictures** <u>taken</u> from the hotel window were **beautiful.**

考え方

いずれの文も〈過去分詞+語句〉という受け身の表現が後ろから名詞を修飾し、形容詞の働きをしている。

① 「〜から<u>持ってこられた</u>カメラ」なので、**bring**を過去分詞**brought**にする。**bring**は不規則動詞で、**bring − brought − brought**と変化する。

② 「<u>話されている</u>言語」なので、**speak**を過去分詞**spoken**にする。

③ 「祖父によって<u>建てられた</u>家」なので、**build**を過去分詞**built**にする。

④ 「ホテルの窓から<u>撮られた</u>写真」なので、**take**を過去分詞**taken**にする。**take**は**take − took − taken**と不規則に変化する。

101 関係代名詞 who
pp. 204-205

TRY!

① a friend who lived **in this town**

② the children who are playing **in the park**

③ a doctor who works **at that hospital**

④ the boy who is talking **with Sam**

⑤ an uncle who teaches math

考え方

〈先行詞(修飾される名詞)+主格の関係代名詞**who**+動詞〉の順になる。

1

① a teacher who comes from Canada

② **Mr. Smith** is a teacher who comes from Canada.

③ some people who can understand Chinese

④ **We** need some people who can understand Chinese.

考え方

①② **who**以下が**a teacher**を修飾している。

---

come from 〜 は「〜出身である」。

③④ **who**以下が**some people**を修飾している。

2

① **Ann has** a friend <u>who</u> is learning Japanese.

② **The man** <u>who</u> came here yesterday **is Mr. Smith.**

③ **Can you see** the men <u>who</u> are fishing in the lake?

④ **I want to** see the writer <u>who</u> wrote this novel.

102 関係代名詞 which[that]〈主格〉
pp. 206-207

TRY!

① the bus which goes to **Kyoto Station**

② the train that starts from **Hiroshima Station**

③ the game which begins at ten

④ a house which has **a large garden**

⑤ a book which is famous **all over the world**

1

① a book which makes me happy

② **I am** looking for a book which makes me happy.

③ the temple which was built in 2000

④ **I know** the temple which was built in 2000.

考え方

〈先行詞+主格の関係代名詞**which**[**that**]+動詞〉の順になる。

①② **which**以下が**a book**を修飾している。

③④ **which**以下が**the temple**を修飾している。

2

① **January is** the month which comes after **December.**
不要な語は**who**

② **The sun is** the star that gives us light.
不要な語は**give**

③ **The boy** who is running over there **is my son.**

不要な語は which

④ **I have some pictures which were drawn by the artist.**

不要な語は was

考え方

① 先行詞 the month は「人以外」なので、関係代名詞は which を用いる。
② 先行詞 a star が3人称単数で現在の文なので、gives と -s をつける。
③ 先行詞 The boy は「人」なので、関係代名詞は who を用いる。
④ 先行詞の some pictures が複数なので、be 動詞 were を用いて受け身形にする。

103 関係代名詞 which[that]〈目的格〉
pp. 208-209

TRY!

① the book which he bought yesterday
② the letter which she received yesterday
③ This is the bag that I bought at that store.
④ The movie which I saw last night was very exciting.
⑤ This is the dictionary which he uses at home.

考え方

目的格の関係代名詞の後ろには〈主語+動詞〉が続く。ただし、目的格の関係代名詞は省略されることが多い。

1

① The novel <u>that he wrote</u> is famous.
② The picture <u>that Ken drew</u> is very beautiful.
③ The dog <u>that I saw yesterday</u> was white.
④ I wore the jacket <u>that my aunt bought for me</u>.

考え方

① 先行詞は The novel。
② 先行詞は The picture。
③ 先行詞は The dog。
④ 先行詞は the jacket。
各文の日本語訳は以下の通り。

① 彼が書いた小説は有名です。
② ケンが描いた絵はとても美しいです。
③ 私が昨日見た犬は白かったです。
④ 私はおばが私に買ってくれたジャケットを着ていました。

2

① **This is the TV program <u>which</u> many young people watch.**
② **I use a racket <u>which</u> my father gave me.**
③ **Ken showed me the pictures <u>which</u> he took in Kyoto.**
④ **Do you remember the woman <u>who[whom]</u> we saw at the station?**

考え方

① 先行詞 the TV program は「人以外」で動詞 watch の目的語にあたるので、目的格の関係代名詞 which を補う。
② 先行詞 a racket は「人以外」で動詞 gave の目的語にあたるので、目的格の関係代名詞 which を補う。
③ 先行詞 the pictures は「人以外」で動詞 took の目的語にあたるので、目的格の関係代名詞 which を補う。
④ 先行詞 the woman は「人」で動詞 saw の目的語にあたるので、目的格の関係代名詞 who を補う（かたい書き言葉では whom を使うこともある）。

104 関係代名詞の省略
pp. 210-211

TRY!

① the book I bought yesterday
② the computer he uses every day
③ The dog she has is cute.
④ Okinawa is the place I visited last month.
⑤ Ann is the woman Jim brought to the party.

考え方

〈名詞+主語+動詞〉の語順になる。

1

① **This is the toy my father made.**

② 私の父によってつくられたそのおもちゃは美しいです。

③ The flowers my friend gave me made me happy.

④ 私を幸せにする花はチューリップです。

考え方

① 目的格の関係代名詞**which**なので省略できる。

② 主格の関係代名詞**which**は省略できない。

③ 目的格の関係代名詞**which**なので省略できる。

④ 主格の関係代名詞**which**は省略できない。

2

① The pen my father uses **is made in Germany.**

② The woman you met there **is a famous musician.**

③ I'm reading a book which[that] is useful for my work.

④ The country I want to visit **is Australia.**

考え方

① **the pen**は**uses**の目的語なので、関係代名詞は省略でき、〈名詞＋主語＋動詞〉の語順になる。

② **the woman**は**met**の目的語なので、関係代名詞は省略できる。

③ **a book**は**is useful**の主語になるので、主格の関係代名詞で先行詞が「人以外」の場合の**which[that]**を用いる。

④ **the country**は**visit**の目的語なので、関係代名詞は省略できる。

105 pp. 212-213 間接疑問〈疑問詞＋主語＋be動詞〉

TRY!

① **When is his birthday?**

② **I don't know** when his birthday is.

③ **Who is that man?**

④ **Do you know** who that woman is?

⑤ **Do you know** why she is sad?

考え方

⑤ 〈疑問詞**why**＋主語**she**＋動詞**is**＋補語**sad**〉の語順になる。

1

① **I don't know** who that man is.

② **Do you know** where her house is?

③ **I don't know** whose bag this is.

④ **Do you know** which his bike is?

考え方

疑問詞のある疑問文がほかの文の一部になると、〈疑問詞＋主語＋動詞〉のふつうの文の語順になる。

2

① **I'll ask him** <u>when</u> the next meeting is.

② **I asked** why she <u>was</u> late **for that meeting.**

③ **Please tell me** where the children <u>are</u>.

④ **I don't know** how <u>old</u> your brother is.

考え方

① 「いつ」を表す疑問詞**when**を補う。**when**以下が**ask**の2つ目の目的語にあたる間接疑問。

② **why**以下が**asked**の目的語にあたる間接疑問とする。**she**に続く動詞がないので、**be**動詞の過去形**was**を補う。

③ **where**以下が**tell**の2番目の目的語にあたる間接疑問とする。**the children**に続く動詞がないので、**be**動詞の**are**を補う。

④ 「何歳」なので疑問詞の部分が**how old**となる。

106 pp. 214-215 間接疑問〈疑問詞＋主語＋（助動詞＋）一般動詞〉

TRY!

① **Where does she live?**

② **I know** where she lives.

③ **When will the movie start?**

④ **I don't know** when the movie will start.

⑤ **Do you know** why I came here?

④ 〈疑問詞 **when**＋主語 **the movie**＋助動詞 **will**＋一般動詞 **start**〉の語順になる。

1

① **I remember** when my father left home.
② **I want to know** what you studied at school today.
③ **Do you know** where they went last summer?
④ **I don't know** how I can help him.

考え方

① もとの疑問文の **did ～ leave** から、間接疑問の動詞は過去形 **left** となる。
② もとの疑問文の **did ～ study** から、間接疑問の動詞は過去形 **studied** となる。
③ もとの疑問文の **did ～ go** から、間接疑問の動詞は過去形 **went** となる。
④ 〈疑問詞 **how**＋主語 **I**＋助動詞 **can**＋一般動詞 **help**〉の語順になる。

2

① **Do you know** what time the meeting begins?
不要な1語は **does**
② **I want to know** where they practiced soccer.
不要な1語は **did**
③ **Please tell me** which color she likes.
不要な1語は **like**
④ **I don't know** what I should say to him.
不要な1語は **do**

考え方

① 間接疑問の中では **does** は使わず、〈疑問詞＋主語＋一般動詞〉となる。
② 間接疑問の中では **did** は使わず、〈疑問詞＋主語＋一般動詞〉となる。
③ 間接疑問の主語が **she** なので、動詞は **likes** を用いる。
④ 「～するべきだ」を表す助動詞は **should**。〈疑問詞 **what**＋主語 **I**＋助動詞 **should**＋一般動詞 **say**〉の語順になる。

107 間接疑問〈who が主語になるとき〉
pp. 216-217

TRY!

① **I don't know** who used my computer.
② **Do you know** who cleaned this room?
③ **I want to know** who can solve **this problem**.
④ **I don't know** who should go **there**.
⑤ **Please tell me** who wrote this book.

考え方

〈疑問詞 **who**（＝主語）＋（助動詞＋）動詞〉の順になる。

1

① **Do you know** who told the truth?
② **I want to know** who found this key.
③ **Everybody knew** who could finish it the fastest.
④ **I'll ask my mother** who is going to cook dinner.

考え方

主語 **who** で始まっているので、疑問文の語順をかえずに、与えられた文に続ければよい。
④ **who** 以下の間接疑問が **ask** の2つ目の目的語になっている。

2

① **I want to know** who took this picture.
不要な語は **did**
② **Do you know** who that man is?
不要な語は **does**
③ **Please tell me** who went to the party with you.
不要な語は **goes**
④ **I don't know** who can help him.
不要な語は **is**

考え方

① **who** が主語の間接疑問なので、**who** の後ろに動詞 **took** を置く。
② 「～は誰なのか」なので、この **who** は主語ではない。〈疑問詞 **who**＋主語 **that man**＋**be** 動詞 **is**〉の順になる。

③ 「行ったのか」なので過去形**went**を用いる。

④ 〈疑問詞**who**（＝主語）＋助動詞**can**＋動詞**help**〉の順になる。

108 仮定法① wish
pp. 218-219

TRY!

① I wish I were rich.
② I wish I knew her **email address**.
③ I wish he were here **now**.
④ I wish it would stop raining.
⑤ I wish I had sisters.
⑥ I wish I could speak **French**.

1

① I wish I could swim fast, **like him**.
　不要な1語は**were**
② I wish she were my sister.
　不要な1語は**had**
③ I wish I could drive a car.
　不要な1語は**would**
④ I wish there were no war **in the world**.
　不要な1語は**are**

考え方

① 「（私が）彼のように泳げたらいいのに」は **I wish I could swim**となる。

② 「彼女が私のお姉さんだったらなぁ」は**I wish she were my sister**となる。

③ 「（私が）運転できたらなぁ」は、**I wish I could drive**となる。

④ 「戦争がなければなぁ」は、**I wish there were no war**となる。

2

① I <u>wish</u> we had a vacation home.
② I wish I <u>were</u> a movie star.
③ I wish I <u>could</u> play the guitar.
④ I <u>wish</u> I did't have to go there.

考え方

① 「別荘」は**vacation home**。「私たちが〜を持っていたらなあ」は、**I wish we had** 〜 とする。補うのは**wish**。

② 「私が〜だったらなあ」は、**I wish I were** 〜 とする。補うのは**were**。

③ 「（私が）〜を弾けたらなあ」は**I wish I could play** 〜 とする。補うのは**could**。

④ 「〜しなくてもよければなあ」は、**I wish I didn't have to** 〜. とする。補うのは**wish**。

109 仮定法② if
pp. 220-221

TRY!

① If I were you, I wouldn't go there alone.
② If I had time, I could visit that place.
③ If it were sunny, I could go hiking.
④ If I understood English well, I would enjoy traveling abroad.
⑤ If I had a dog, I would make clothes for it.

考え方

仮定法過去「もし〜するなら、…するだろうに」は、〈**if**＋主語＋動詞の過去形〜、主語＋助動詞（**would, could**など）＋動詞の原形…〉を使って表す。

1

① If I knew her phone number, I could call her.
　不要な1語は**know**
② If we lived in that place, **we would open our own café there.**
　不要な1語は**live**
③ If that restaurant were near my house, I would go there every day.
　不要な1語は**is**
④ If you had a lot of money **now, what would you do?**
　不要な1語は**have**

考え方

① 仮定法過去は〈**if**＋主語＋動詞の<u>過去形</u>〜，主語＋助動詞＋動詞の原形…〉で表すので、「もし（私が）〜を知っていれば」の部分は、**If I knew** 〜 となる。

② 「もし私たちが〜住むなら」の部分は、**If we lived** 〜 となる。

③ 「もしそのレストランが〜あったら」の部分
は、**If that restaurant were 〜** となる。
仮定法過去の場合、**If**＋主語の後ろの**be**
動詞は基本的に**were**が使われる。

④ 「もしあなたが〜を持っていれば」の部分
は、**If you had 〜** となる。

2

① **If I <u>were</u> you, I would meet her first.**

② **If I didn't have a cold, I <u>could</u> swim in the
sea.**

③ **If I <u>had</u> more time, I could cook a few more
dishes.**

④ **If I had a lot of money, I <u>would</u> build a school
for them.**

<u>考え方</u>

① 「もし私があなたなら」の部分を**If I were
you**とする。**were**を補う。

② 「(私は) 〜泳げるのに」の部分を**I could
swim**とする。**could**を補う。

③ 「もしもっと時間があれば、」の部分は「私
がもっと時間を持っていれば、」と考え、**If
I had more time,** とする。**had**を補う。

④ 「〜を建てるのに」の部分は**I would build**
とする。**would**を補う。

1

① **Don't play soccer here.**

② **Bob often goes to Hawaii.**

③ **What music do they listen to?**

④ **How cute that cat is!**

⑤ **Was Yumi playing the piano then?**

⑥ **Tom isn't going to visit Hokkaido this year.**

⑦ **We should help each other.**

⑧ **You don't have to clean this room today.**

⑨ **Speaking English is not so easy.**

<u>考え方</u>

① 「〜してはいけません」は〈**Don't**＋動詞の
原形〉で表す。

② 頻度を表す副詞は、一般動詞の前、**be**
動詞の後ろに置く。

③ 「彼らはどんな…を〜しますか」は〈**What**
＋名詞＋**do they 〜?**〉で表す。

④ **How**で始まる感嘆文は〈**How**＋形容詞〔副
詞〕＋主語＋動詞…!〉の語順になる。

⑤ 過去進行形の疑問文は〈**be**動詞の過去
形＋主語＋動詞の**ing**形〉の語順になる。

⑥ 「〜する予定がない」は〈**be**動詞＋**not**＋
going to＋動詞の原形〉で表すことができ
る。

⑦ 「〜すべきだ」は**should**で表す。「お互い」
は**each other**。

⑧ 「〜する必要がない」は**don't have to 〜**
で表す。

⑨ 「英語を話すこと」を動名詞を使って表すと
speaking Englishとなる。これを主語とし
て、**Speaking English is 〜**と続ける。

2

① **Have you ever been abroad?**
② **Yes. I have been to Canada twice.**
③ **What language is spoken in that country?**
④ **English and French are spoken there.**

考え方

① 「〜に行ったことがある」は**have been to**
　〜で表すが、**abroad**は「海外へ」とい
　う副詞なので**to**が不要。疑問文なので、
　haveを文頭に出す。
② 「2度」は**twice**で表すので、**times**が不要。
③ 「何語」かをたずねる**what language**を
　文頭に出す。これが主語なので、その
　後ろ**is spoken**という受け身形を続ける。
　speaksが不要。
④ 主語が複数なので、受け身の**be**動詞は
　areを使う。**is**が不要。

3

① **I** <u>wanted</u> **her to go there.**
② **Please tell me** <u>where</u> **to take off my shoes.**
③ **I asked him** <u>how</u> **to use a smartphone.**
④ **My brother was too busy** <u>to</u> **help me.**
⑤ **My daughter is old** <u>enough</u> **to understand this fact.**

考え方

① 「〜に…してもらいたい」は〈**want**＋人
　＋**to**＋動詞の原形〉で表す。過去形の
　wantedを補う。
② 「どこで〜すればよいか」は〈**where to**＋
　動詞の原形〉。**where**を補い、**where to**
　〜 を**tell**の2つ目の目的語にする。
③ 「〜の使い方」は**how to use** 〜。**how**を
　補う。
④ 「〜過ぎて…できない」は〈**too** 〜 **to**＋動
　詞の原形〉。**to**を補う。
⑤ 「…するのに十分〜だ」は〈〜 **enough**＋
　to＋動詞の原形〉。**enough**を補う。

 111 pp. 224-225　　実力チェック❷

1

① **These toys are not made of paper.**
② **I am very glad to see you.**
③ **My sister looked tired and said nothing.**
④ **He has been walking for a day.**
⑤ **I like oranges better than apples.**
⑥ **He always helps his mother wash the dishes.**
⑦ **If I were you, I wouldn't go there.**
⑧ **He showed us the map around here.**
⑨ **The singer she likes best is singing now.**

考え方

① 受け身形の否定文。**not**は**be**動詞**are**と
　過去分詞**made**の間に入る。
② 「〜してうれしい」と感情の原因を表すには
　to不定詞を用いる。
③ 「〜のようだ」→「〜のように見える」は
　〈**look**＋形容詞〉。
④ 「ずっと〜し続けている」という現在完了進
　行形は〈**have**[**has**] **been**＋動詞の**ing**形〉
　で表す。
⑤ 「〜よりも…が好きだ」は〈**like ... better**
　than 〜〉で表す。
⑥ 「…が〜するのを手伝う」は〈**help**＋...＋
　動詞の原形〉で表す。
⑦ 「もし〜なら、…するだろう」は〈**If**＋主語
　＋動詞の過去形〜、主語＋助動詞＋動詞
　の原形…〉で表す。
⑧ 「人に物を見せる」は〈**show**＋人＋物〉。
⑨ 「彼女が一番好きな歌手」は**the singer**
　she likes best（**she**の前に目的格の関
　係代名詞が省略されていると考える）。

2

① Don't wake up the baby <u>sleeping</u> in the bed.
② I found a novel <u>written</u> by him.
③ Let's ask her who <u>drew</u> this picture.
④ I have an uncle who <u>lives</u> in Sydney.

考え方

① 「～で眠っている赤ちゃん」なので**sleep**を現在分詞にかえ、後ろから名詞を修飾する。
② 「～によって書かれた小説」なので**write**を過去分詞にかえ、後ろから名詞を修飾する。
③ 「描いた」なので、間接疑問の中の動詞**draw**を過去形にする。間接疑問の疑問詞**who**が主語なので、その次に**drew**がくる。
④ 先行詞**an uncle**が3人称単数で、現在の文なので、関係代名詞**who**に続く動詞**live**に**-s**をつける。

3

① Delicious food makes everyone happy.
② **My brother will** get a car which runs on electricity.
③ I have something important to tell you.
④ **This is** the most exciting music that I've ever heard.
⑤ It is difficult for me to travel alone.

考え方

① 「人を～の状態にする」は〈**make**＋人＋形容詞〉という第5文型〈**S**＋**V**＋**O**＋**C**〉。
② 「電気で動く自動車」は、**a car**を先行詞とし、主格の関係代名詞**which**を用いて**a car which runs on electricity**とする。
③ 「重要なお話」を「あなたに話すべき重要な何か」と考え、形容詞の働きをする**to**不定詞を用いる。〈**something**＋形容詞**important**＋**to**＋動詞の原形**tell**〉の語順に注意。
④ 「最もわくわくする曲」は**the most exciting music**。目的格の関係代名詞**that**に続く**I've ever heard**「私が今までに聞いた」（現在完了〈経験〉）が先行詞**music**を後ろから修飾する形にする。
⑤ **it**があるので、「～すること」を〈**to**＋動詞の原形〉にして後ろにまわす。「（人）が」を表す〈**for**＋人〉は〈**to**＋動詞の原形〉の前に入る。

仕上げ問題

1

① **How can I get to the station?**
② **Do you know where his house is?**
③ **The garden covered with snow was beautiful.**

考え方

① **get to ～**で「～に行く」。**How can I get to ～?** で「～にはどう行けばよいですか」と道をたずねる文にする。
② **Do you**で始まる一般動詞の疑問文なので、**know**が続く。その後ろは、間接疑問〈疑問詞＋主語＋動詞〉の語順として、**where his house is**とする。
③ **covered with ～** は「～でおおわれた」。**the garden**と**covered with snow**を〈名詞＋過去分詞＋語句〉の形で長い主語にし、**was beautiful**を後ろに続ける。

各対話文の日本語訳は以下の通り。

① **A**: 駅にはどう行けばいいですか。
   B: まっすぐ行って、2つ目の角を右に曲がってください。
② **A**: あなたは彼の家がどこか知っていますか。
   B: いいえ、知りません。
③ **A**: この辺りの散策はいかがでしたか。
   B: よかったですよ。雪で覆われた庭園が美しかったです。

2

① **That news made us very happy.**
② **I think it is a nice place to go camping.**
③ **Why don't we go out for dinner?**
④ **I like the watch my mother bought for me last year.**

考え方

① 〈**make**＋（代）名詞＋形容詞〉で「～を…にする」の意味なので、**That news made us very happy.** とする。
② 〈**to**＋動詞の原形〉の**to go camping** が**a nice place** を後ろから修飾する文にして、**a nice place to go (camping)**とする。
③ **Why don't we ～?** で「～しましょうよ」の意味なので、**Why don't we go out for dinner?** とする。
④ **the watch**を**my mother bought for me last year** が後ろから修飾する形にする。

各対話文の日本語訳は以下の通り。

① **A**: 私たちのお気に入りの野球チームが試合に勝ったよ。
   B: うん、勝ったね。そのニュースは私たちをとてもハッピーにしたね。
② **A**: 今までに十和田湖に行ったことがありますか。
   B: はい。キャンプに行くのにいい場所だと思います。
③ **A**: 今晩は遅くなるわ。
   B: 大丈夫だよ、お母さん。夕食に出かけようよ。
④ **A**: 去年母が私に買ってくれたうで時計を気に入ってるの。
   B: とてもすてきだね。

3

① Could you tell her to call me back?

② I like it because it is easy to use.

考え方

① **call**と**back**から、ローラが折り返しの電話を望んでいると考える。**could, tell, her**から〈**Could you tell her to**＋動詞の原形～?**〉「～するよう彼女に伝えていただけますか」という文にする。「私に折り返し電話する」**call me back**の語順になる。

② **because**と**like**から、アレックスがビデオカメラを気に入っている理由を話していると考え、前半を**I like it**とし、後半を〈**because**＋主語＋動詞〉とする。文末の**use**と残りの語句から**because it is easy to (use)**とする。

各対話文の日本語訳は以下の通り。

① エミの母: 申しわけないんですけど、エミは今、出かけているの。何か伝えておきましょうか。

　　ローラ: ありがとうございます。彼女に折り返し電話をくれるよう、お伝えいただけますか。

② マリ: このビデオカメラをとても気に入ったって聞いたんだけど、そうなの?

　　アレックス: うん。使いやすいからそれを気に入ってるんだ。

4

① I don't know what to do first.

② Are you sure this is the book you left on the train?

③ It is famous for selling bikes made in France.

考え方

① **what, do, to**があるので、まず**what to do**とする。主語**I**には**don't know**が続き、その後ろに**what to do**を続ける。

② **Are you sure**の後ろに接続詞**that**が省略されていると考え、そのあとに続く〈主語＋動詞〉を**this is**とする。次に、**the book**を後ろから**you left on the train**が修飾する形にして、**this is**に続ける。

③ **be famous for ～**で「～で有名である」。前置詞**for**の後ろには動名詞**selling**、その後ろに**bikes**を置く。**made in France**を続け、**bikes**を修飾する形にする。

各対話文の日本語訳は以下の通り。

① **A**: まず何をしたらいいかわからないんだけど。

　　B: 大丈夫。図書館へ行って美術についての本を何冊か見つけてきて。

② **A**: これがあなたが電車に置き忘れた本っていうのは確かなの?

　　B: もちろんだよ。それは私のです。

③ **A**: 見て。あの店にはたくさんの人がいるよ。

　　B: そこはフランス製の自転車を販売することで有名なんだ。